KLEINE WANDER-AUSZEITEN
IN

SÜDTIROL

KLEINE WANDER-AUSZEITEN IN

SÜDTIROL

WOCHENEND & WANDERSCHUH

WANDERUNGEN · HIGHLIGHTS · UNTERKÜNFTE

LISA UND WILFRIED BAHNMÜLLER, MARKUS MEIER

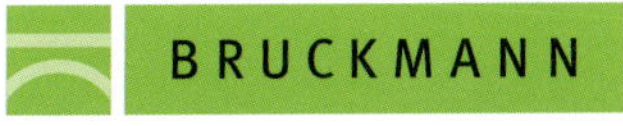

INHALT

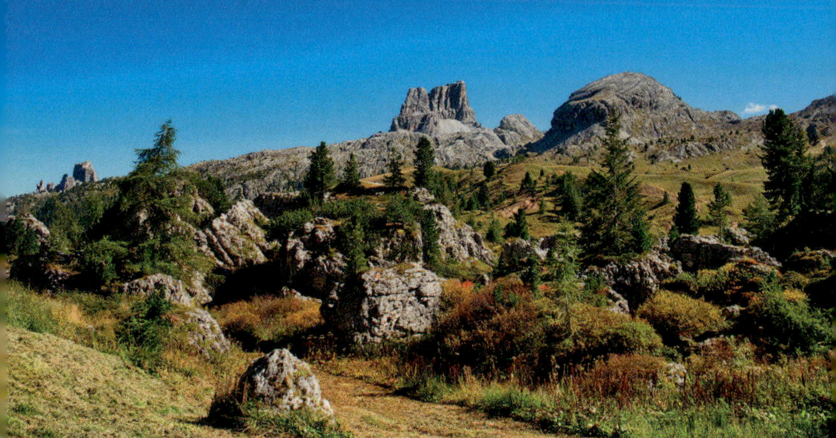

Am Falzaregopass über Alta Badia

SÜDTIROLER WOCHENENDE(N)

Wanderträume für Gross und Klein

Ein Wanderwochenende in Südtirol ist perfekt für eine Auszeit in einer der schönsten Wanderregionen in den Alpen. Draußen unterwegs sein, die Natur erkunden, die Landschaft genießen, frische Luft tanken, Neues entdecken und herrlich entspannte oder sportlich ambitionierte Wanderungen erleben – das ist Erholung pur! In 15 sorgfältig ausgesuchten Zielen südlich von Brenner, Reschenpass und Alpenhauptkamm werden Wanderträume für große und kleine Füße wahr.
Zu jedem Ort werden mindestens zwei Routenvorschläge ausführlich vorgestellt. Darunter gibt es längere Touren, aber auch gemütlichere Wanderungen, sodass für jeden Geschmack etwas dabei ist. Obendrein haben wir zahlreiche weitere Tipps: Übernachtungsvorschläge von der Pension bis zum Wellnesshotel, Restaurant- und Caféempfehlungen, Ideen zu Kunst und Kultur am Wegesrand sowie zu weiteren Unternehmungen vor Ort. Ein Rundum-sorglos-Paket für ein ausgefülltes, aktives Wochenende. Genießen Sie Südtirol, die Region zwischen Weinreben und Gletschereis.

Wir wünschen Ihnen unvergessliche Wochenenden mit ganz viel Spaß!

Markus Meier, Lisa und Wilfried Bahnmüller

Zauberhaftes Ultental

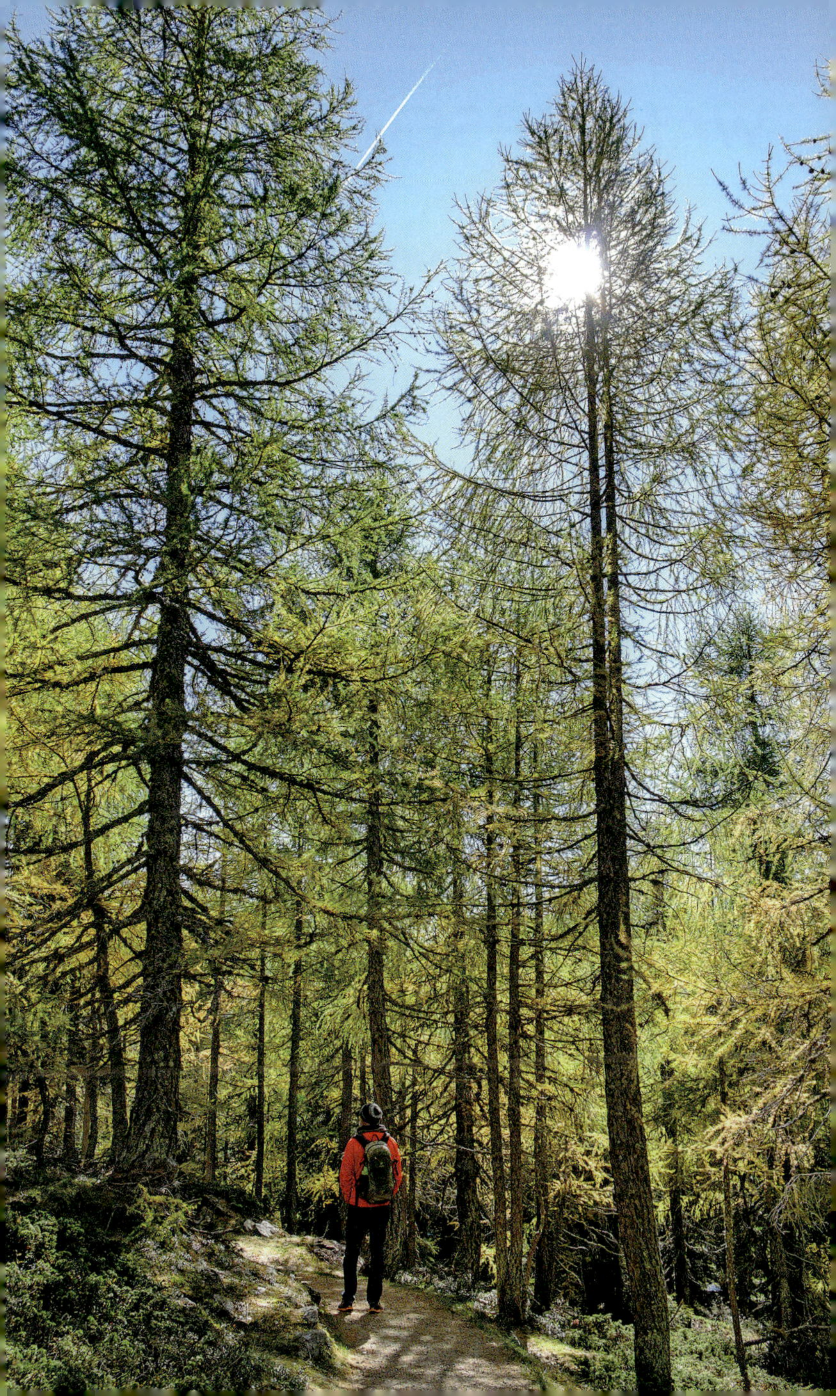

WANDERSCHUH & CO.

Wissenswertes zum Wandern in Südtirol

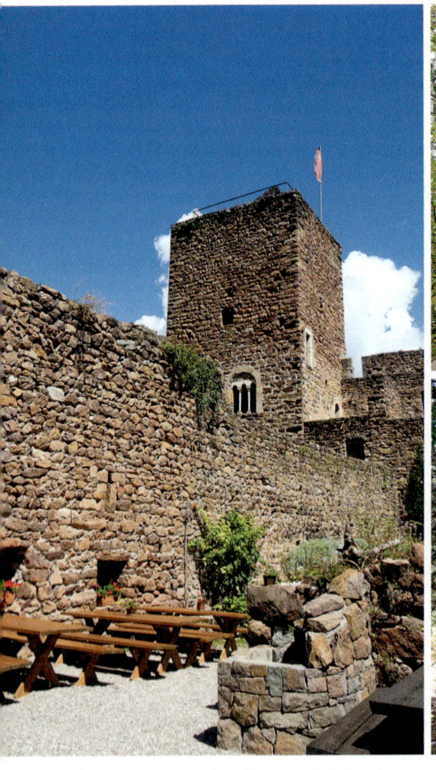

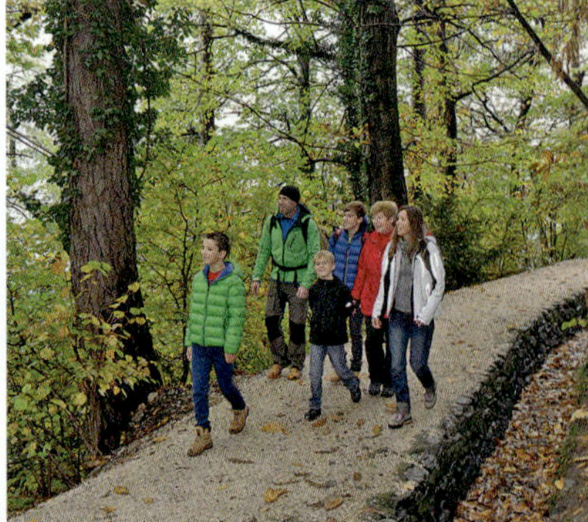

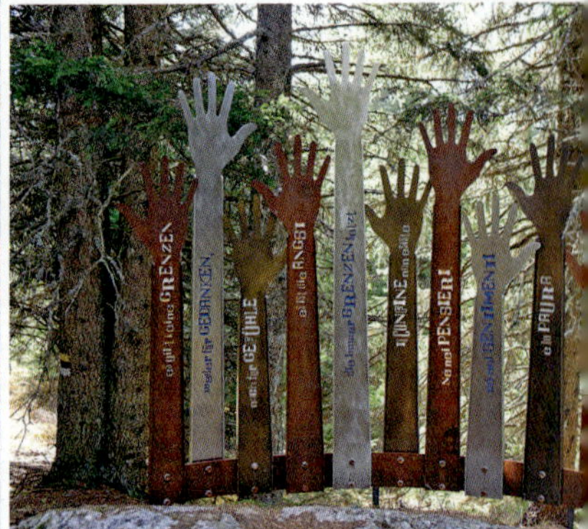

◀ Burg Boymont bei Eppan ▲ Wanderungen entlang der Waale eignen sich für Jung und Alt. ▼ Themenwege gibt es viele, z.B. am Vigiljoch.

Eine Auszeit in unserem stressigen Leben ist etwas Besonderes. Gerade Südtirol bietet sich für ein entspanntes Wochenende an. Tolle Wanderungen im Tal und zu spannenden Berggipfeln, leckere Kulinarik und hervorragender Wein sind das Menü, aus dem ein gelungenes Wochenende besteht - vielleicht auch eines Ihrer nächsten Wochenenden?

In diesem Buch sind jeweils zwei Wanderungen von einem Ort aus beschrieben, die sich gut in ein Wochenende packen lassen. Wer das Wochenende verlängern möchte, pickt sich einfach eine Tour im »Nachbarort« heraus und verknüpft diese mit dem Tag der An- oder Abreise. Unser Wunschgedanke für dieses Buch war, dass man für das perfekte Wanderwochenende sein Auto stehen lassen und alles mit öffentlichen Verkehrsmitteln zurücklegen kann. Doch bei der Recherche mussten wir feststellen, dass dies in Südtirol nicht überall möglich ist. Gerade an Wochenenden außerhalb der Schulzeit verkehren die Busse deutlich seltener. Die Anfahrt mit dem ÖPNV zu einzelnen Wanderungen dauert oft unverhältnismäßig lang. Dennoch sind die ausgewählten Orte aufgrund ihrer touristischen Infrastruktur geradezu ideal, denn wir wollen ja nach den Wanderungen auch noch etwas erleben! Wer trotzdem umweltbewusst unterwegs sein möchte, kann das Fahrrad mitnehmen und damit die Ausgangspunkte der Wanderungen bequem erreichen.
Die folgenden allgemeinen Informationen rund ums Wandern und Bergsteigen sollen bei der Planung und Durchführung der Touren helfen.

AUSRÜSTUNG

Wasserabweisende und feste Wanderstiefel oder Trekkingschuhe sind die Grundvoraussetzung für sicheres Wandern. Falsches Schuhwerk (Halbschuhe, Turnschuhe etc.) bieten niemals genügend Halt und sind mitverantwortlich für viele Unfälle. Teleskopstöcke sind vor allem beim Abstieg bequem und entlasten die Gelenke. Gut, wenn sie klein und leicht sind und so bei Nichtgebrauch an den Rucksack gebunden werden können. Bei der Auswahl des Rucksacks raten wir, sich ein gut sitzendes Modell von einem Fachhändler empfehlen zu lassen.
Bequeme Wanderbekleidung aus Funktionsmaterial ist praktisch und trocknet schnell. Grundsätzlich gilt das Zwiebelprinzip mit mehreren Schichten:

Unterhemd, T-Shirt, Bluse/Hemd, Pullover, Jacke. Vor allem eine wärmende Jacke, wie z. B. ein Windstopper, darf nicht fehlen. Sonnenschutz (Brille, Creme, Kopfbedeckung etc.) sollte man immer dabeihaben. Praktisch ist auch ein Insektenabwehrmittel, am besten mit Zeckenschutz (Beine einsprühen nicht vergessen!). Vernünftig ist neben einem kleinen Erste-Hilfe-Set inkl. Rettungsfolie (im Fachhandel erhältlich), das gut im Rucksack liegt und nicht viel Platz braucht, auch ein Handy, mit dem wir sowohl im Notfall helfen als auch selbst um Hilfe bitten können. Die Wanderungen sind vor Ort gut ausgeschildert und werden zudem im Buch detailliert beschrieben, sodass man problemlos ohne zusätzliches Kartenmaterial auskommt. Dennoch empfehlen wir immer eine Wanderkarte des Gebiets mitzunehmen – hilfreich sind hier u. a. die Kompass-Karten, die noch dazu fast überall erhältlich sind.

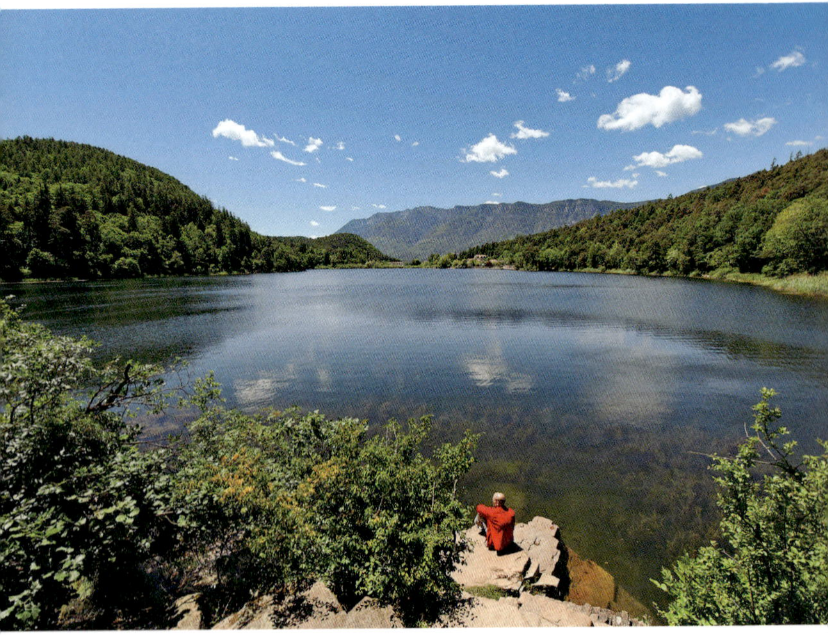

Am Montiggler See

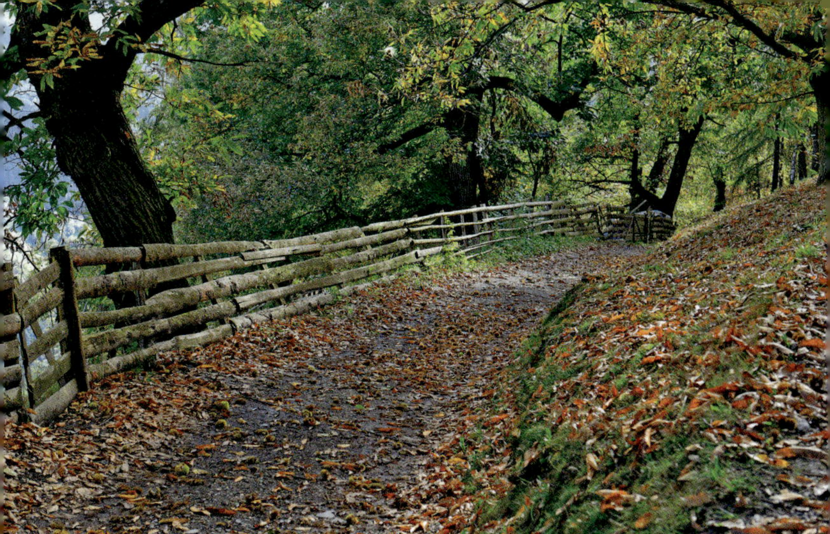

Keschtnweg bei Feldthurns

GEHZEITEN

Alle aufgeführten Zeiten sind Richtwerte und verstehen sich als reine Gehzeiten. Für Pausen zwischendurch oder am Gipfel sowie auf Almen und auch für Besichtigungen muss man extra Zeit einplanen.

SCHWIERIGKEIT UND TOURENCHARAKTER

Selbstverständlich empfindet jeder die Anstrengung bei einer Wanderung unterschiedlich stark. Unsere Touren würden unter den Kriterien des Alpenvereins wohl alle die Einstufung »leicht« bzw. »mittelschwer« erhalten, und konditionstechnisch hilft uns bei einigen Wanderungen auch ein Lift. Dennoch haben wir in diesem Buch eine Einteilung in die drei Bereiche »leicht«, »mittel« und »schwer« vorgenommen. Die ersten beiden Einstufungen gelten eher für die Wanderungen in der Ebene. Die Touren, die in die Höhe führen, erfordern automatisch mehr Kondition und sind somit als schwieriger eingestuft. Der trainierte Wanderer mag bei einer für ihn eher mittelschweren, hier aber als »schwer« eingestuften Bergtour schmunzeln, doch grundsätzlich gilt: Lieber mit den einfachen Touren beginnen, steigern kann man sich immer!
Der »Tourencharakter« beschreibt die jeweiligen Wegbeschaffenheiten sowie die gegebenenfalls zu erwartenden Schwierigkeiten – vor allem, wenn Trittsicherheit und Schwindelfreiheit verlangt werden.

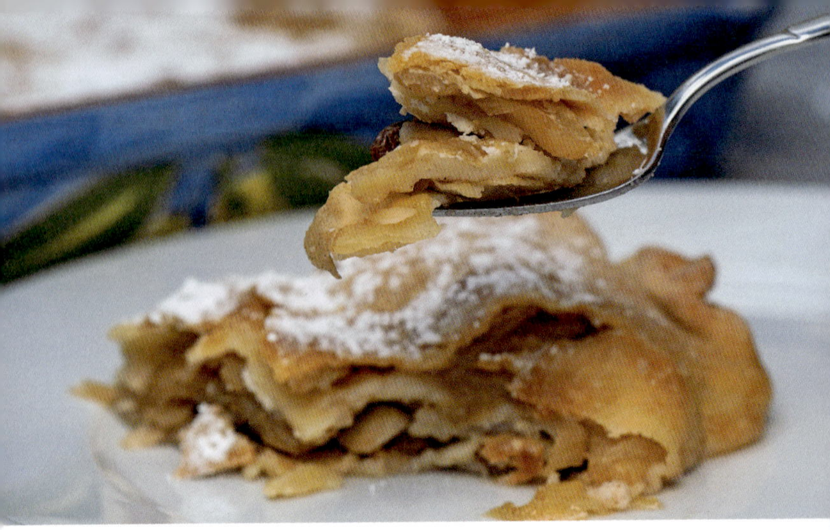

Südtiroler Apfelstrudel – schmeckt immer wieder anders.

VERPFLEGUNG

Fast auf allen Touren liegen Wirtshäuser, Gaststätten oder Alpen am Weg. Zur Sicherheit sollte man aber die Öffnungszeiten im Vorfeld noch einmal überprüfen – Alpen haben meist nur im Sommer geöffnet und in Gasthäusern wechseln Pächter und Ruhetage häufig bzw. sind sie gerade in der Übergangszeit teilweise geschlossen. Und Achtung: Manche Hütten öffnen bei schlechtem Wetter einfach nicht! Es schadet sicherlich nicht, ausreichend Getränke und etwas Notproviant, der aus Obst, Keksen oder einem Müsliriegel bestehen kann, mitzunehmen.

SICHERHEIT

Bereits bei der Auswahl der Touren sollte man seine eigene Leistungsfähigkeit und – ganz wichtig! – auch die der Begleiter kritisch in die Planung einbeziehen. Überanstrengen darf sich niemand! Wichtig ist auch, während der Tour ausreichend Pausen einzulegen und genügend zu trinken. Und grundsätzlich wandert man besser nicht allein – nicht nur, weil es zu zweit lustiger ist, sondern weil im Notfall jemand Hilfe leisten oder holen kann. Wer wirklich allein losziehen möchte, teilt vorher sein Ziel und seine voraussichtliche Rückkehrzeit anderen mit.
Vor Tourenbeginn sollte man unbedingt Erkundigungen über die aktuellen Wegverhältnisse einholen. Gezielte Informationen geben die Internetseiten der Seilbahnen oder die Tourist-Informationen.

Die Mitnahme eines Handys ist sicher immer sinnvoll, denn wo es ein Netz gibt, kann man schnell Hilfe anfordern (Notruf 112). Dabei die W-Fragen nicht vergessen: wo?, was?, wie viele Personen sind betroffen? etc. Nach dem Notruf sollte man das Handy eingeschaltet lassen und nicht mehr weiter telefonieren – so hat die Rettungsleitstelle die Möglichkeit, bei Fragen zurückzurufen.
Wenn die moderne Technik einmal versagt, greift man auf das altbewährte alpine Notsignal zurück: Es besteht aus sechs optischen oder akustischen Signalen (Rufen, Pfeifen, Winken) in der Minute (alle 10 Sekunden ein Signal), dann folgen drei Minuten Pause vor einer Wiederholung. Die Antwort ist dreimal pro Minute ein Signal.

WETTER

Das Wetter spielt beim Wandern eine entscheidende Rolle, vor allem am Berg, da es sich unglaublich schnell ändern kann. Deshalb ruft man unbedingt am Wandertag vor dem Losgehen noch einmal die Wetterprognosen ab. Wenn für den Nachmittag Gewitter angekündigt sind, sollte man früh aufbrechen, um die Tour rechtzeitig beenden zu können. Wer von einem Gewitter überrascht wird, kehrt besser um und meidet

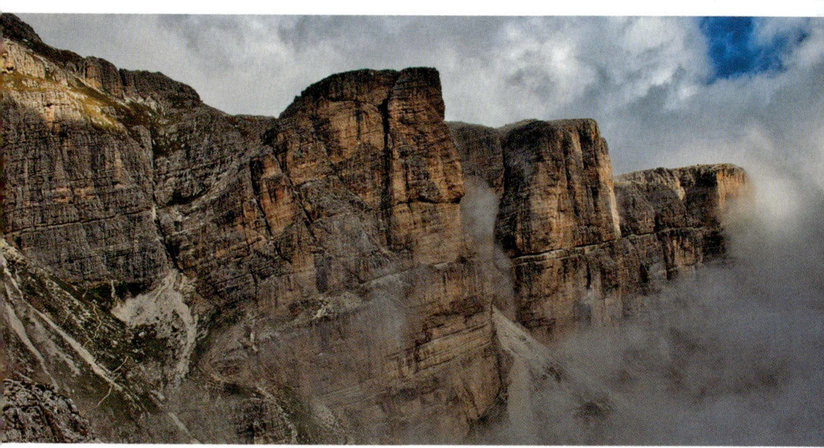

Am Sass Songher bei Alta Badia

vor allem exponierte Wegstellen. Vorsicht ist auch bei starkem Wind in Wäldern geboten – es besteht immer die Gefahr von Windbruch durch herabfallende Äste.

NATURSCHUTZ

Wir sind nur Gast in der Natur und sollten – außer Fußspuren – nichts hinterlassen. So schön Bergblumen auch sind und zum Pflücken verlocken: Ein Großteil von ihnen steht unter Naturschutz und auch nachfolgende Wanderer wollen sich an ihnen erfreuen. Des Weiteren nimmt man seinen Abfall wieder mit ins Tal, und zwar jeglichen, auch den, der normalerweise verrottet! Ein besonderes und leidiges Thema sind die mittlerweile zahlreichen Taschentücher, die man hinter allen Holzstößen und Büschen findet – daher richtet sich dieser Appell vor allem an die weiblichen Wandersleut': Ein Taschentuch ist für das »kleine Geschäft« in der Natur definitiv nicht nötig (Männer benutzen auch nie eines)!

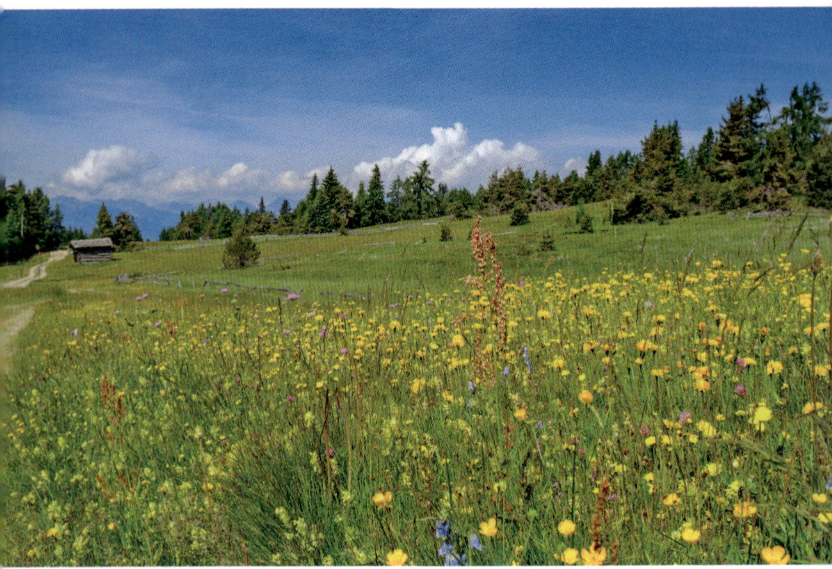

Herrlich blühende Almwiesen bei Lüsen

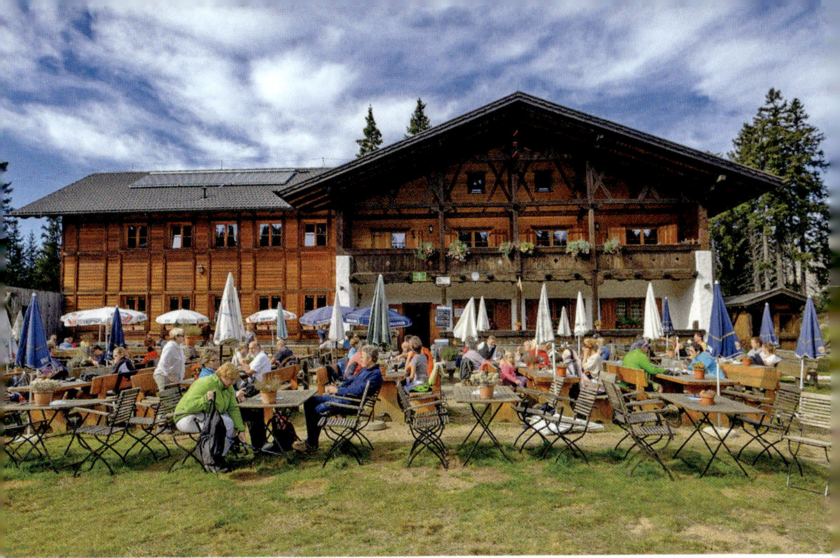

Einkehrfreuden im Seespitz am Vigiljoch

Die Wege, die wir nehmen, sind offizielle Wanderwege (Alm- und Forststraßen, Wiesen- und Bergpfade sowie Steige), die extra angelegt wurden. Der Unsitte, Wege abzukürzen, folgen wir nicht, entstehen doch so Erosionsschäden! Ebenso laufen wir nicht querfeldein über eine Wiese, die als Nahrungsgrundlage für Almtiere dient. Nur wenn der offiziell markierte Wanderweg über die Wiese führt, dürfen wir ihn nehmen. Ansonsten gehen wir an ihrem Rand entlang. Alle Gatter und Weidevorrichtungen, die wir öffnen, müssen wir auch wieder verschließen.
Und zu guter Letzt: Durch die Anreise mit öffentlichen Verkehrsmitteln können wir einen kleinen Beitrag zur Entlastung der Umwelt leisten.

CORONA

Bei Drucklegung dieses Buchs war noch nicht absehbar, welche Auswirkungen die Covid-19-Pandemie auf die Gegebenheiten vor Ort und damit auf die beschriebenen Wanderungen hat. Daher sollte man sich vor jedem Wanderwochenende genau erkundigen über die geltenden Bestimmungen

- zur Ein- und Ausreise nach und von Italien,
- zur Benutzung öffentlicher Verkehrsmittel und Seilbahnen,
- zum Besuch von Verpflegungs- und Beherbergungsbetrieben sowie
- zum Infektionsschutz im Allgemeinen.

Gegebenenfalls unterliegen bestimmte Gebiete einer Impfpflicht.

VOR ORTLER UND KÖNIGSPITZE

Sulden

Am Suldenbach, der das Dorf durchfließt

Das kleine Bergsteigerdorf Sulden liegt am Fuße des mächtigen Dreigestirns Ortler, Königspitze und Monte Zebrù. Der Ort selbst ist umgeben von zahlreichen Dreitausendern. Gerade die großartigen Ausblicke von den vielen Wanderkilometern um den Ort lassen das Wandervergnügen zu einem einzigartigen Erlebnis werden.

Sulden ist ein wunderbares Bergdorf in einer großartigen Landschaft inmitten des **Nationalparks Stilfser Joch**. Natürlich zieht es in erster Linie Bergsteiger an, die den **Monte Cevedale** oder den **Ortler** besteigen möchten. Aber auch für Wanderer ist der Ort ein wahres Paradies. Von Hüttentouren über Panoramawege bis hin zu Wanderdreitausendern findet man hier jede Menge Möglichkeiten.
Nicht unerwähnt bleiben darf das **Museum von Reinhold Messner**. In Sulden befindet sich eines seiner Messner Mountain Museen. Es ist unterirdisch angelegt und dem Thema »Eis« gewidmet.

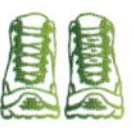

DÜSSELDORFER HÜTTE

Der kurze Anstieg vom Kanzellift zur Düsseldorfer Hütte führt durch abwechslungsreiches Gelände und bietet Wandergenuss pur. Oben angekommen werden unsere Sinne dann mit einer grandiosen Aussicht auf Ortler, Königspitze und Monte Zebrù verwöhnt.

HÜTTENAUFSTIEG

Vom **Bergdorf Sulden** schweben wir mit dem **Kanzellift** gemütlich zur Bergstation. Bereits von hier oben bietet sich uns ein erster großartiger Ausblick auf Ortler, Königspitze und Zebrù. Auch wenn die Gletscher immer mehr abschmelzen, so ist der Anblick immer noch beeindruckend.
Nachdem wir uns sattgesehen haben, gehen wir zwischen Sessellift und Berggasthof durch das Gatter und wandern auf breitem Weg in **Richtung Düsseldorfer Hütte** hinauf. Nach einem ersten kurzen Anstieg sehen wir hinein in das **Zaytal** und hinauf zur bereits sichtbaren Hütte. Der Weg zieht noch ein wenig auf gleicher Höhe taleinwärts, bis uns ein Wegweiser nach links ins Zaytal schickt. Unser Weg fällt leicht ab zu ein paar kunstvoll gestalteten Brücken. Über diese hinweg und durch ein Gatter bringt uns der

Weg immer weiter hinein ins Tal. Zuletzt erreichen wir leicht absteigend den **Zaybach** und den von Sulden heraufkommenden direkten Hüttenanstieg. Ein wirklich schöner Platz zum Durchschnaufen: mit den grünen Bergwiesen, dem dahinplätschernden Bach und dem herrlichen Ausblick auf die berühmten Berggipfel auf der gegenüberliegenden Seite. Oberhalb von uns erheben sich die Felszacken des Hinteren Schönecks. Wir können die Natur mit allen Sinnen in uns aufnehmen. Nach dem Überqueren des Bachs wenden wir uns nach rechts und steigen in einigen Serpentinen bergauf zur **Düsseldorfer Hütte**, die auf einem Absatz steht.

UM DIE HÜTTE

Das weite Umfeld der Hütte mit dem kleinen Bergsee direkt hinter der Hütte ist ein wunderschöner Platz. Hier können wir die Schönheit der Natur wirklich ausgiebig genießen.

Von der Hütte können wir auch noch ein Stück taleinwärts wandern. Dort warten einige malerische kleine **Gletscherseen**. Diese bieten ebenfalls hübsche Plätze, um die Natur zu bewundern. Oberhalb der Seen ziehen der Hohe Angelus mit seinem Gipfelschneefeld und die Vertainspitze mit ihrer steilen Nordwand, die allerdings auch immer mehr abschmilzt, unsere Blicke auf sich.

Am eindrucksvollsten ist aber die Sicht hinüber auf die andere Talseite: zu Ortler, Königspitze und Zebrù. Es gibt kaum einen Hüttenplatz in der Umgebung, der so eine grandiose **Aussicht auf das Dreigestirn** bietet – ein wahrer Augenschmaus. Wir können uns kaum sattsehen. Aber irgendwann wird sich sicherlich Hunger einstellen. Denn auch andere Sinne können wir hier oben verwöhnen. Ursprünglich wurde die Hütte von der Sektion Düsseldorf des Deutschen Alpenvereins erbaut. Das war bereits im Jahr 1892. Danach war sie lange in italienischem Besitz. Gehalten hat sich

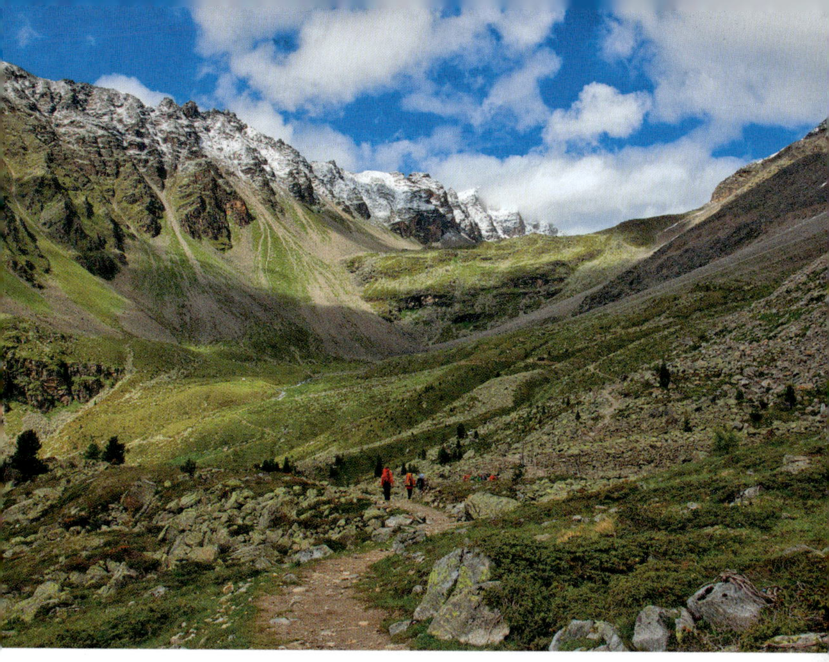

Am Anstiegsweg zur Düsseldorfer Hütte

der Name aber immer noch. Eine Konstante ist die Familie Reinstadler, die die Hütte seit vier Generationen bewirtschaftet. Sie verwöhnt uns bestens mit Südtiroler Spezialitäten.

ZURÜCK INS TAL

Irgendwann heißt es aber, Abschied nehmen von der gemütlichen Hütte und der großartigen Aussicht. Wir müssen schließlich wieder ins Tal hinunter. Hierfür nutzen wir im oberen Bereich den bekannten **Hüttenweg** hinunter bis zur **Wegverzweigung am Zaybach**. Hier lassen wir den Abzweig zur Bergstation des Kanzellifts unberücksichtigt und wandern das Zaytal weiter hinab in Richtung Sulden. Wir bleiben die ganze Zeit auf dem gerade hinabführenden Hauptweg und ignorieren dabei alle abzweigenden Wege. Der Wanderweg taucht schließlich in den Wald ein und verläuft nun steil entlang des Zaybachs hinunter, bis wir an ein paar Hotels vorbei die Straße erreichen. Wir überqueren diese und gelangen leicht links haltend zu einer Treppe, die uns zu einer Wiese bringt. Über die Wiese und eine Brücke spazieren wir weiter zur **Talstation des Kanzellifts** am Ortsrand von Sulden.

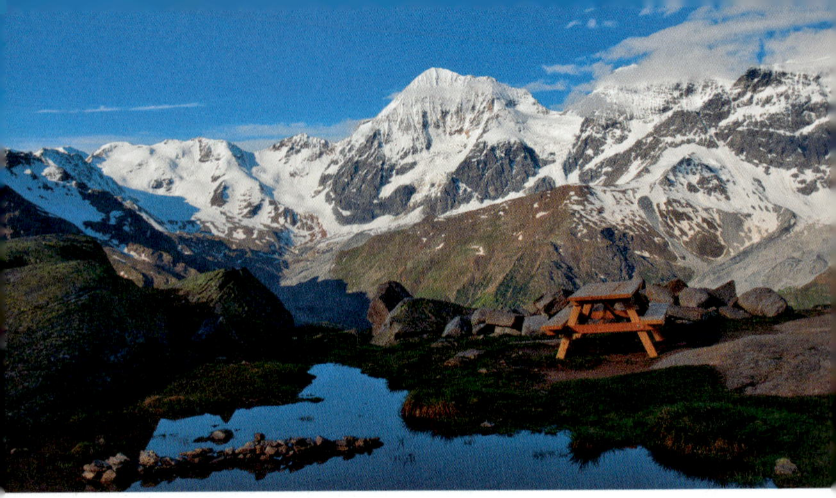

Schöner Blick von der Düsseldorfer Hütte zur Königspitze

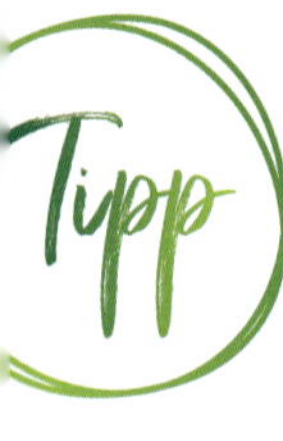

Vom Kanzellift können wir noch eine weitere nette Wanderung unternehmen. Wir wandern von der Bergstation des Kanzellifts Richtung Süden und folgen dem Weg um einen Rücken herum ins Rosimtal. Der Weg zieht nun hinauf zu den grünen Wiesen des Rosimbodens. Hier zwischen den Bächen können wir ebenfalls wunderbar die Natur genießen und zur Königspitze hinüberschauen.

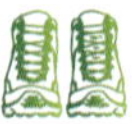

MOROSINIWEG

Auf dem Morosiniweg haben wir nicht nur einen Panoramablick zu Ortler und Königspitze, denn der Weg verläuft zu dessen Füßen. Es handelt sich um einen aussichtsreichen Höhenweg mit tollen Panoramablicken auf die vielen Dreitausender, die Sulden umgeben.

AUFSTIEG ZUR HINTERGRATHÜTTE

Von **Sulden** schweben wir gemütlich mit der großen **Seilbahn** bis zur Mittelstation (2172 m) hinauf. Dort steigen wir nicht in die Gondel zur weiteren Bergfahrt um, sondern über eine Metalltreppe hinab zum breiten Wanderweg. Wir folgen gleich dem nach rechts abzweigenden Weg in **Richtung Hintergrathütte**. Der Weg führt kurz hinab zum Bach, überquert diesen und zieht über Schottergelände hinüber zu steilen Grashängen.
Der gut angelegte Weg schlängelt sich in zahlreichen Serpentinen weiter

bergauf. Dabei wandern wir insgesamt wieder ein Stück in Richtung Süden. Wir gehen um eine Gratkante herum und kommen in ein schönes Tälchen. Dort befinden wir uns nun direkt unter der Nordwand der Königspitze. Beeindruckend ragt die Wand in den Himmel, aber nicht weniger beeindruckend ist der zerrissene Gletscher, der zur Wand führt. Das Gelände wird durch den Gletscherrückgang immer wilder. Wir wandern nun durch das Tälchen sanft ansteigend höher, gewinnen noch kurz über ein paar Serpentinen an Höhe und erreichen einen Rücken. Nur durch eine kleine Senke mit einem kleinen See sind wir von der Hütte getrennt. Wir wandern kurz ein paar Schritte bergab, gehen am See vorbei und stehen schon bald an der **Hintergrathütte** (2661 m). Diese liegt sehr aussichtsreich am Fuß der Nordwand der Königspitze. Sehr schön ist der Blick hinüber ins Zaytal zur Düsseldorfer Hütte mit der mächtigen Vertainspitze. Nach dem Anstieg haben wir uns eine Rast auf der sonnigen Terrasse der Hütte verdient.

STÜTZPUNKT FÜR SCHWERE BERGTOUREN

Kurz nach der ersten Begehung des Hintergrats wurde 1805 etwas oberhalb der heutigen Hintergrathütte ein kleiner Unterstand erbaut. Er war die erste Schutzhütte Tirols, die allerdings bald verfiel, da die Route in

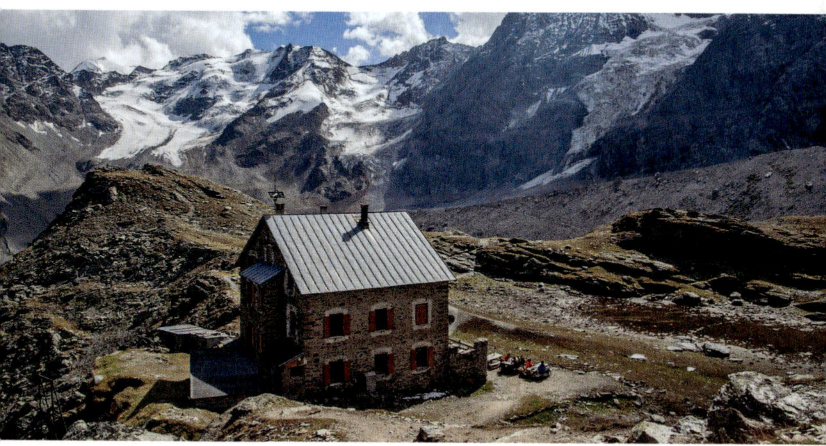

An der Hintergrathütte

Vergessenheit geriet. Erst 1892 wurde eine neue Hütte in der Nähe der heutigen Hintergrathütte erbaut. Das Haus wurde finanziert vom russischen Staatsrat Carl Baeckmann, der es später dem Suldener Bergführerverband schenkte. 1915 während des Ersten Weltkriegs wurde das Haus zerstört. Die heutige Hintergrathütte wurde 1920 bis 1922 erbaut und ist seitdem immer noch Stützpunkt für die Besteigung des Ortlers über den anspruchsvollen Hintergrat.

PANORAMAWEG

Anschließend wandern wir von der Hütte noch kurz ein paar Meter bergauf, bevor der Weg nach rechts abbiegt. Es folgt nun eine ziemlich lange Querung durch die etwas abschüssige Flanke des Hintergratkopfs. Der Weg ist an einigen Stellen etwas ausgesetzt und auch kurz versichert. Es

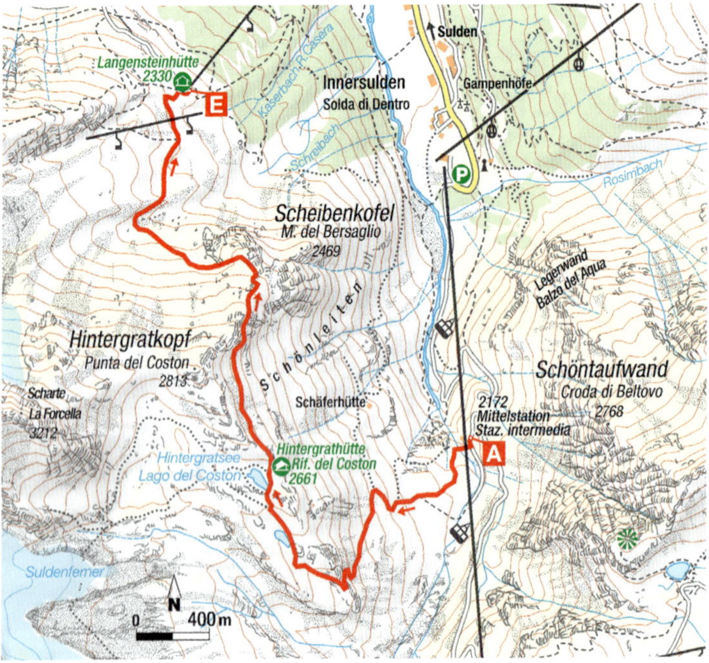

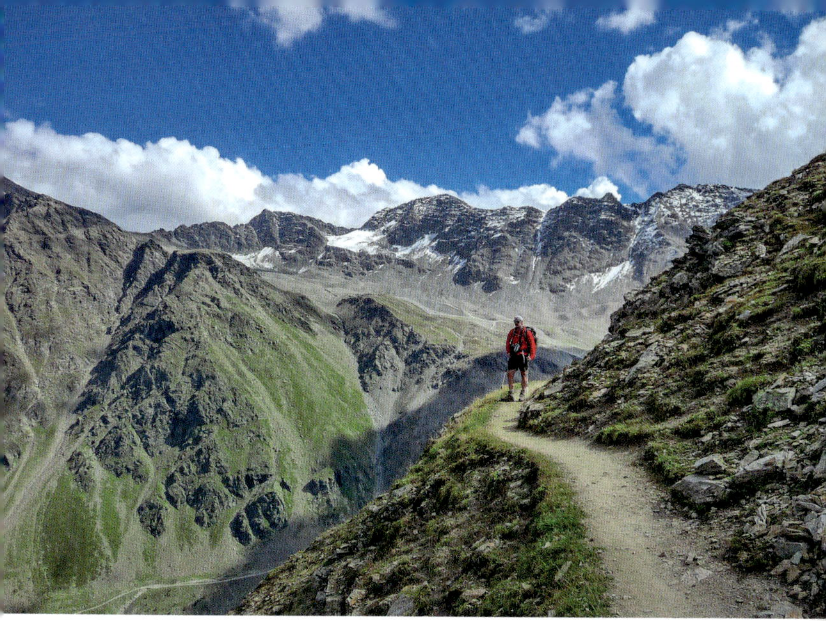

Aussichtsreich, der Morosiniweg

lohnt sich, immer wieder stehen zu bleiben und die fantastische Aussicht hinüber Richtung Düsseldorfer Hütte und Vertainspitze, aber auch hinab nach Sulden zu bestaunen. Am **Ende der Traverse** zieht der Weg um eine Kante und verliert dann relativ schnell an Höhe. Anschließend queren wir wieder nach links, um in einem weiten Bogen ein Kar auszugehen. Dabei kommen wir am Ende des Kars in den **Moränenschutt des End-der-Welt-Ferners**, der vom Ortler herabzieht. Nach Überqueren einer Moräne gehen wir in das nächste Kar hinein, das ebenfalls von Schutt gefüllt ist, und wandern unter einem Sessellift hindurch. Kurz darauf betreten wir wieder grünen Wiesenboden und gelangen in wenigen Minuten hinüber zur **Bergstation des Langensteinlifts** (2330 m). Mit dem Sessellift fahren wir hinunter nach Sulden und wandern entlang des Suldenbachs zur Talstation der Suldener Seilbahn (ca. 1900 m).

Fährt man mit der Seilbahn weiter zur Bergstation, kann man auf gemütlichem Weg in 45 Minuten zur Madritschhütte wandern. Hier weiden im Sommer Yaks, die Bergrinder aus dem Himalaya. Etwas oberhalb befindet sich noch ein schöner Aussichtspunkt mit Blick auf das berühmte Dreigestirn.

Tipp

AUF EINEN BLICK

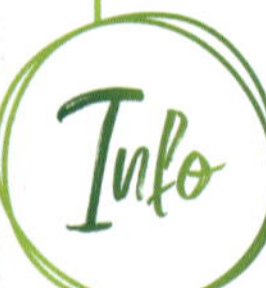

STADT/REGION: Sulden
BESTE REISEZEIT: Ganzjährig
TOURISTINFO:
Hauptstraße 23, 39029 Sulden, Tel. +39 0473/61 30 15, vinschgau.net

AKTIV UNTERWEGS

KNEIPPEN IM ORTLERGEBIET: Auf 1900 Metern Seehöhe wurde das Bärenbad eröffnet. Die Anlage besteht aus einem natürlichen Wasserfall, einem Kneipp-Tretbecken und einem kalten Armbad. Hier kann man frische Lebenskraft von Mutter Natur schöpfen.
TRAILRIDING: Einer der bekanntesten Mountainbike-Trails in der Region führt vom Stilfser Joch bis zur Furkelhütte oberhalb von Trafoi. Es wird auch ein Shuttledienst für die Biker angeboten. Um nicht mit Wanderern zu kollidieren, muss der Start spätestens um 9 Uhr erfolgen.
SKIGENUSS: Ein kleines, aber feines Skigebiet befindet sich an den Hängen von Sulden. Auf den 44 Pistenkilometern findet man Abfahrten aller Schwierigkeiten. Für die kleinen Skifahrer gibt es den Skikindergarten Yeti-Club.

ÜBERNACHTUNG

FERIENHOTEL LÄRCHENHOF: Rosimstraße 44, 39029 Sulden, Tel. +39 0473/61 35 32, lerchenhof.it, **€€€**. Gepflegtes 3-Sterne-Hotel mit viel Gemütlichkeit und Atmosphäre für die ganze Familie.
HOTEL GERTRAUD: Hauptstraße 15, 39029 Sulden, Tel. +39 0473/61 30 77, hotel-gertraud.it, **€€€**. Idyllisches Familienhotel, in dem man sich mit vielen kulinarischen Köstlichkeiten verwöhnen lassen kann.
FERIENWOHNUNGEN HAUS ANGELUS: Forststraße 44, 39029 Sulden, Tel. +39 0473/61 31 85, **€€**. Ruhiges und gemütliches Haus mit Ferienwohnungen.

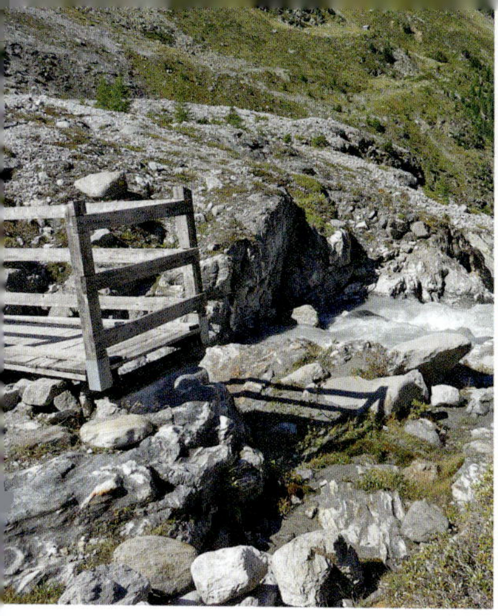

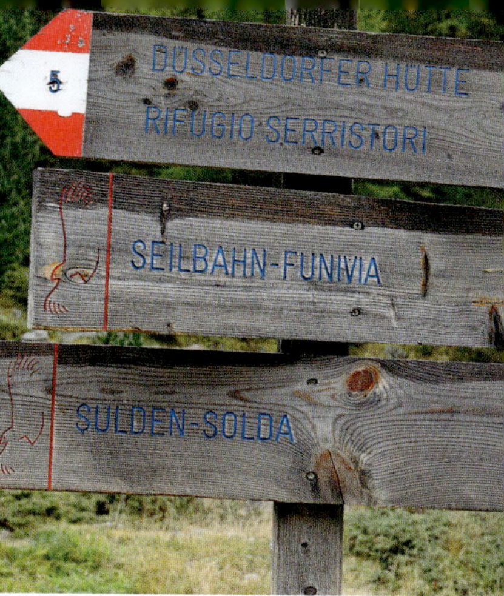

◀ Bachüberquerung am Morosiniweg ▶ Wegweiser

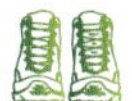

DÜSSELDORFER HÜTTE

DAUER: 4 Std.

HÖHENMETER: 420 Hm Aufstieg, 920 Hm Abstieg

LÄNGE: 8,7 km

SCHWIERIGKEIT: Leicht

AUSGANGSPUNKT: Bergstation Kanzellift

ENDPUNKT: Talstation Kanzellift

TOURENCHARAKTER: Einfache, aussichtsreiche Rundwanderung auf guten Bergwegen.

EINKEHR UNTERWEGS: Düsseldorfer Hütte

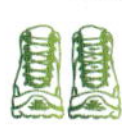

MOROSINIWEG

DAUER: 3 Std.

HÖHENMETER: 510 Hm Aufstieg, 375 Hm Abstieg

LÄNGE: 5,6 km

SCHWIERIGKEIT: Mittel

AUSGANGSPUNKT: Mittelstation Suldener Seilbahnen

ENDPUNKT: Bergstation Sessellift Langenstein

TOURENCHARAKTER: Gute, schmale Wanderwege zur Hütte. Übergang zum Sessellift kurzzeitig ausgesetzt und an einer Stelle versichert.

EINKEHR UNTERWEGS: Hintergrathütte

TOR ZUM VINSCHGAU

Partschins

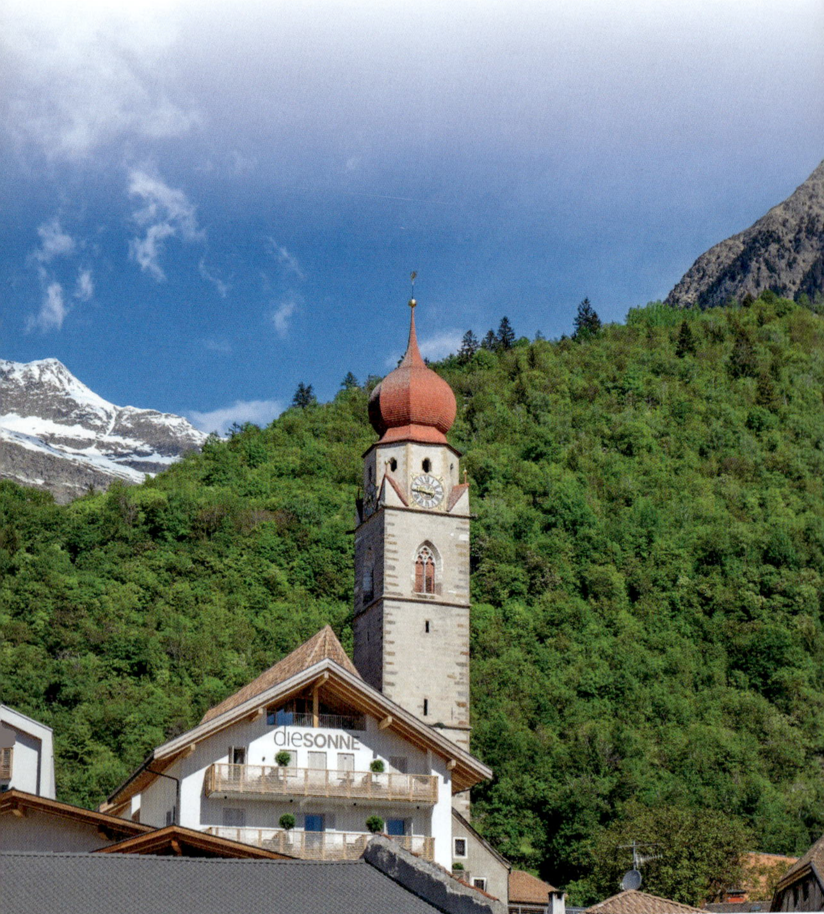

Partschinser Dorfkirche

Partschins ist ein kleines Dorf am Eingang zum Vinschgau. Hinter dem Dorf ragen die Gipfel der Texelgruppe in den Südtiroler Himmel und versprechen spannende Wanderziele. Aber auch die Nähe zu Meran macht aus Partschins ein ideales Basislager für ein erlebnisreiches Wochenende.

Einen Paradeflecken Südtirol findet man in Partschins am Tor ins Vinschgau. Abseits von Hektik und Stress liegt das Dorf mit seinen eingemeindeten Weilern Rabland und Töll gerade einmal wenige Kilometer von Meran entfernt. Das **Vinschgau** ist ein sonnenverwöhntes, regenarmes Tal mit West-Ost-Ausrichtung. Vom Tal aus führen Seilbahnen entweder auf den **Sonnenberg** oder den **Nörderberg**. So lässt sich in Partschins auf mehreren Ebenen wandern. Die Waal- und Wiesenwege im Tal sind fast das ganze Jahr über zu begehen, für die Hochtouren im **Naturpark Texelgruppe** muss man auf den Sommer warten.

Partschins verzaubert mit seinen malerischen Ansitzen und den alten Bauernhöfen. Kulturelle Highlights gibt es auch: **prähistorische Schalensteine**, Zeugnisse aus der Römerzeit, das Museum im Wohnhaus des **Schreibmaschinenerfinders Peter Mitterhofer**, die Modelleisenbahnwelt oder das **K.u.K. Museum Bad Egart** mit seiner Sammlung an historischen Gerätschaften.

Den Winter verabschiedet man in Partschins und Umgebung mit den Frühlingswochen von Meran: einer Veranstaltungsreihe, die für jeden etwas bietet. So ist der Gaudententurm in Partschins Treffpunkt für Kunstbegeisterte. Auch gibt es geführte Wanderungen durch die Apfelblütenhaine und Konzerte.

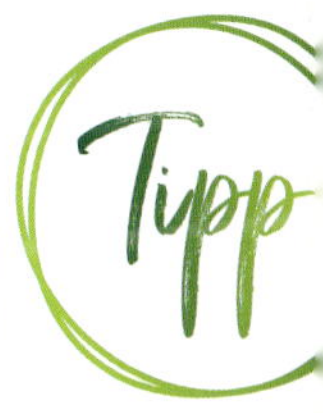

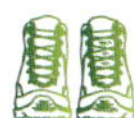

SONNENBERGER PANORAMAWEG

Zwischen Partschins und Naturns verläuft der landschaftlich abwechslungs- und aussichtsreiche Sonnenberger Panoramaweg. Seine stets nach Süden ausgerichtete Lage sorgt für ein besonderes Mikroklima, das Vegetationswunder verspricht.

ÜBER DEN RABLANDER WAALWEG

Wir starten an der **Talstation der Texelbahn** und wandern zunächst auf der Zielstraße ein Stück Richtung Ortsmitte von Rabland. Am **Sportplatz** biegen wir rechts in einen Weg ab und verlassen diesen dann vor dem kleinen Bach nach links. Der **Sonnenberger Panoramaweg** ist ausgeschildert. Kurz vor der ehemaligen Seilbahn, die früher Gäste hinauf zum Gasthaus Giggelberg transportierte, halten wir uns rechts und wandern über eine Brücke auf den **Rablander Waalweg**. Das plätschernde Wasser begleitet uns in den Wald hinein, eine Waalschelle schlägt gleichmäßig ihren Takt dazu. Endlos könnte für uns dieser schöne Wegabschnitt weitergehen, Wasserläufe sind einfach immer faszinierend. Nach dem Waalweg lotst uns das Wanderschild »Panoramaweg« nach rechts. Jetzt steigt der Weg deutlich an und wir kommen ganz schön ins Schwitzen. Steil geht es im Zickzack die trockenen Hänge hinauf. Nach gerade einmal 10 Minuten haben wir es geschafft. Nun beginnt nach links der Sonnenberger Panoramaweg, der seinem Namen alle Ehre macht.

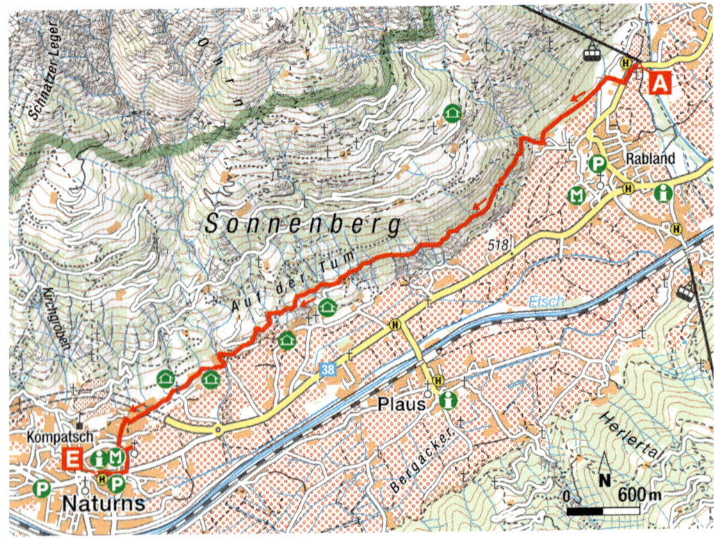

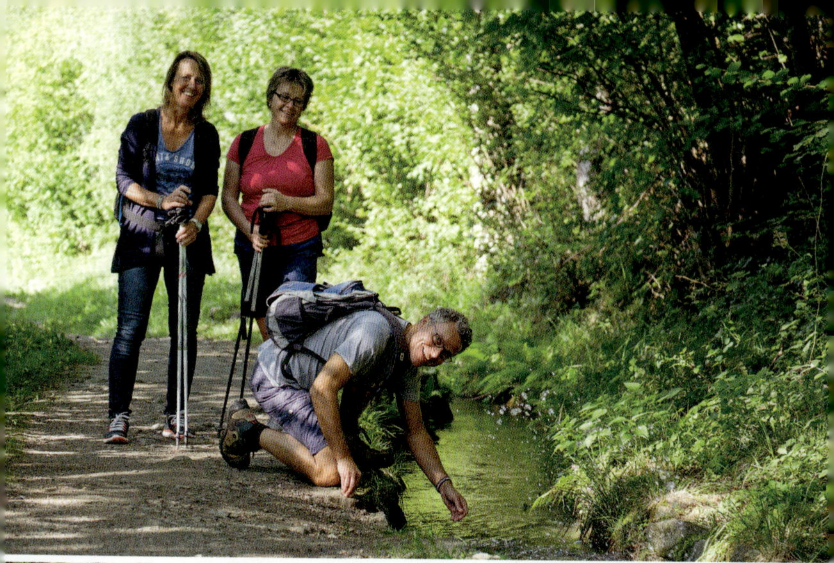

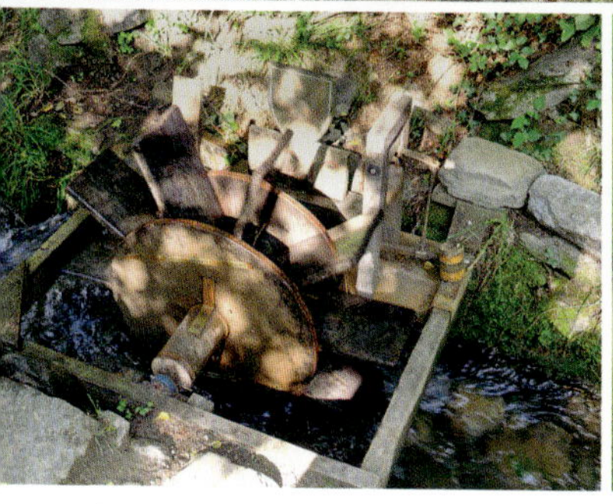

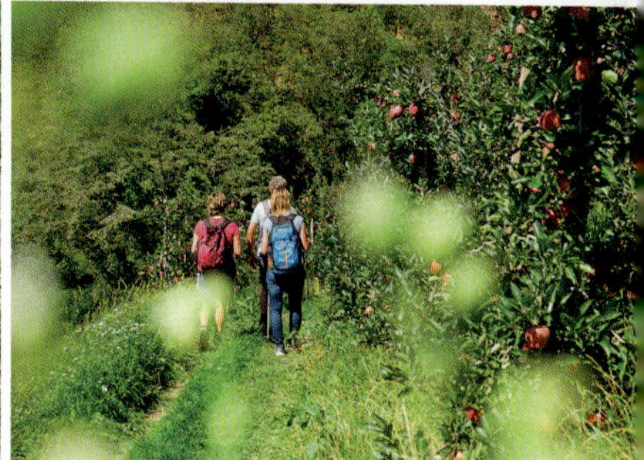

▲ Rablander Waalweg ◀ Gleichmäßig dreht sich das kleine Mühlrad.
▶ Zum Abschluss wandern wir durch Apfelhaine.

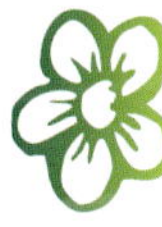

DER SONNENBERG IST ganz nach Süden ausgerichtet und liegt geduckt unter dem großen Gebirgsmassiv der Texelgruppe. Je nach Jahreszeit sind bis zu 50 Grad Temperaturunterschied keine Seltenheit, dazu fallen gerade einmal 500 Millimeter Niederschlag im Jahr. Unter diesen extremen Bedingungen wachsen hier Pflanzen, die man normalerweise nur im zentralasiatischen oder mediterranen Raum vorfindet. Diese andersartige Flora sorgt auch für faszinierende Lebensräume der Tierwelt. Nicht nur Schmetterlinge fühlen sich hier wohl. Typisch sind zudem die Smaragd- und Mauereidechse oder die Äskulapnatter.

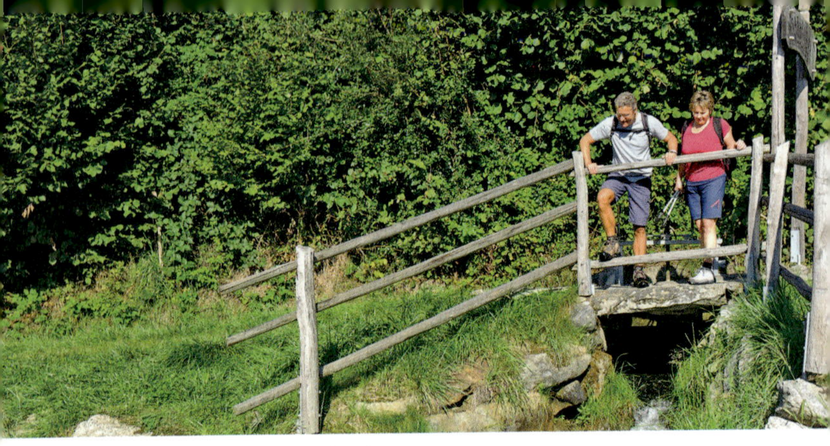

Das Wasser am Sonnenweg ist kostbar.

ATEMBERAUBENDE AUSSICHT

Im Auf und Ab geht es nun nach Westen. Immer wieder öffnen sich Ausblicke, die uns atemberaubend schön das breite Vinschgauer Tal zeigen. An manchen Stellen fällt der Hang steil ab, aber er ist stets vorbildlich gesichert. Vorbei an einigen Blockhalden steigen wir dann ganz langsam abwärts und erreichen unweit des Pardelhofs die ersten Apfelplantagen. Am **Pardelhof** biegen wir rechts auf den Wanderweg ein, der uns weiter auf halber Höhe am Hang zum **Bauernhof Pignol** bringt. Dahinter geht es abwärts. Wir passieren die restaurierte **Runster Mühle** und biegen ein Stück später rechts über den **Lahnbach**. So erreichen wir das **Gasthaus Weinberghof**, das sich für eine Rast perfekt eignet.

Weiter in westlicher Richtung ist **Naturns** schon ausgeschildert. Bevor wir in die Ortsmitte und zum Busbahnhof gehen, wollen wir noch das kleine **Kirchlein St. Prokulus** besuchen, das etwas außerhalb des Dorfs liegt und zu den großen kunsthistorischen Sehenswürdigkeiten von Südtirol gehört. Danach folgen wir einfach der Feldgasse und biegen dann links in die Rathausstraße. Sie bringt uns in die Ortsmitte, der Busbahnhof für die Rückfahrt nach Partschins liegt in der Hauptstraße.

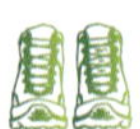

MERANER HÖHENWEG

Eines der Wahrzeichen von Partschins ist der 97 Meter hohe Wasserfall, besonders imposant nach Regen oder zur Schneeschmelze. Dorthin führt eine kurze Wanderung aus der Ortsmitte oder wir nähern uns ihm von oben, über den Meraner Höhenweg.

ZUM MERANER HÖHENWEG

Der Meraner Höhenweg ist eine Mehrtagestour, die rund um die Texelgruppe führt. Wir werden bei dieser Wanderung nur ein kurzes Teilstück zurücklegen. Für den bequemen Einstieg wählen wir die Auffahrt mit der **Texelbahn auf den Gigglberg**. Das spart uns knappe 900 Höhenmeter Aufstieg. Oben ist das Panorama überwältigend und wirklich einmalig. Mit zwei Kurven bergauf stehen wir am **Gasthaus Giggelberg**, dessen Terrasse noch einmal zu einer »Schaupause« verführt. Hinter dem Gasthaus kann man aber auch in wenigen Minuten zum **Giggelbergkreuz** aufsteigen und die Aussicht für sich fast allein genießen. Dann geht es jedoch auf den **Meraner Höhenweg** und deshalb setzen wir hinter dem Gasthaus den Weg nach rechts **Richtung Schutzhütte Nasereit** fort.

ABSTIEG ÜBER DIE NASEREITHÜTTE

Für uns geht es in den Wald und im leichten Auf und Ab folgen wir dem Höhenweg. Immer wieder lichtet sich der Wald und schenkt uns gigantische Ausblicke. Über eine Almwiese erreichen wir die **Nasereithütte**, in der wir erneut einkehren können. Für den Abstieg folgen wir ein kurzes Stück der kleinen Almstraße und biegen dann aber links auf den **Wanderweg**

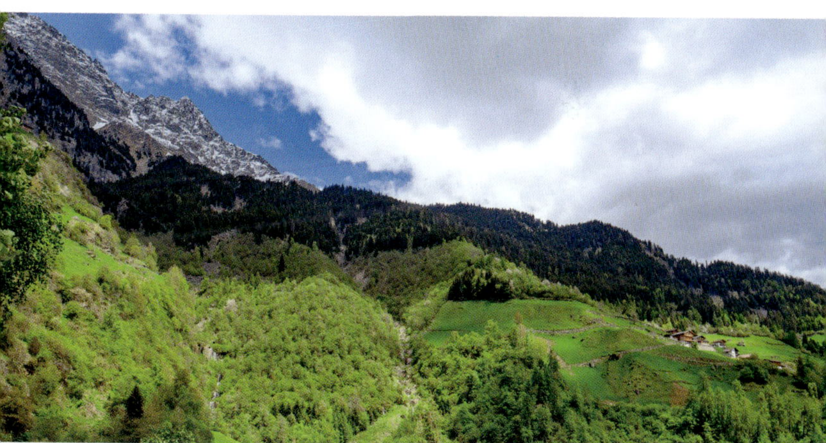

Aussichtsreich blicken wir auf Bergbauernhöfe.

2

Nr. 8 ein, der uns abwärts zur Straße am Zielbach führt. An dem kleinen Kraftwerk queren wir ihn noch nicht, aber etwas unterhalb davon wechseln wir dann auf seine linke Seite. Der Zielbach ist auch für den Partschinser Wasserfall verantwortlich, sodass wir ihn nun nicht mehr aus den Augen lassen. Für uns geht es jetzt steil abwärts. Der Weg wendet sich etwas nach links, quert eine kleine Almstraße und führt anschließend noch steiler abwärts. So erreichen wir, einmal rechts haltend, das Gasthaus Wasserfall und den berühmten Partschinser Wasserfall.

PARTSCHINSER WASSERFALL

Der imposante Wasserschleier lässt sich am vorgesehenen Aussichtspunkt noch besser erleben. Dafür steigen wir minimal aufwärts. Um die gesunde und gefilterte Luft zu genießen, sollten wir eine Pause in Wasserfallnähe einlegen. Für den Weg ins Tal folgen wir der Beschilderung nach Partschins, die auf den kleinen Steig direkt am Buswendeplatz verweist. Wer

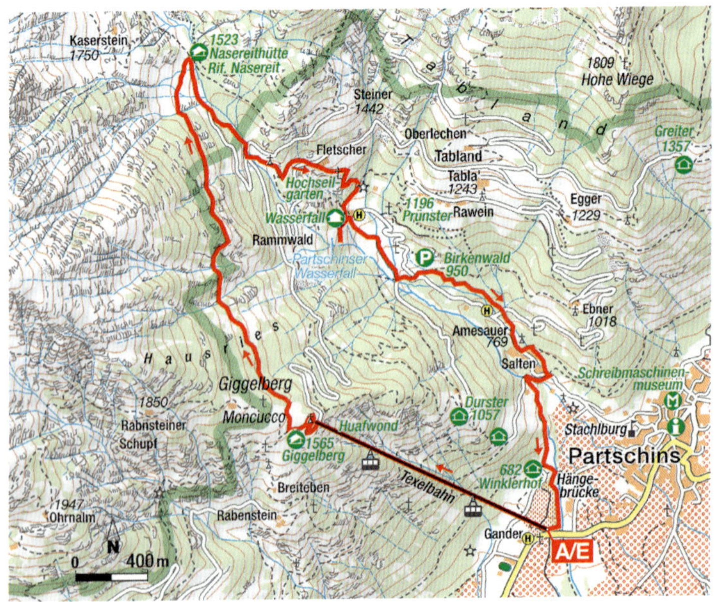

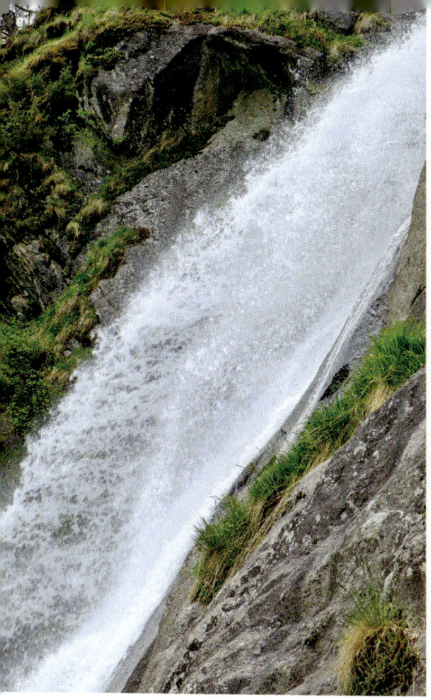

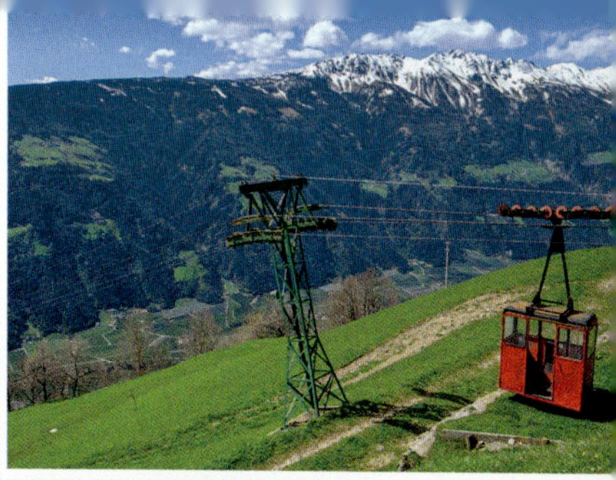

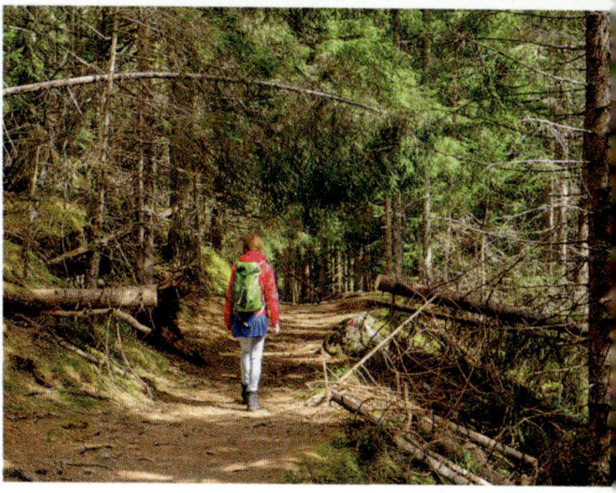

◀ Partschinser Wasserfall ▲ Die alte Bergbahn auf den Giggelberg
▼ Einsame Wege führen durch die Bergwälder.

jedoch genug vom Abstieg hat, kann auch den Wanderbus ins Tal wählen. Ansonsten geht es weiter auf einem wildromantischen Weg abwärts. Immer noch folgen wir dem Zielbach. Dann biegen wir links zum **Gasthaus Birkenwald** ein, folgen kurz der Straße und bleiben dann in der Kurve geradeaus. Gleich danach halten wir uns rechts und wandern parallel zur Fahrstraße weiter bergab. Dabei queren wir eine weitere Fahrstraße und erreichen den Ortsrand von Partschins auf der Wasserfallstraße. Zurück zur Talstation biegen wir scharf rechts **Richtung Schönleithof** ab, halten uns gleich nach der Brücke über den Zielbach wieder links. Wir passieren die **Hängebrücke am Winklerhof** und erreichen weiter dem Bach folgend wieder die **Texelbahn-Talstation**.

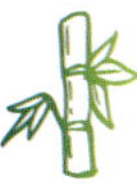

WER SICH NACH dem Wandern noch eine herrliche Auszeit in einem wunderschönen Spa-Paradies gönnen möchte, kann sich für einen Wellness Vital Day im Hotel Anderlahn als Gast einbuchen. Am Nachmittag zwischen 14.30 und 17 Uhr ist das nach Voranmeldung auch für Nicht-Hotel-Gäste möglich: anderlahn.com.

AUF EINEN BLICK

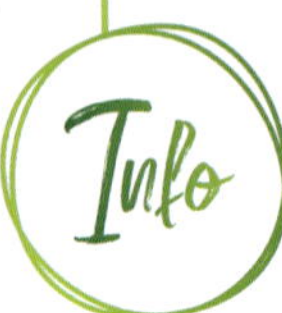

STADT/REGION: Partschins
BESTE REISEZEIT: März bis November
TOURISTINFO:
Spaureggstraße 10, 39020 Partschins, Tel. +39 0473/96 71 57, partschins.com

AKTIV UNTERWEGS

ETSCHRADWEG: Es lohnt sich, ein Fahrrad mitzunehmen oder auszuleihen. Von Partschins kann man herrlich auf dem Etschradweg Richtung Reschensee starten oder in anderer Richtung hinunter nach Meran radeln.

PARTSCHINSER SAGENWEG: Eine weitere Wanderung ist in Partschins sehr zu empfehlen. Der Sagenweg führt über knapp 6 Kilometer und 300 Höhenmeter zu vorchristlichen Kultstätten, darunter Schalensteine, eine Hexenhöhle und die Teufelsplatte.

GSUND BLEIBM!: Unter diesem Motto werden im Luftkurort Partschins jede Menge Aktivitäten nach Voranmeldung im Tourismusbüro angeboten. Man kann sich am Wasserfall mithilfe eines Bergführers abseilen lassen, an einem Kräuterworkshop teilnehmen oder beim Waldbaden wellnessen.

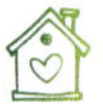

ÜBERNACHTUNG

DESIGNHOTEL TYROL: Hans-Guet-Straße 40, 39020 Partschins, Tel. +39 0473/96 76 54, tyrol-hotel.it, **€€€**. Das Luxus-Hideaway mit großzügiger Poolanlage und leckerer Küche erfüllt alle Wünsche. Es liegt im Ortsteil Rabland und sorgt für ein rundum entspanntes Wochenende.

GARNI HOTEL FARMERHOF: Graf-Johann-Weg 15, 39020 Partschins, Tel. +39 0473/96 73 53, farmerhof.com, **€€**. Das Frühstückshotel mit seinen 16 einfachen, aber völlig ausreichenden Doppelzimmern eignet sich sehr gut für ein aktives Wanderwochenende. Der urige Farmerkeller gegenüber gehört dazu und bietet abends gutes Essen.

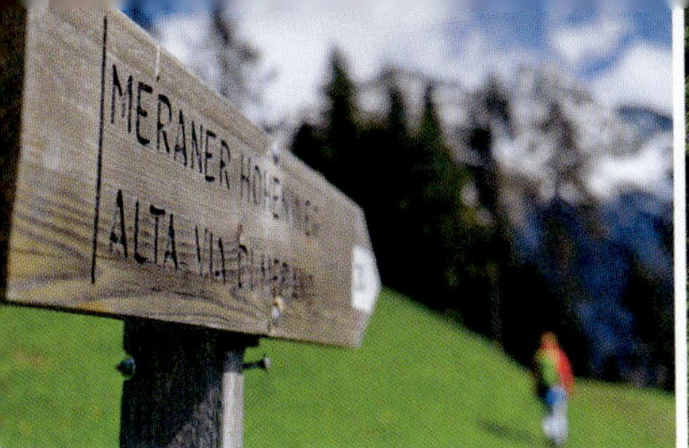

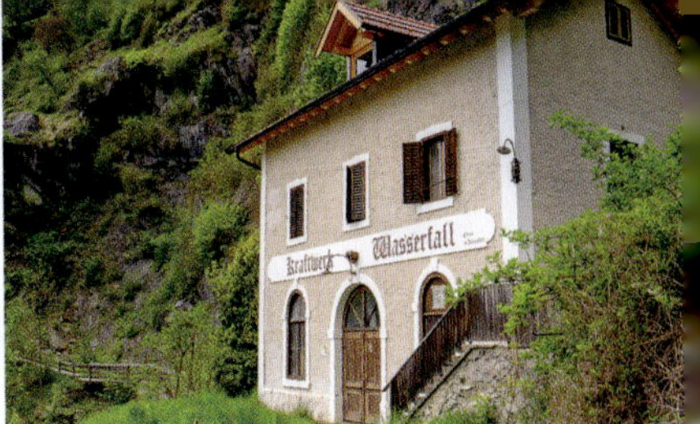

◀ Der Meraner Höhenweg ist gut beschildert. ▶ Kraftwerk am Wasserfall

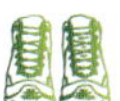

SONNENBERGER PANORAMAWEG

DAUER: 2.45 Std.

HÖHENMETER: 350 Hm

LÄNGE: 7 km

SCHWIERIGKEIT: Leicht

AUSGANGSPUNKT: Talstation Texelbahn

GPS: 46.679352, 11.064665

ENDPUNKT: Naturns Busbahnhof

TOURENCHARAKTER: Eine leichte Bergwanderung im steten Auf und Ab auf gut beschilderten Wanderwegen und Pfaden. Viel Sonne, unbedingt etwas zum Trinken mitnehmen. Ein wenig trittsicher muss man sein. Die Rückfahrt ab Naturns erfolgt mit dem Bus.

EINKEHR UNTERWEGS: Erst zum Ende der Wanderung liegt der Weinberghof an der Strecke. Im Ort Naturns dann viele Möglichkeiten.

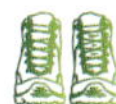

MERANER HÖHENWEG

DAUER: 3.30 Std.

HÖHENMETER: 150 Hm bergauf, 1000 Hm bergab

LÄNGE: 8,5 km

SCHWIERIGKEIT: Mittel

AUSGANGS-/ENDPUNKT: Talstation Texelbahn

GPS: 46.679352, 11.064665

TOURENCHARAKTER: Konditionell eine leichte Wanderung, aber 1000 Höhenmeter Abstieg belasten die Knie. Stöcke sind sicherlich hilfreich. Etwas trittsicher muss man beim Abstieg sein. Am Höhenweg gibt es zwei Abschnitte, die etwas Höhenschwindel verursachen können.

EINKEHR UNTERWEGS: Gasthaus Giggelberg, Schutzhütte Nasereit sowie Gasthaus Wasserfall oder Birkenwald beim Abstieg

WEGE ZUM WASSER

Dorf Tirol

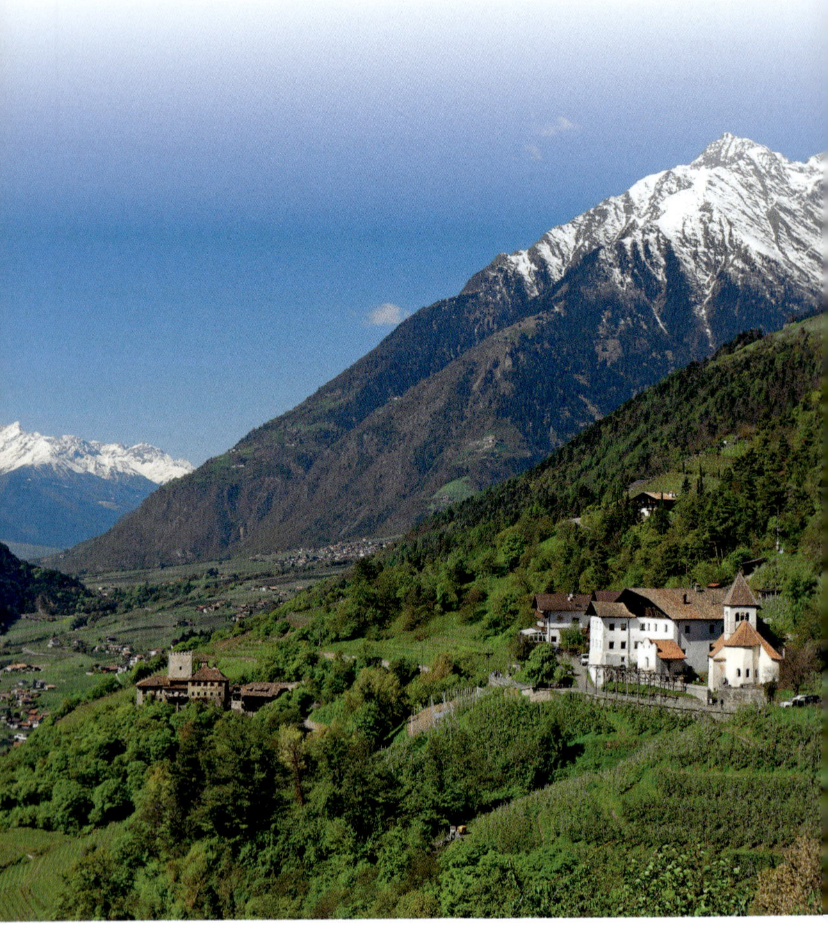

Aussicht vom Dorf Tirol über Thurnstein auf das Vinschgau

Dorf Tirol an der Westseite des Meraner Beckens ist ein beliebtes Urlaubsziel. Die schöne, sonnige Lage und die tollen Touren versprechen ein großartiges Erlebnis. Besonders beeindruckend ist ein Besuch der Texelgruppe. Zudem gibt es hier noch einen ruhigen, fast schon romantischen Waalweg.

Nicht nur als Ausgangspunkt für großartige Bergtouren, auch geschichtlich ist Dorf Tirol interessant. Das gleichnamige **Schloss** war lange Zeit **Regierungssitz von Tirol**. Erst als das besser erreichbare Innsbruck Regierungssitz wurde, verlor Dorf Tirol an Bedeutung.
Beliebt ist es für seine Wanderungen in die **Texelgruppe**. Gerade mit der Hochmuthbahn wird vom Dorf eine tolle Gegend erschlossen, die ihren Höhepunkt in der landschaftlich grandiosen **Spronser Seenplatte** findet. Auch der bekannte **Meraner Höhenweg** startet hier.
Nicht unerwähnt lassen möchten wir auch den **Tappeinerweg**. Diese schöne Promenadenwanderung führt von Meran durch eine mediterrane Landschaft bis zum Dorf Tirol.

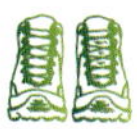

SPRONSER SEEN

Die Spronser Seen sind einer der schönsten Plätze in der Texelgruppe. Mitten in dieser Gebirgsgruppe liegt die Seenlandschaft. Der Weg dorthin ist weit und erfordert auch etwas Bergerfahrung.

ZUR LEITERALM

Mit der Seilbahn fahren wir zur **Bergstation Hochmuth**. Hier beginnen wir mit unserer großartigen Rundtour. Zuerst gehen wir steil bergauf zu einer **Aussichtsplattform**. Hier genießen wir einen tollen Ausblick auf das Meraner Becken und die umliegenden Berggipfel. Bei gutem Wetter reicht der Blick bis zu den weit entfernten Dolomiten. Hier beginnt der Meraner Höhenweg. Ein Schild weist uns darauf hin.
Wir passieren das **Gasthaus Steinegg** und folgen nun dem **Hans-Frieden-Felsenweg**. Auf diesem gehen wir sehr aussichtsreich durch die steilen Felshänge. Besonders ausgesetzte Stellen sind gut mit Drahtseilen versichert. Der Ausblick auf die Umgebung ist immer wieder großartig. Wir

gehen hinunter zu einer Schlucht, die wir überqueren, und steigen von hier hinauf zur **Leiteralm**, die eine erste Einkehrmöglichkeit bietet.

RICHTUNG HOCHGANGHAUS

Wir machen eine kurze Pause und gehen danach weiter in Richtung Hochganghaus. Der Weg führt hinter der Alm vorbei und dann nach rechts in den Wald. Es geht zuerst steil bergauf bis zu einer Wegteilung. Wir nehmen den linken Weg in Richtung Hochganghaus. Es geht um eine Geländekante herum und bald danach leicht abwärts. Der **Steig** bringt uns zu einer tief eingeschnittenen Schlucht, die wir auf einer **Hängebrücke** überwinden. Wir folgen nach dieser eindrucksvollen Passage weiter dem Weg, der uns bis zum **Hochganghaus** bringt, das sich für eine Pause anbietet.
Ab dem Hochganghaus wird es nun richtig steil. Wir folgen dem **Weg Nr. 7** in Richtung Hochgangscharte. Der Steig bringt uns durch steiles Wiesengelände aufwärts bis in die Felsregion. In vielen Kehren steigen wir auf dem **drahtseilversicherten Steig** in die Höhe. Wirklich schwierig ist das

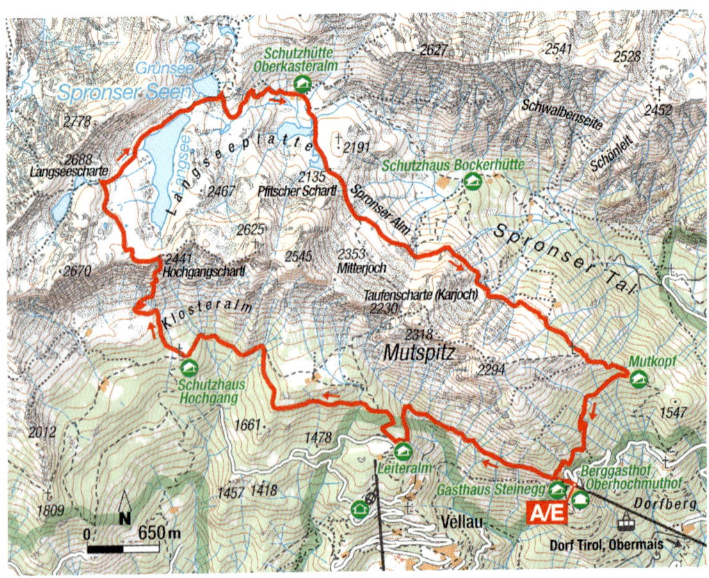

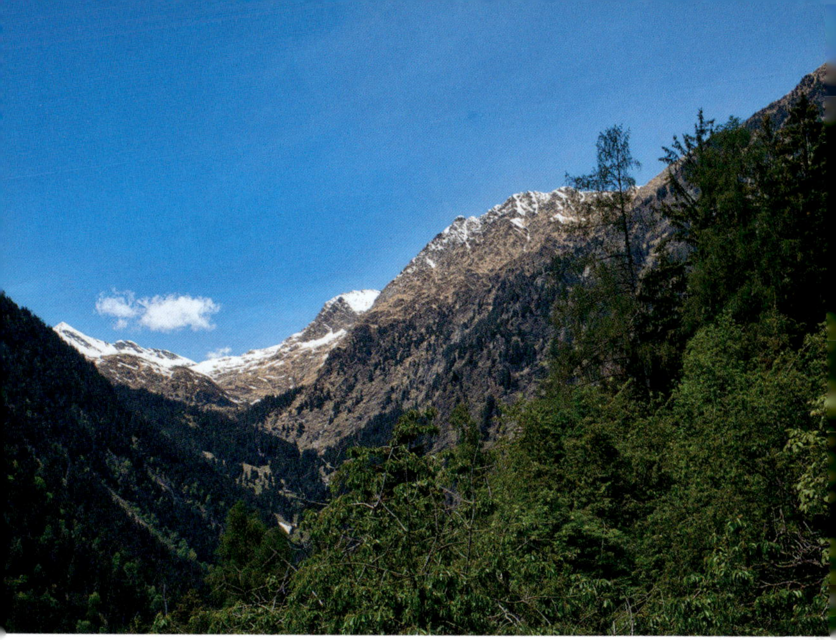

Rückblick ins Spronser Tal

Gelände an keiner Stelle, ein gewisses Maß an Trittsicherheit sowie Bergerfahrung ist für diesen Abschnitt allerdings notwendig. Wir gelangen zu einer exponiert auf einem Absatz stehenden Bank. Von hier ist es nicht mehr weit bis in die Scharte. Noch ein letzter versicherter Abschnitt und wir erreichen die Scharte. Jetzt verschnaufen wir und genießen den Blick zum Langsee.

WEITER ZUR OBERKASERALM

Von hier gehen wir auf dem **Weg Nr. 7** nach links. Er führt um den **Langsee** zu einer Wegteilung. Hier ignorieren wir den Abzweig zum Milchsee und biegen nach rechts ab. Wir gelangen nun zum Langsee und wandern an dessen Ufer entlang zum kleinen **Grünsee**.

Vom See gehen wir weiter in Richtung Oberkaseralm. Gleich zu Beginn passieren wir einen Wasserfall. Wir genießen von diesem Wegabschnitt einen schönen Ausblick über das Spronser Tal und gelangen zu den **Ruinen der alten Meraner Hütte**. Es folgt noch ein steiler Abstieg zur gemütlichen **Oberkaseralm**, in der wir ebenfalls einkehren können. Die Erfrischung auf der Terrasse wird nach dieser langen Tour sehr willkommen sein.

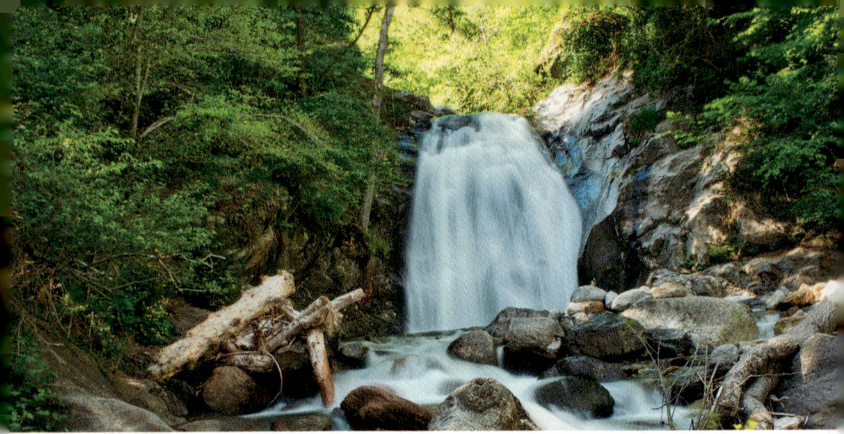

Wasserfall am Kuenser Waal

Nach der Einkehr folgen wir kurz dem Wanderweg in südlicher Richtung bis zu einer Wegteilung. Hier nehmen wir den rechten Weg (Nr. 22). Dieser führt an der Kaser Lacke und der Pfitscher Lacke vorbei zum Pfitscher Schartl.

EINKEHR IM GASTHOF

Ab hier gehen wir auf dem Jägersteig weiter in Richtung Gasthof Mutkopf und Seilbahn Hochmuth. Nach einem kurzen Gegenanstieg zweigt nach rechts der Gipfelabstieg zur Mutspitze ab. Wir gehen aber geradeaus in Richtung Mutkopf und gelangen bald zum Gasthof Mutkopf. Auch hier bietet sich noch einmal eine Einkehr an.
Nach dem Gasthof tauchen wir in den steilen Wald ein. Erst kurz vor dem Gasthaus Steinegg verlassen wir den Wald. Von hier gehen wir in wenigen Minuten hinunter zur Bergstation der Hochmuthbahn. Anschließend schweben wir mit der Seilbahn wieder hinunter ins Dorf Tirol.

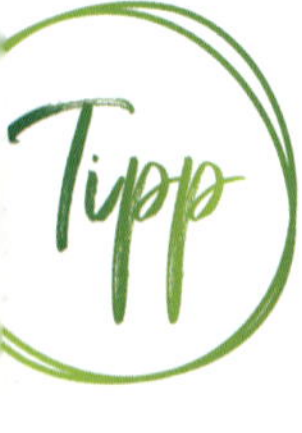

Wer keine so lange Rundtour unternehmen möchte und trotzdem Lust auf einen schönen Gipfel mit großer Aussicht hat, dem empfehlen wir die Besteigung der Mutspitze. Wir gehen von der Bergstation der Seilbahn hinauf zum Gasthof Mutspitze und weiter über den Rücken zur Wegteilung. Nun gehen wir nicht nach rechts in Richtung Spronser Seen, sondern folgen dem linken Weg Nr. 23. Dieser führt über den steilen Ostgrat ohne besondere Schwierigkeiten zum Gipfelkreuz der Mutspitze. Hier genießen wir eine großartige Aussicht auf das Meraner Becken und die umliegenden Berge.

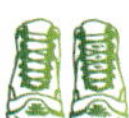

KUENSER WAALWEG

Der Kuenser Waalweg ist eher unbekannt in der Region um Meran. Er führt auf einer idyllischen Weganlage ins Spronser Tal. Wir genießen herrliche Ausblicke auf die andere Talseite und folgen auf eher gemütlichen Wegen dem Verlauf des Wassers.

STEILER BEGINN

Von Dorf Tirol fahren wir mit dem Bus nach **Riffian**. Von dort folgen wir dem Wegweiser in Richtung Waalweg. Wir gehen steil zwischen den Häusern hindurch. Der letzte steile Abschnitt führt durch die freien Hänge hinauf zum schattigen **Waalweg**. Auf diesem gehen wir nach links und genießen bald eine schöne Aussicht auf die gegenüberliegenden Berghänge.

ZUM WAAL

Wir erreichen einen Hof und gelangen auf eine Teerstraße, die uns mit einer Rechtskurve zu einem kleinen Tälchen bringt. Vorsicht: Die Meraner Waalrunde führt links auf der Fahrstraße weiter. Wir verlassen diese aber und folgen dem Weg mit der **Markierung Nr. 21** aufwärts. Der Steig führt durch ein dicht bewaldetes Tälchen und wird dabei immer steiler.
Nun kommen wir zu einer Schotterstraße und gehen auf dieser nach links bis zum **Mutlechner**, einem Hof. Rechts neben dem Hof führen Treppenstufen in Richtung Kuenser Waal. Wir passieren eine Bank und ein Wegkreuz. Hier bietet sich noch einmal ein toller Blick auf die Umgebung und

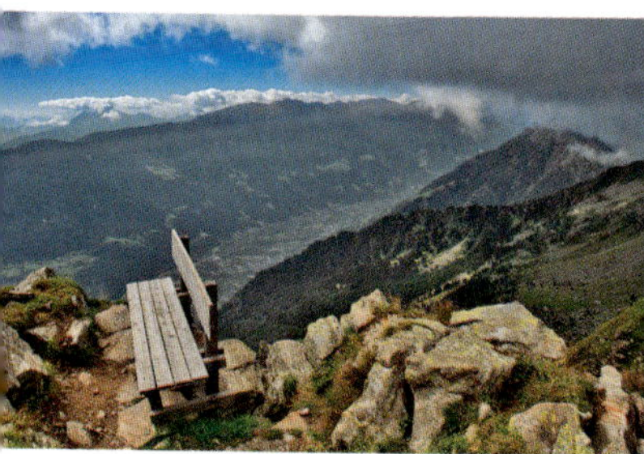

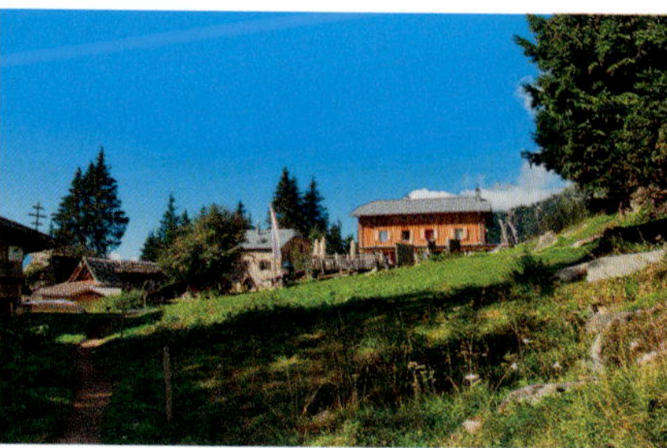

◀ Exponierte Bank am Weg in die Hochgangscharte ▶ Das Hochganghaus

eine erste Pausenmöglichkeit. Nach einem Wasserhäuschen erreichen wir schließlich den **Waalweg**. Er führt durchaus romantisch am Hang entlang. Felsen zieren den Weg, immer wieder geben die Bäume den Blick auf die Umgebung frei und neben unserem Weg plätschert das Wasser im Waal. Mehrere Bänke bieten sich für eine Rast und Einkehr an. Am Ende bringt uns der Weg leicht abwärts zu einer Wegkreuzung an einer Brücke. Eindrucksvoll rauscht das Wasser des Spronser Bachs unter ihr hindurch. Wer eine Einkehrmöglichkeit sucht, der kann von hier in 15 Minuten zum nahen **Gasthaus Longfall** hinaufwandern.

RÜCKWEG NACH TIROL

Ansonsten gehen wir über die Brücke und treffen dort auf eine Schotterstraße. Dieser folgen wir in Richtung Dorf Tirol. Die erste Abzweigung

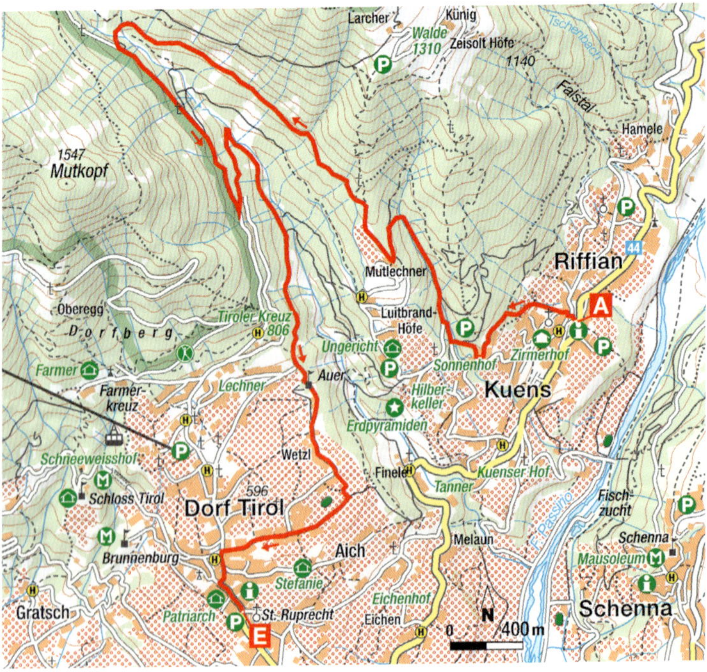

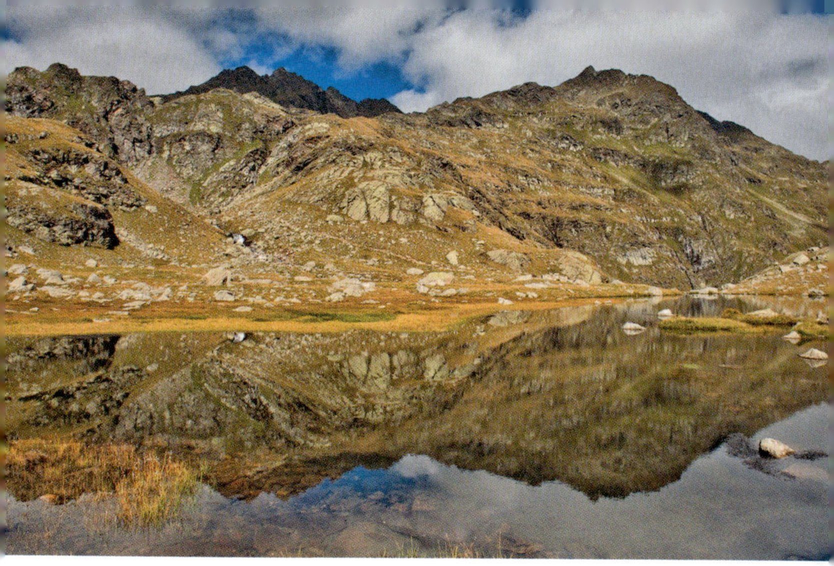

Am Grünsee im Herzen der Texelgruppe

des unteren Kuenser Waals ignorieren wir, gehen dann aber bei der zweiten Abzweigung nach links. Der Weg wird bald zu einem schmalen Steig und bringt uns hinunter zu einem eindrucksvollen Wasserfall. Wir wandern anschließend talauswärts oberhalb des tosenden Wassers. An einer Wegteilung nehmen wir den rechten Weg (Nr. 9), der leicht bergauf führt. Nun gehen wir immer geradeaus zum Schloss Auer. Das Schloss stammt aus dem 13. Jahrhundert, ist heute allerdings bewohnt und bietet Ferienwohnungen zur Vermietung an.
Wir gehen auf dem Weg Nr. 9 geradeaus weiter, bis er nach rechts abzweigt. Inzwischen ist es aber kein Weg mehr, sondern eine Straße. Auf dieser erreichen wir die Ortsmitte vom Dorf Tirol.

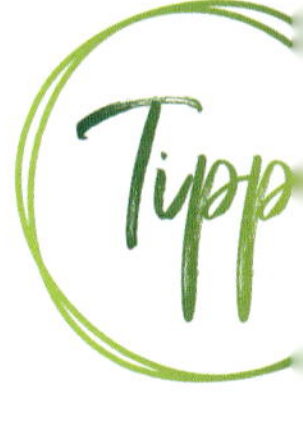

Der Tappeinerweg gehört zu den schönsten Höhenpromenaden Europas. Er führt von Meran bis zum Dorf Tirol. Wir wandern durch eine wunderbare,mediterrane Vegetation. Auf unserem Weg begegnen wir Pinien, Himalaya-Zedern, Korkeichen, Ölbäumen, Eukalyptus, Bambusarten sowie Magnolien, Agaven, Aloen und Feigenkakteen. Vom Dorf Tirol gehen wir zuerst vorbei am Schloss Tirol in das kleine benachbarte Gratsch. Von hier führt der Tappeinerweg aussichtsreich bis nach Meran. Immer wieder laden uns Bänke, Restaurants und Cafés zur Pause ein.

AUF EINEN BLICK

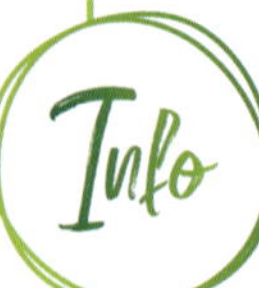

STADT/REGION: Dorf Tirol
BESTE REISEZEIT: Frühjahr bis Herbst
TOURISTINFO:
Hauptstraße 31, 39019 Dorf Tirol, Tel. +39 0473/92 33 14, merano-suedtirol.it

AKTIV UNTERWEGS

APFELBLÜTE: Höhepunkt des Frühlings ist die Apfelblüte um das Dorf Tirol. Zwischen Ende März und Anfang Mai verwandeln sich die Obstwiesen in ein rosa-weißes Farbenmeer. Die Waale sind mit Wasser gefüllt, die Bienen bestäuben die Blüten und die Natur beginnt zu erwachen. Eine schöne Zeit, um durch die Obstwiesen zu wandern.
SCHLOSS TIROL: Das im 12. Jahrhundert erbaute Schloss Tirol ist das bedeutendste Schloss in Tirol. Es ist namensgebend für die Ortschaft, die Grafen und das ganze Land. Im Schloss findet man viele kunsthistorische Zeugnisse. Zudem hat das Südtiroler Landesmuseum für Kultur- und Landesgeschichte am Schloss seinen Platz.
VOGELPFLEGEZENTRUM UND GREIFVOGELSCHAU: Direkt am Burghügel des Schlosses Tirol hat das Pflegezentrum Vogelfauna seinen Sitz. Hier werden aufgefundene Wildvögel gesund gepflegt. Von Ende März bis Anfang November finden zweimal täglich (11.15 und 15.15 Uhr) Flugvorführungen mit Greifvögeln und Eulen statt.

ÜBERNACHTUNG

SPA & RELAX HOTEL ERIKA: Hauptstraße 39, 39019 Dorf Tirol, Tel. +39 0473/92 61 11, erika.it, **€€€**. 5-Sterne-Hotel mit grandiosem Wellnessbereich und wunderschönem Garten mit Panoramablick.
HOTEL MAIR AM TURM: Hauptstraße 3, 39019 Dorf Tirol, Tel. +39 0473/92 33 07, mairamturm.it, **€€**. Traditionsreiches Hotel im Ortszentrum vom Dorf Tirol mit schönen Zimmern und leckerem Essen.
SCHATTMAIRHOF: Seminarstraße 32, 39019 Dorf Tirol, Tel. +39 0473/92 36 68, **€€**. Obst- und Ferienhof inmitten von eigenen Obstwiesen mit beheiztem Außenpool.

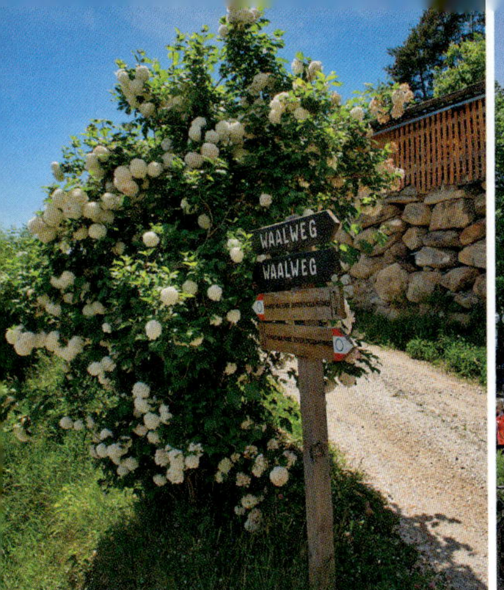

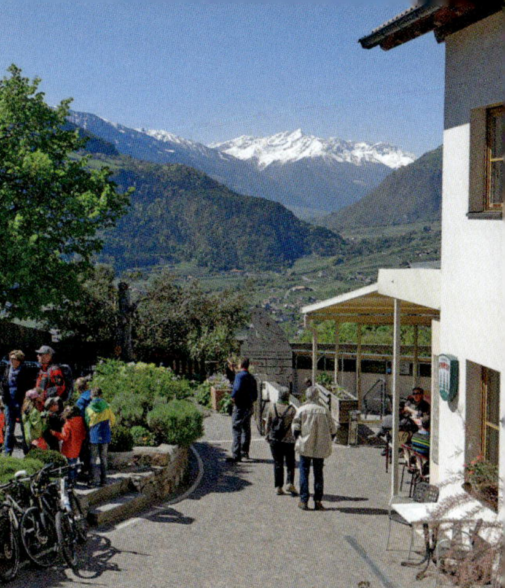

◀ Am Kuenser Waalweg ▶ Im Dorf Tirol

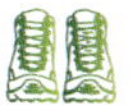

SPRONSER SEEN

DAUER: 7 Std.

HÖHENMETER: 1130 Hm

LÄNGE: 16,9 km

SCHWIERIGKEIT: Schwer

AUSGANGS-/ENDPUNKT: Bergstation Hochmuthseilbahn

TOURENCHARAKTER: Anspruchsvolle, anstrengende Rundwanderung. Gute Kondition und Trittsicherheit erforderlich.

EINKEHR UNTERWEGS: Leiteralm, Hochganghaus, Oberkaseralm, Gasthof Mutkopf

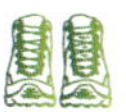

KUENSER WAALWEG

DAUER: 3.30 Std.

HÖHENMETER: 470 Hm Aufstieg, 400 Hm Abstieg

LÄNGE: 9,3 km

SCHWIERIGKEIT: Mittel

AUSGANGSPUNKT: Bushaltestelle in Riffian

ENDPUNKT: Ortsmitte Dorf Tirol

TOURENCHARAKTER: Teilweise breite Wege, teilweise schmale Steige. Aber nicht besonders schwierig.

EINKEHR UNTERWEGS: Abstecher zum Gasthaus Longfall, ansonsten im Dorf Tirol

HOCHPLATEAU ÜBER MERAN

Hafling

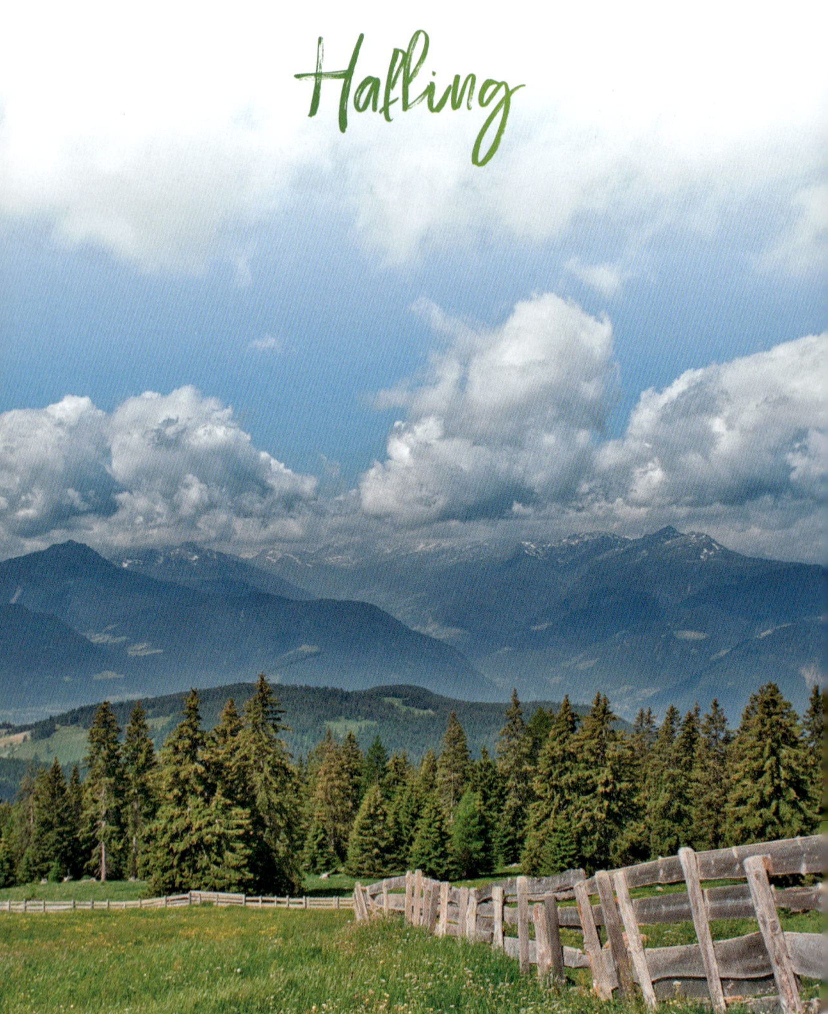

Weiter Ausblick von der Vöraner Alm

Hafling zählt zu den beliebtesten Urlaubsorten in Südtirol. Dieser kleine, eher unscheinbare Ort liegt auf einer Sonnenterrasse hoch über Meran. Die sonnige, aussichtsreiche Lage sowie die ausgedehnten Wälder laden zum Wandern und Spazieren ein.

Hafling bietet Wanderungen unterschiedlichen Charakters. Das sind einerseits die sonnigen Touren von der Bergstation der Gondelbahn nach **Meran 2000**. Andererseits – für alle, die es schattiger mögen – die waldreiche Tour zur **Vöraner Alm**. Hier gibt es dann noch schöne Aussicht und eine gemütliche Einkehr.

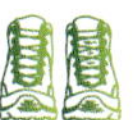

VÖRANER ALM

Die Vöraner Alm mit ihren umliegenden Almwiesen ist ein wunderbares Wanderziel. Neben einer leckeren Einkehr genießen wir eine wunderbare Aussicht. Die Wanderung führt durch ein schönes Waldgebiet und wirkt dabei sehr entspannend.

ZUR WURZER ALM

Am gebührenpflichtigen **Parkplatz in Hafling** überqueren wir die Hauptstraße und folgen der nach rechts hinaufziehenden Straße (Weg Nr. 16). Wir passieren ein paar Wohnungen und biegen an der ersten Straße nach links ab. Diese führt flach nach Norden bis zu einer weiteren Straßenkreuzung. Hier gehen wir nach rechts und wandern auf der Straße in den Wald hinein. Bald zweigt nach links ein Steig ab. Diesem folgen wir aufwärts bis zu einer **Schotterstraße**. Auf dieser gehen wir nach rechts und treffen wenig später wieder auf diese Straße, die wir auf dem Steig ein Stück abgekürzt haben. Wir gehen auf dieser weiter kurz bergauf, bis der **markierte Steig (Weg Nr. 2)** nach links abzweigt. Auf dem schönen Wanderweg geht es nun weiter aufwärts, bis wir wieder auf die Straße gelangen. Es folgen noch weitere Abzweigungen von der Schotterstraße. Diese sind zu empfehlen, weil es sich auf dem Steig einfach viel angenehmer wandern lässt als auf der Straße. Unterwegs passieren wir einen kleinen, im Wald versteckten See. Wir passieren ein paar Hütten und gelangen schließlich hinauf zu den Almwiesen der **Wurzer Alm**. Hier haben wir eine erste Einkehrmöglichkeit.

WEITER ZUR VÖRANER ALM

Nach der gemütlichen Pause an der Wurzer Alm gehen wir auf dem Weg Nr. 2 weiter in Richtung Vöraner Alm. Der Weg führt kurz am Waldrand entlang und taucht dann in den Wald ein. An einer Wegteilung gehen wir geradeaus und wandern durch den Wald weiter aufwärts bis zu einer Straße, die wir überqueren. Wir erreichen nun die weiten **Almwiesen**, welche die **Vöraner Alm** umgeben. Auf den Wiesen weiden im Sommer viele Kühe. Wir wandern hinauf zur Almhütte und genießen leckere Südtiroler Spezialitäten. Besonders bekannt ist die Alm für ihren Hammelbraten. Sie zählt zu den schönsten Almhütten Südtirols und bietet eine wunderbare Aussicht.

ABSTIEG ÜBER DIE LEADNER ALM

Für den Rückweg nehmen wir von der Alm den **Weg 11A** bergab, der bald eine Straße überquert. An der folgenden Wegteilung im Wald gehen wir nach links und gelangen zu einer weiteren Straße. Dieser folgen wir ein Stück nach links. An der nächsten Wegteilung treffen wir auf den **Weg Nr. 11**, der parallel zur Schotterstraße weiterführt. Wir folgen nun immer

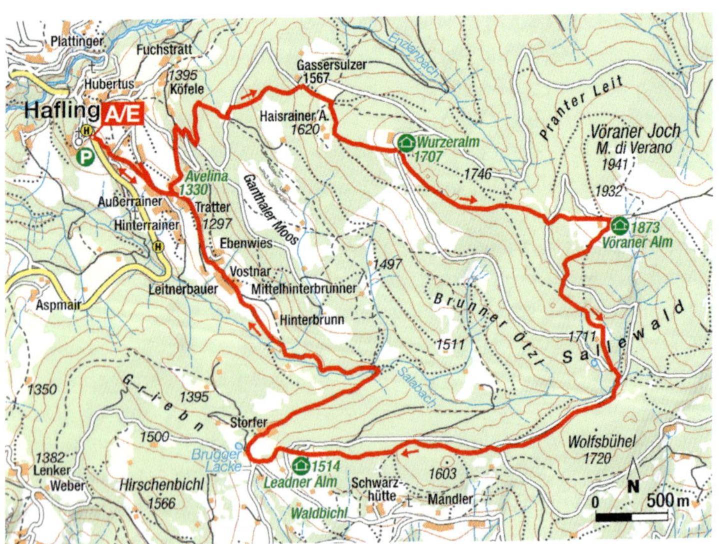

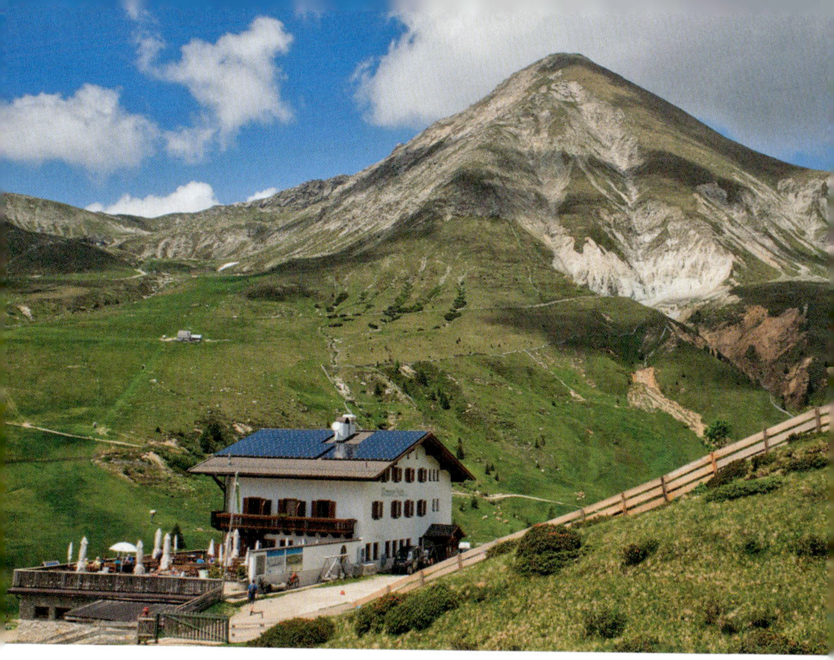

Die Meraner Hütte im Wandergebiet Meran 2000

der Wegmarkierung und erreichen schließlich die **Leadner Alm**. Die gemütliche Almhütte mit ihrer Terrasse ist zum Ende der Wanderung noch einmal eine willkommene Einkehrmöglichkeit.
Von der Alm gehen wir nach der Pause hinunter zur Schotterstraße, die wir überqueren. Der Weg bringt uns hinunter zur **Brugger Lacke**, einem schönen Naturbiotop. Hier nehmen wir den nach rechts abzweigenden **Forstweg Nr. 16.** Dieser führt in den Wald hinein und bringt uns ohne viel Höhenverlust bis an den Ortsrand von Hafling. Wir gehen immer geradeaus, bis wir schließlich die Straße zum Parkplatz erreichen.

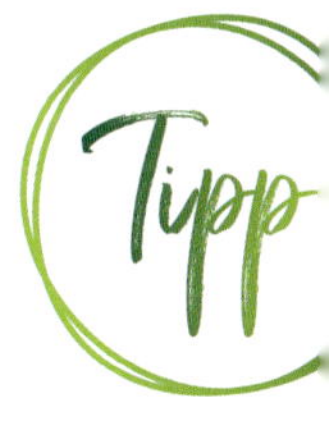

Auf dem Rotensteinkogel zwischen Hafling und Vöran liegt das Knottnkino. Der Felsgipfel bietet eine tolle Aussicht. Hier befinden sich 30 Kinostühle aus Stahl und Kastanienholz. Auf diesen können wir uns hinsetzen und das beeindruckende Panorama genießen. Der Zustieg vom Parkplatz beim Gasthof Alpenrose ist sehr kurz. Wir können uns aber auch deutlich mehr Zeit lassen und die ausgeschilderte Wanderung von Vöran über den Beimstein und den Timpfler Knott begehen.

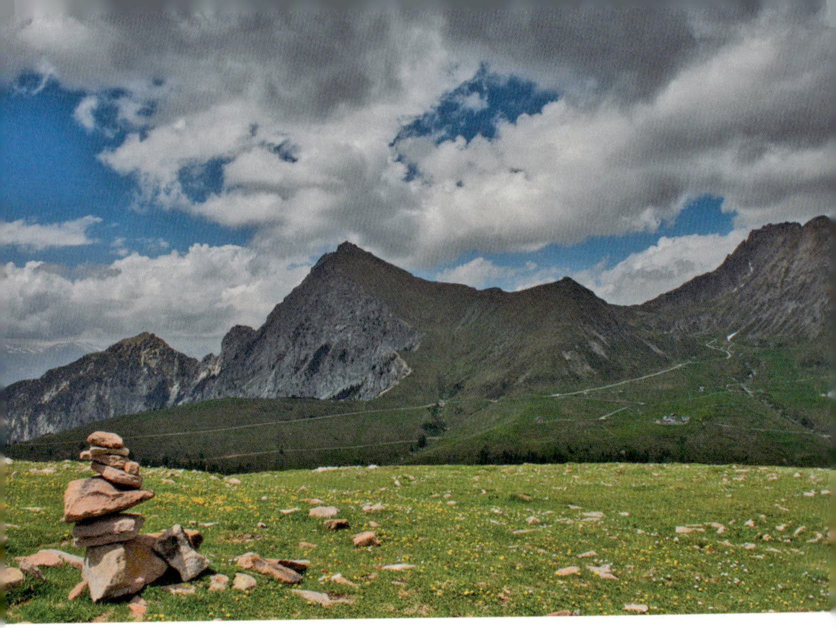

Gipfelaussicht vom Spieler

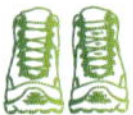

SPIELER

Der Spieler ist ein eher unbekannter Gipfel im beliebten Wandergebiet Meran 2000. Die letzten Meter zum Kreuz sind leicht, aber weglos. Neben einer prächtigen Aussicht locken vor allem die vielen Almhütten mit ihren Spezialitäten.

ZUR MERANER HÜTTE

Wir starten diese Wanderung an der Bergstation von Meran 2000 am **Piffinger Köpfl**. Die **Talstation Falzeben** liegt nur wenig oberhalb von Hafling. Das großartige Wandergebiet bietet zahlreiche Möglichkeiten. Wir stellen hier eine eher unbekanntere Variante vor.
Von der Bergstation wandern wir auf dem **Weg Nr. 3** in nordwestlicher Richtung. Nach einem ersten Waldstück erreichen wir freies Gelände und folgen dem breiten Weg bis zu einer Wegteilung. Hier gehen wir nach rechts bis zur nahen **Waidmannalm**, die bewirtschaftet ist.
Von der Alm gehen wir auf dem **Weg Nr. 18A** weiter zur **Kirchsteigeralm** und zur nahen **Meraner Hütte**. Beide Hütten sind bewirtschaftet und locken mit leckeren Südtiroler Gerichten.

GIPFELABSTECHER ZUM SPIELER

Von der Meraner Hütte folgen wir dem Weg weiter in südlicher Richtung. Er führt bergauf zu einem Gatter, durch das wir gehen. Rechts von uns befindet sich nun der Spieler. Leider gibt es keinen Weg hinauf. Wir bleiben noch ein Stück auf dem Hauptweg bis zu einer weiteren Wegteilung. Der **Weg Nr. 15** biegt nach rechts ab. Auf diesem steigen wir später ins Tal ab. Es lohnt sich aber noch den weglosen Abstecher auf den Spieler zu unternehmen. Hierfür gehen wir nach rechts durch das Gatter und dann gleich wieder nach rechts. Entlang des Zauns wandern wir nun weglos hinauf zum großen Gipfelkreuz auf dem Spieler. Es kann sein, dass wir am Anstiegsweg noch einmal auf einen Zaun stoßen. Über diesen steigen wir dann hinweg. Oben erwartet uns ein wirklich großartiges Gipfelpanorama. Das Wandergebiet von Meran 2000 liegt uns dabei zu Füßen. Die Felsgipfel des Ifingers sind dabei besonders beeindruckend. Dank des letzten weglosen Abschnitts ist der Gipfel zudem sehr einsam.

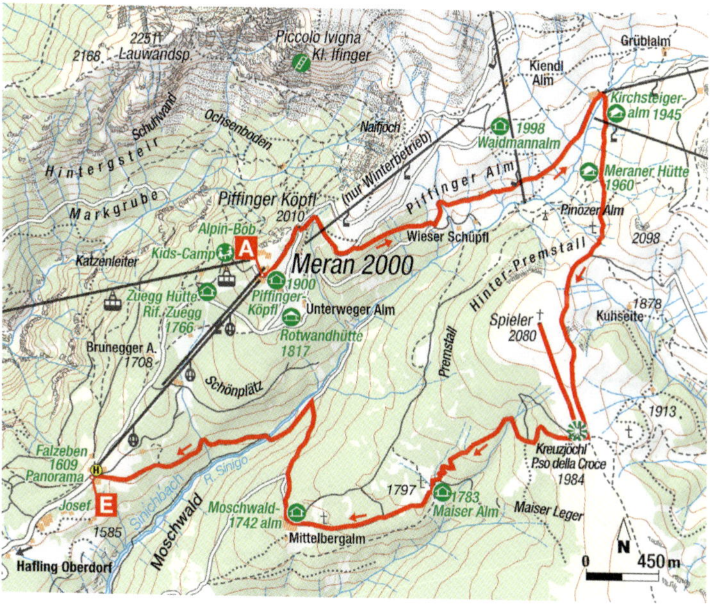

ABSTIEG NACH FALZEBEN

Für den Abstieg gehen wir zurück zum Weg Nr. 15 und folgen diesem durch den Wald hinunter zur Maiser Alm, in der wir im Sommer ebenfalls einkehren können.

Von der Alm gehen wir auf der Schotterstraße (Wegweiser Falzeben) bis zur schön gelegenen Moschwaldalm. Die sonnige Terrasse mit ihren Tischen und Bänken lädt zu einer Einkehr ein. Hier können wir wieder leckere Südtiroler Spezialitäten genießen.

Gleich nach der Alm biegen wir nach rechts auf einen Weg ein. Dieser führt steil hinunter zu einem Bach, den wir überqueren. Eine Schotterstraße bringt uns anschließend hinauf nach Falzeben, zur Talstation der Gondelbahn.

Von der Bergstation von Meran 2000 lockt mit dem Kratzberger See ein geheimnisvolles und leichtes Wanderziel. Ohne viel Anstieg wandern wir gemütlich hinauf zum Missensteiner Joch und von dort über eine Geländekante zum See. Dieser liegt in einer kleinen Mulde und bietet ein lohnendes Ausflugsziel. Entstanden ist er der Sage nach durch einen Riesen, der hier gerne Pause machte.

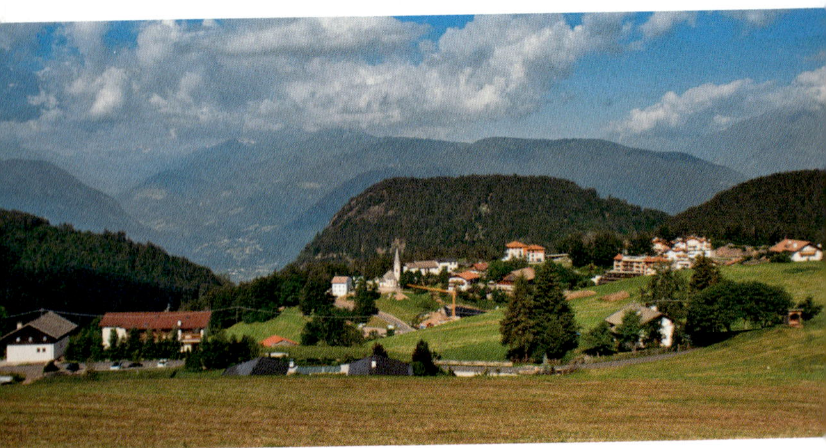

Blick auf Hafling

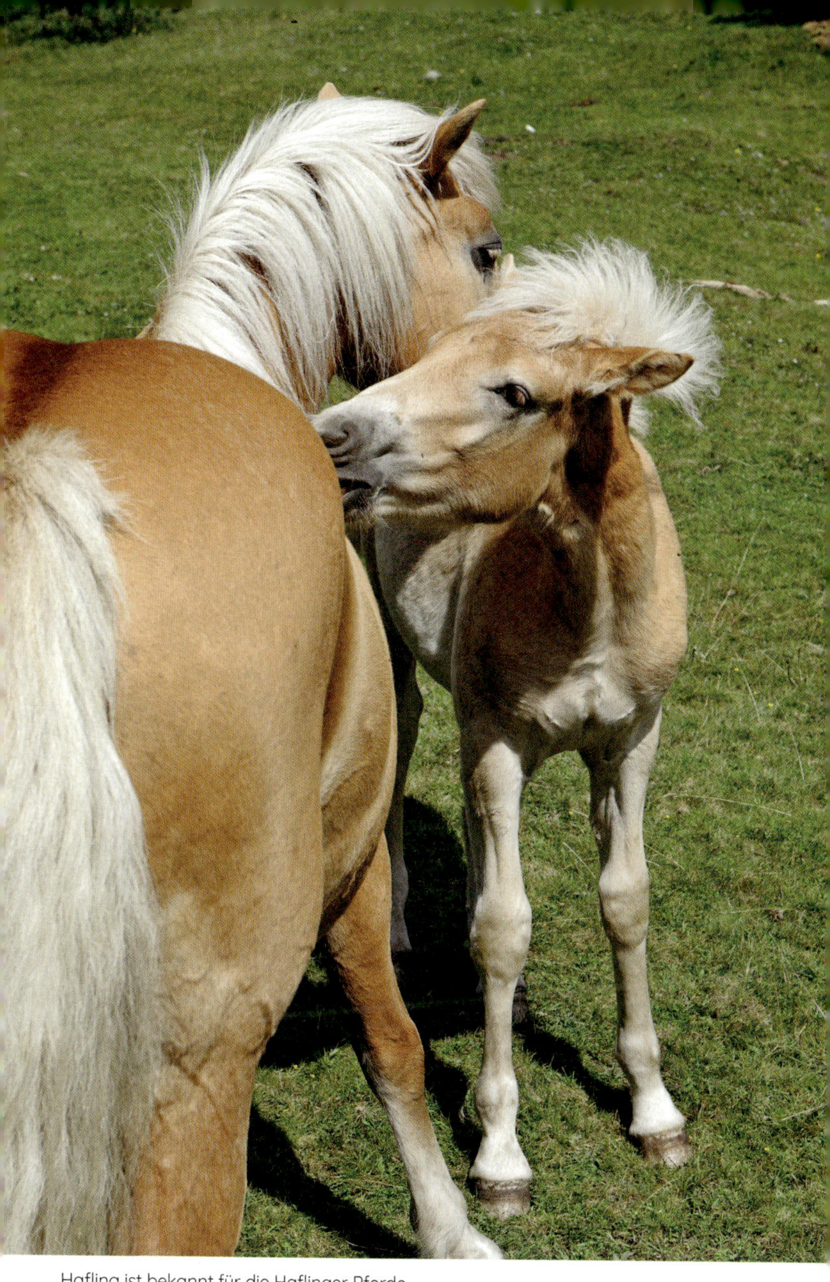
Hafling ist bekannt für die Haflinger Pferde.

AUF EINEN BLICK

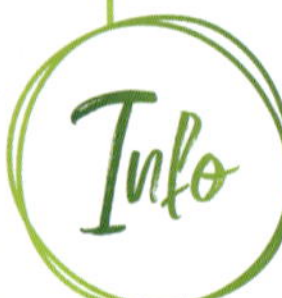

STADT/REGION: Hafling
BESTE REISEZEIT: Ganzjährig
TOURISTINFO:
St. Kathreinstraße 2b, 39010 Hafling, Tel. +39 0473/27 94 57, merano-suedtirol.it

AKTIV UNTERWEGS

HAFLINGER: Die Haflinger Pferde stammen ursprünglich aus Schluderns im Vinschgau. Hier in Hafling wurde die robuste Pferderasse lange Zeit als Saum- und Arbeitstier eingesetzt. Deshalb stand das Dorf Hafling Pate für den Namen der Pferde. Hier oben gibt es den gemütlichen, kinderwagentauglichen Haflinger Erlebnisweg.
WALDBADEN: Die Wälder um Hafling eignen sich wunderbar für Entspannung. Aus Japan kam der Gesundheitstrend Shirin Yoku (Waldbaden) nach Europa. Hier in der Umgebung von Hafling bietet Monika Laner Waldbadenevents an. Weitere Informationen gibt es unter anguanaforest.com.
SKI UND SONNE: Oberhalb von Hafling befindet sich das Skigebiet Meran 2000. Die Talstation Falzeben ist auf guter Straße zu erreichen. Die Gondelbahn bringt uns dann hinauf zum Pistenspaß. Oben warten 40 sonnige Pistenkilometer, vorrangig im mittleren Schwierigkeitsbereich.

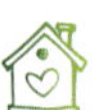

ÜBERNACHTUNG

HOTEL SONNENHEIM: Falzebener Straße 63, 39010 Hafling, Tel. +39 0473/27 94 10, sonnenheim.com, **€€€**. Sonniges Panoramahotel mit Wellnessbereich und 5-Gänge-Abendmenü.
TRATTERHOF: Hinterdorferweg 16, 39010 Hafling, Tel. +39 0329/336 87 40, tratterhof.net, **€€**. Bauernhof mit gemütlichen Doppelzimmern. Frühstück mit hofeigenen Produkten. Viele Tiere.
FERIENWOHNUNGEN ALPENRÖSLI: Falzebener Straße 91, 39010 Hafling, **€€**. Schöne, gemütliche Ferienwohnung mit Schwedenofen, tolle Aussicht vom großen Balkon und viel Sonne.

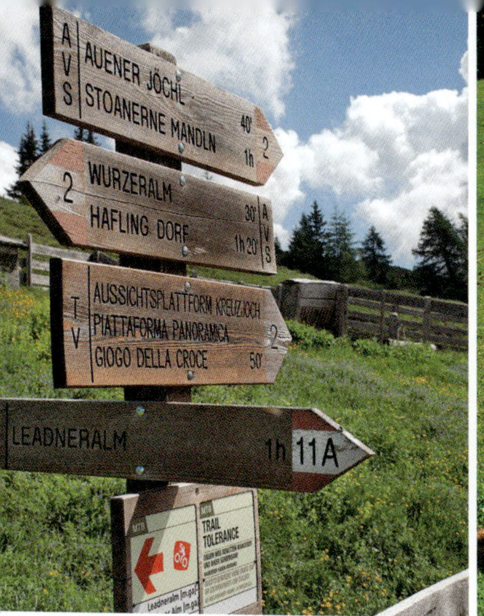

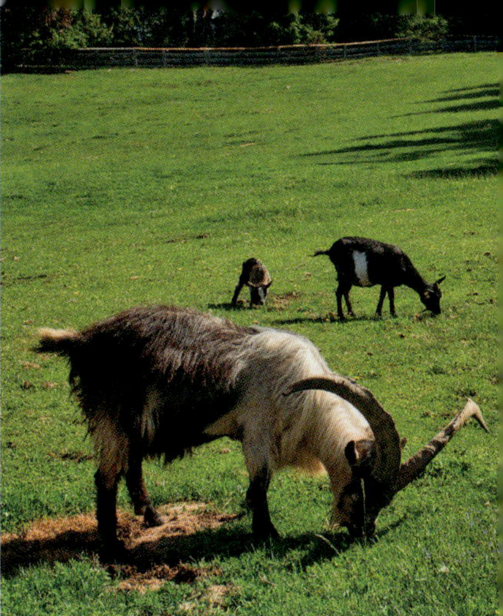

◀ Wegweiser an der Vöraner Alm ▶ Ziegen an der Wurzer Alm

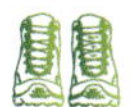

VÖRANER ALM

DAUER: 4.45 Std.

HÖHENMETER: 600 Hm

LÄNGE: 14,2 km

SCHWIERIGKEIT: Leicht

AUSGANGS-/ENDPUNKT: Parkplatz unter der Kirche von Hafling

TOURENCHARAKTER: Gut zu begehende, überwiegend einfache Wanderwege.

EINKEHR UNTERWEGS: Wurzer Alm, Vöraner Alm

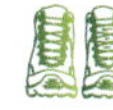

SPIELER

DAUER: 3.45 Std.

HÖHENMETER: 330 Hm Aufstieg, 610 Hm Abstieg

LÄNGE: 11,5 km

SCHWIERIGKEIT: Mittel

AUSGANGSPUNKT: Bergstation Gondelbahn Falzeben–Meran 2000

ENDPUNKT: Talstation Falzeben

TOURENCHARAKTER: Schöne Wanderung über gute Wege und Pfade. Gipfelanstieg weglos.

EINKEHR UNTERWEGS: Waidmannalm, Kirchsteigeralm, Meraner Hütte, Maiser Alm, Moschwaldalm

ZWISCHEN PALMEN UND BERGEN

Lana

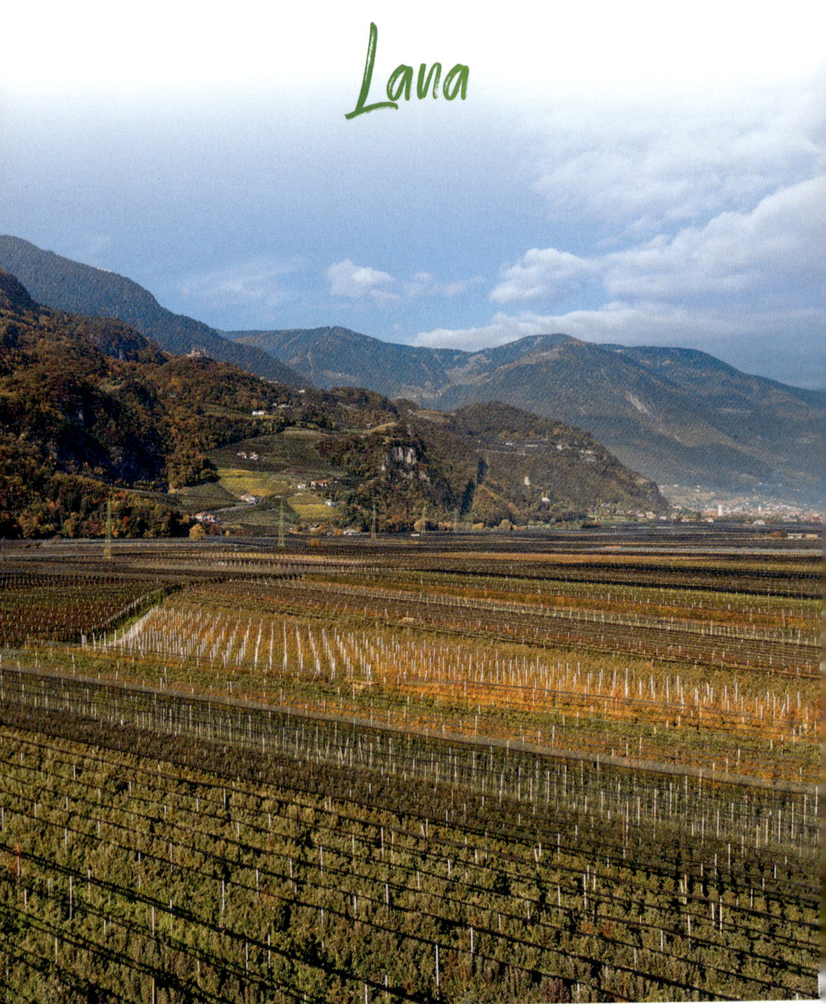

Lana liegt inmitten der Apfelhaine des Etschtals.

Lana liegt unweit von Meran in der Talebene der Etsch. Die Marktgemeinde ist etwas Besonderes. Sie zählt zu den sonnigsten Plätzen Südtirols und vereint alpines und mediterranes Flair. Palmen und schneebedeckte Berge sind hier kein Widerspruch. Dazu kommt das quirlige Leben rund um die verkehrsberuhigte Straße Am Gries mit ihren Läden und Cafés.

Lana mit den dazugehörigen Gemeinden Tscherms, Völlan, Burgstall und Gargazon ist ein idealer Ausgangspunkt für Wanderungen und Radtouren. Im Talkessel verlaufen die **Radwege** fast völlig eben und vor allem im Frühling ist es herrlich, durch die endlosen Blütenmeere der Apfelplantagen zu radeln. Für Wanderungen locken die nahen Berge, darunter das **Vigiljoch**, auf das zum Glück eine Gondel hinaufführt. Übrigens die zweitälteste **Schwebeseilbahn** Europas, aber keine Angst, sie wurde modernisiert und wird gut gewartet. Die Gondel überbrückt in acht Minuten mehr als 1000 Höhenmeter und erspart drei Stunden Aufstieg. Eine Zeit, die man dann eher im weiträumigen Wandergebiet auf dem Vigiljoch investiert.
Neben all den sportlichen Aktivitäten ist Lana auch ein Ort des Genusses. Der **Obst- und Weinanbau** wird immer noch mit großer Leidenschaft betrieben. Mit viel Herzblut und Charme gibt es zahlreiche Höfe, bei denen man vor Ort einkehren, probieren und einkaufen kann. Eine einmalige Gelegenheit! Bestens zu empfehlen sind der **Buschenschank Pfefferlechner** mit eigener Brauerei, der historische **Zollweghof** mit seinem biodynamischen Weinanbau und der **Haidenhof** mit seiner unvergleichlichen Aussicht. Zudem eignet sich Lana auch perfekt, um einige weitere Orte in der Umgebung anzusteuern. Meran lässt sich in wenigen Minuten mit dem Bus erreichen. Aber auch Marling, Tisenes oder Völlan sind ganz nah. Allesamt zauberhafte Dörfer, in denen es viel zu entdecken gibt.

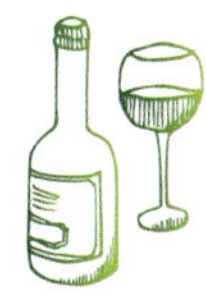

EHRLICH, BODENSTÄNDIG UND malerisch: So lässt sich der Buschenschank Haidenhof in der Lebenbergerstraße oberhalb von Lana beschreiben. In traumhafter Aussichtslage mit Blick auf das Etschtal und die Burg sitzt man in einem wildromantischen Garten und lässt sich Südtiroler Schmankerl und Eigenweine schmecken.

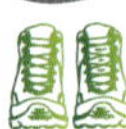

WAALWEGE

Ein Waal ist ein Bewässerungskanal, mit dem man früher Wasser zu trockenen Feldern brachte. Er führt mit sanftem Gefälle entlang der Berghänge und wird von einem Fußweg begleitet. Den nutzte früher der »Waaler« für Kontrollgänge, wir hingegen genießen das plätschernde Wasser, die herrlichen Aussichten und dazu einige Buschenschänken.

AUFSTIEG

Die Wanderung eignet sich gut für den Samstag, denn wir kehren mit dem Bus von Töll zurück und fahren dabei über Meran. So können wir gleich

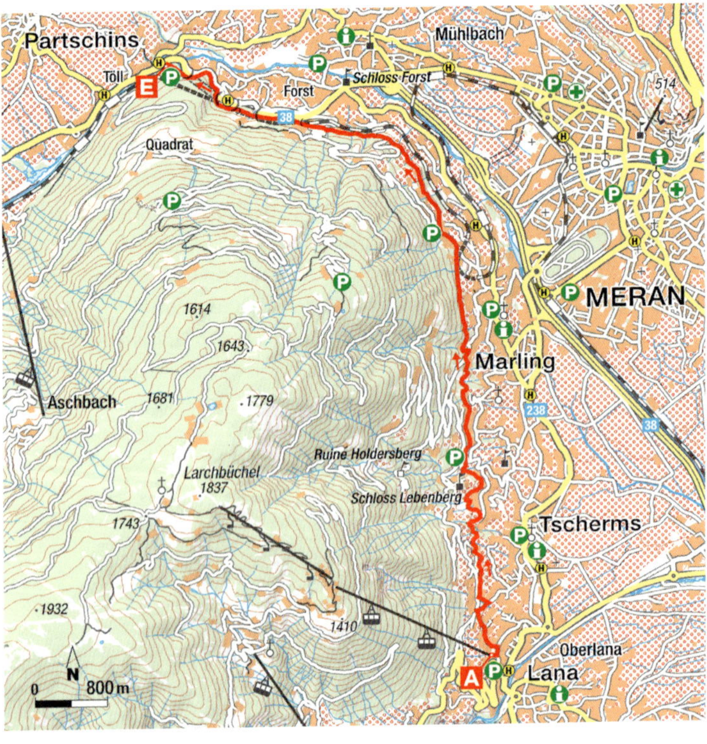

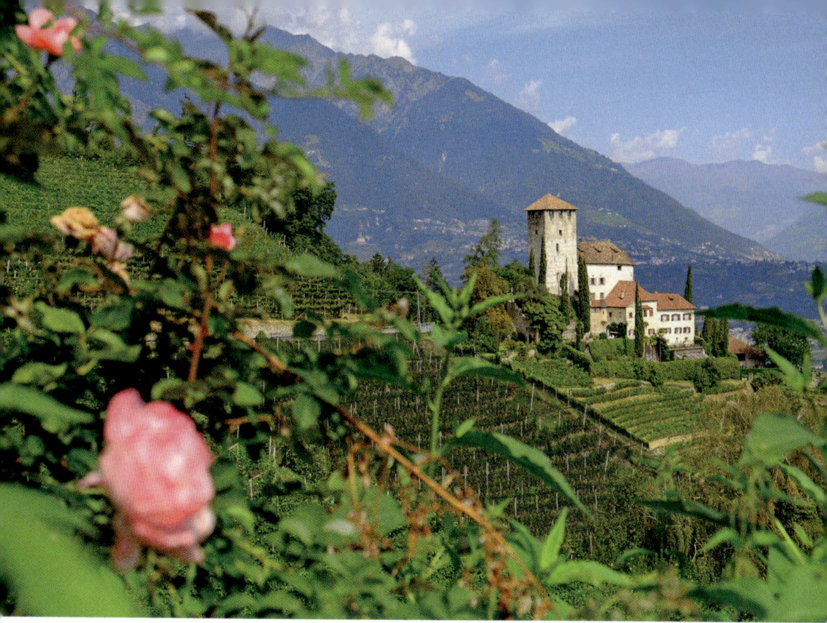

Burg Lebenberg

nach der Tour noch eine Stadtbesichtigung anhängen. Die gut ausgeschilderte **Vigiljochbahn** haben wir nur als Ausgangspunkt gewählt, werden sie jedoch nicht benutzen. Deshalb drehen wir ihr den Rücken zu und wandern von der Bahn das kurze Stück abwärts zum **Villenerweg**, dem wir gleich nach links folgen. Vorbei an den ersten schönen Weingütern biegen wir am Ansitz Schaller links in die **Raffeingasse** und steigen steil aufwärts. Am Mini-Kreisverkehr mit dem Kopfsteinpflaster folgen wir der Beschilderung rechts zum Waalweg. Vorbei am **Buschenschank Glögglhof** queren wir den Raffeingraben, biegen dahinter links in die Straße ein und steigen noch ein Stück aufwärts. Dann beginnt rechts der **Tschermser Waalweg**.

TSCHERMSER WAALWEG

Jetzt setzt die Genussstrecke ein. Neben uns plätschert der Bach, und für uns geht es fast eben durch die Wein- und Obstgärten. Die Aussicht auf das Meraner Becken ist umwerfend und bald taucht die **Burg Lebenberg** auf. Es mangelt nicht an Rastbänken und Gasthäusern. Zu guter Letzt queren wir den dicht zugewachsenen **Lebenbergbach** und erreichen in einer Kurve eine Straße. Minimal rechts haltend führt unser Wanderweg gleich anschließend in ursprünglicher Wanderrichtung weiter.

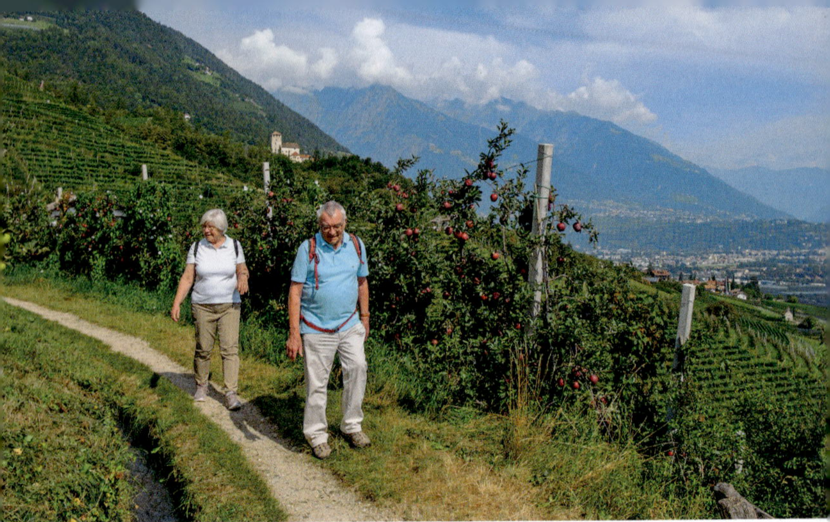

Waalwege verlaufen meist eben und flach.

MARLINGER WAALWEG

Jetzt sind wir auf dem Marlinger Waalweg unterwegs. Weiter geht es auf dem wildromantischen Weg durch die sonnigen Obstgärten. Bald queren wir am Gasthaus Waalheim die Straße. Vorbei an der Terrasse umrunden wir das Gebäude und setzen unseren Weg entlang des Waals fort. Unter uns liegt das Dorf Marling. Der Gasthof Waldschenke lockt mit einer Einkehr. Mit dem Larchwalderhof und dem Gasthof Enzian, die alle knapp hintereinander liegen, ist hier die Dichte an Aussichtsterrassen hoch.

Wir passieren mit etwas Abstand die Kirche St. Felix und folgen der Beschilderung nach Töll. Langsam wendet sich unser Weg dem Vinschgauer Tal zu und wir kommen in den Wald. Die Landschaft wird nun dramatischer und wir bewundern die Ingenieurskunst, die den Wasserlauf bereits vor über 250 Jahren so kunstvoll in den steilen Hang gelegt hat. Unter uns sehen wir die Vinschgaubahn und die große Brauerei Forst. Schließlich erreichen wir an einer Straße eine Abzweigung, die uns rechts als Abkürzung zur Brauerei Forst weist. Schöner ist es, weiterzuwandern, es warten noch ein paar dramatische in den Felsen gebohrte Aussichtsbalkone auf uns. Dann erreichen wir Töll bei seinem Wanderparkplatz mit dem Imbisstand. Etwas nach links lässt sich die stark befahrene Straße gut an der Ampel queren. Für den Bus geht man auf der anderen Straßenseite wenige Schritte zurück und biegt dann in die Alte Landstraße ein, dort liegen die Bushaltestellen.

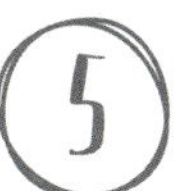

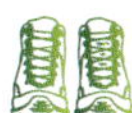

VIGILJOCH

Die Wanderung beginnt in Lana mithilfe der **Vigiljoch-Seilbahn**, die uns bequem auf 1450 Meter Meereshöhe schweben lässt. Von dort steigen wir über den Panoramaweg hinauf zum Vigiljoch zwischen dem Vinschgau und dem Meraner Becken. Mit weiter Aussicht verwöhnt wird uns auch kulinarisch einiges geboten.

GLÜCKLICH MIT DER VIGILJOCHBAHN

Von Lana aus schweben wir mit der Gondel auf den Hausberg. An der **Bergstation** wandern wir in einer Rechtskurve am Luxushotel **Vigilius Mountain Resort** vorbei. Kurz vor der Talstation des Sessellifts führt uns der Wegweiser **»34/Vigiljoch«** nach links. Diesen verlassen wir in einer Kurve und folgen rechts dem **Panoramaweg 7** stetig bergauf. Der Wanderweg macht seinem Namen Ehre. Im lichten Bergwald führt uns ein Abstecher nach rechts zu einem herrlichen Aussichtspunkt. Dann kommen wir zur **Schwarzen Lacke**, einem Bergsee. Jetzt ist Zeit für eine Rast oder die Einkehr im **Gasthaus Seespitz**.

ÜBER DEN GLAUBENSWEG

Nach der Pause folgen wir dem **Weg 9**, der gleichzeitig der Themenweg »Glaubensweg« ist. Über herrliche Almwiesen geht es nur noch leicht bergauf. Einmal rechts haltend besuchen wir die Station »Grenzen«.

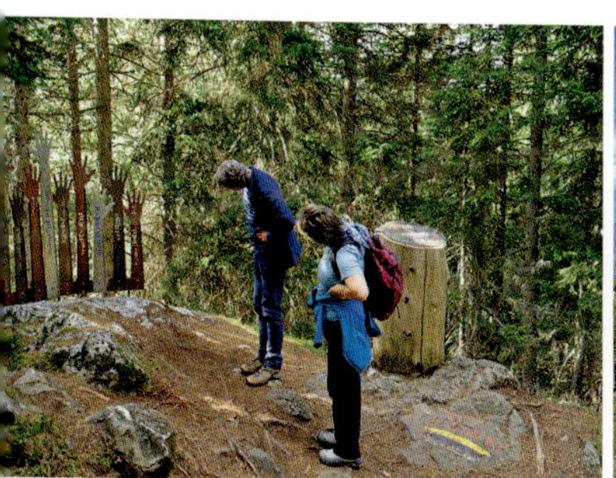

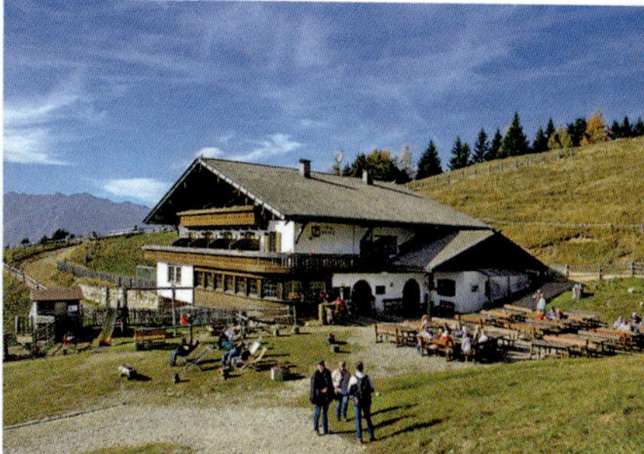

◀ Station am Glaubensweg ▶ Der Berggasthof Jocher unterhalb der Kirche St. Vigil

Schließlich erreichen wir die Kirche St. Vigil, die auf einem kleinen Hügel erbaut wurde. Vermutlich wurde das Kirchlein auf einer vorchristlichen Kultstätte errichtet. Feuersteinfunde und Schalensteine bezeugen, dass das Vigiljoch schon in der Steinzeit als Weg benutzt wurde. Das Joch liegt etwas unterhalb der Kirche und bildet den Übergang zwischen dem unteren Vinschgau und dem Burggrafenamt um Meran.

ABSTIEG

Nach der Besichtigung steigen wir zum Gasthaus Jocher hinunter, wo wir ebenfalls einkehren können. Danach müssen wir uns entscheiden. Wer es kürzer haben möchte, folgt dem Wanderweg 34, der sich durch lichten Lärchenwald unterhalb des Lifts bis zum Vigil Mountain Hotel hinunter schlängelt. Knieschonend bringt uns auch der Sessellift abwärts. Hierfür müssen wir der Beschilderung zur Sessellift-Bergstation auf dem Wanderweg 4 folgen.

Wer aber noch über Kondition verfügt und in aller Ruhe einkehren möchte, hält sich, absteigend vom Kirchlein zum Gasthaus Jocher, am Weg rechts und biegt dann gleich links ein. In einer Kurve kommen wir so zum eigent-

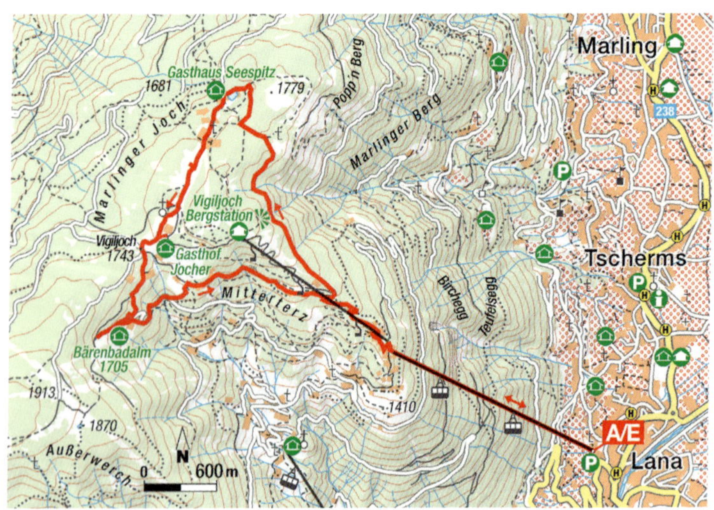

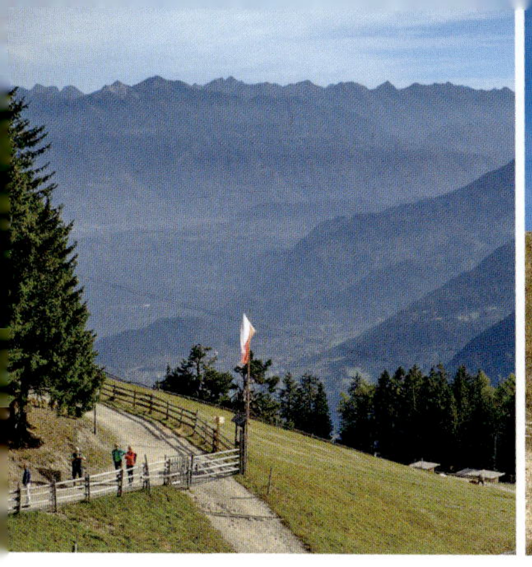

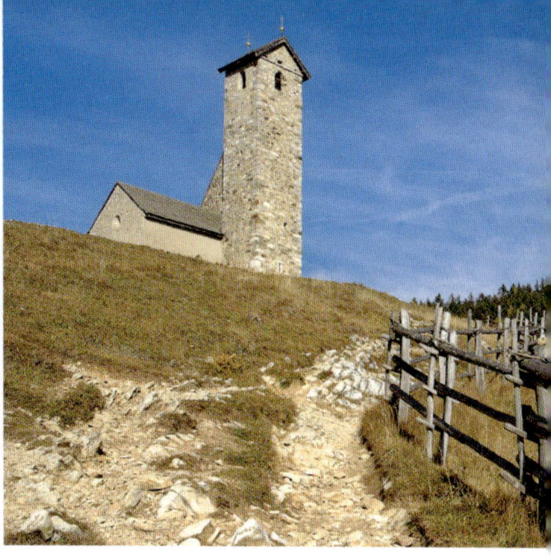

◀ Aussicht auf das Etschtal ▶ Die Kirche St. Vigil ist das Ziel der Tour.

lichen **Vigiljoch**, wo sich die Wege erneut teilen. Geradeaus haltend führt uns die Beschilderung zur **Bärenbadalm**, die abseits des Trubels liegt. Nach der Einkehr folgen wir der Almzufahrtstraße über die Serpentinen bergab. Wenn die Straße nach rechts abbiegt, halten wir uns schräg links auf den kleinen **Wanderweg 34A**, der uns zur nächsten Almstraße führt. Ihr folgen wir rechts bergab und erreichen ebenfalls das **Vigilius Mountain Resort**, wo wir wieder in die Gondel einsteigen, um ins Tal zu schweben.

Mitten in Lana gibt es eine kurze Wanderung, die in die spannende Gaulschlucht führt. Auf den letzten Metern hinaus in die Ebene zwängt sich der Falschauer Bach, der aus dem Ultental kommt, in ein enges Felsbett. Ein Wanderweg führt über viele Hängebrücken und Stege bis zum Schlund des Bachs. Umgeben von dichtem Grün ist das Ganze eine One-Way-Strecke von ca. 40 Minuten.

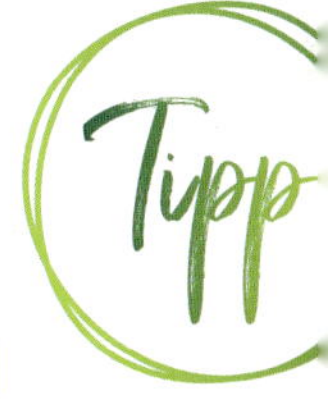

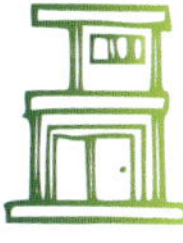

AN DER NIEDERLANANER Kirche Maria Himmelfahrt führt kein Weg vorbei. Etwas südlich des Ortskerns gelegen wirkt das Gotteshaus von außen unscheinbar. Innen beherbergt es jedoch einen gotischen Flügelaltar von Weltrang. Das Kunstwerk wurde 1503 bis 1511 von Hans Schnatterpeck geschaffen und zeigt eine unglaubliche Dichte an Figuren und vielen liebenswerten Details. Besichtigung mit Führung Dienstag bis Samstag um 11 Uhr – oder man feiert am Sonntag um 10 Uhr den Gottesdienst mit.

AUF EINEN BLICK

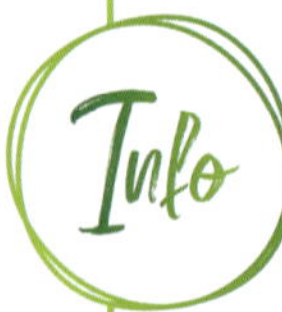

STADT/REGION: Lana/Burggrafenamt
BESTE REISEZEIT: Mai bis Oktober
TOURISTINFO:
Andreas-Hofer-Straße 9/1, 39011 Lana, Tel. +39 0473/56 17 70, merano-suedtirol.it

AKTIV UNTERWEGS

MERAN: Nur einen Katzensprung entfernt liegt die Thermenstadt Meran, die man unbedingt besuchen sollte. Busse verkehren regelmäßig zwischen Lana und Meran.

SIEBEN GÄRTEN UND KUNST: Im Weingut Kränzel in Tscherms, nördlich von Lana, wurden die sieben Gärten angelegt. Faszinierende große und kleine Kunstwerke sind in den weitläufigen grünen Gärten eingebettet: kraenzelhof.it.

RADTOUR: Eine wunderschöne Radtour führt durch die weiten Obstplantagen von Lana nach Süden bis Eppan. Für den Rückweg kann man dann den Etschtalradweg am nördlichen Ufer benützen.

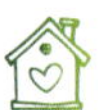

ÜBERNACHTUNG

PENSION GARTSCHEID: Kapuzinerstraße 12, 39011 Lana, Tel. +39 0473/56 11 34, gartscheid.it, **€€**. Kleine, aber feine Frühstückspension in guter Lage, mit Pool im Garten.

HOTEL BRAUNSBERGERHOF: Ultner Straße 9A, 39011 Lana, Tel. +39 0473/56 16 98, braunsbergerhof.com, **€€**. Das familiengeführte Hotel liegt in aussichtsreicher Lage oberhalb Lanas. Badefreuden im Naturpool im Garten und ausgezeichnete Küche, die Halbpension lohnt sich!

SCHLOSSHOF CAMPING: Feldgatterweg 14, 39011 Lana, Tel. +39 0473/56 14 69, schlosshof.it, **€**. Absolut begeisternd ist der Luxus-Campingplatz mit seiner Vielzahl an verdienten Sternen. Mediterran, alpin, genussvoll mit Pool und vielen weiteren Annehmlichkeiten ein Traum-Campingplatz für ein Wohlfühlwochenende. Es gibt übrigens auch Zimmer (**€€**).

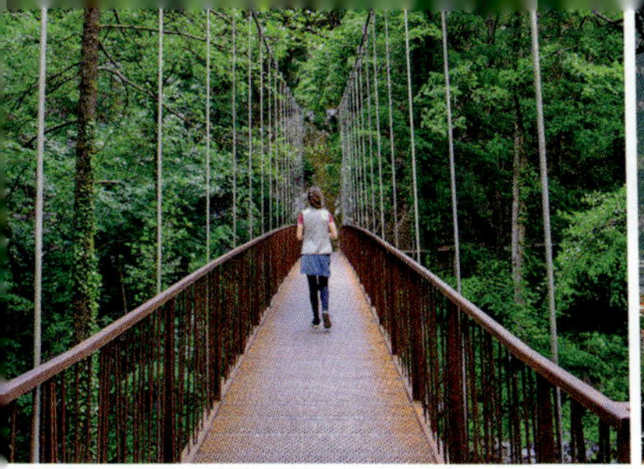

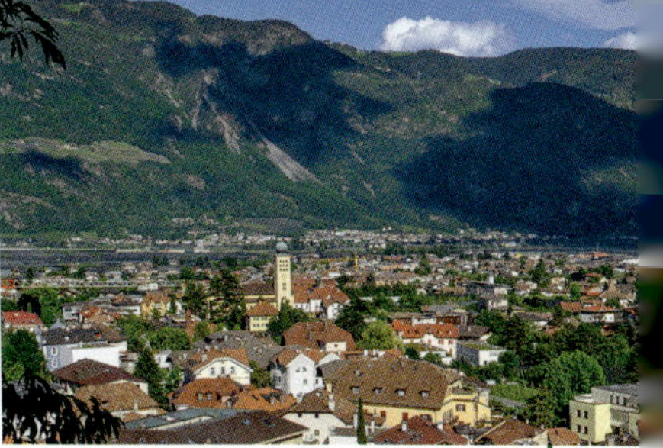

◀ Spannende Weg in der Gaulschlucht ▶ Lana von der Burg Braunsberg aus

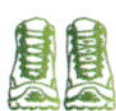

WAALWEGE

DAUER: 3.30 Std.

HÖHENMETER: 220 Hm

LÄNGE: 11 km

SCHWIERIGKEIT: Leicht

AUSGANGSPUNKT: Talstation Vigiljochbahn

ENDPUNKT: Töll

TOURENCHARAKTER: Ein sonniger Rundweg mit einem steileren Aufstieg. Ein Teil des Wegs verläuft über wenig befahrene Privatstraßen sowie auf dem schmalen Waalweg. Viele Ruhebänke und Einkehrmöglichkeiten an der Strecke. Die Rückfahrt tritt man ab Töll über Meran mit dem Bus an.

EINKEHR UNTERWEGS: Viele Waalschenken liegen vor allem zwischen Lana und Marling auf der Strecke. Die letzte ist das Gasthaus Schönblick, danach folgt bis Töll nichts mehr.

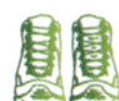

VIGILJOCH

DAUER: 3.30 Std.

HÖHENMETER: 600 Hm

LÄNGE: 10 km

SCHWIERIGKEIT: Leicht

AUSGANGS-/ENDPUNKT: Talstation Vigiljochbahn

TOURENCHARAKTER: Technisch eine leichte, aber etwas längere Wanderung auf guten Wanderwegen und kleinen Almsträßchen.

EINKEHR UNTERWEGS: Bärenbadalm (Anfang Mai bis Ende Oktober Donnerstag Ruhetag außer Juli und August). Alternativ Berggasthof Seespitz, Gasthaus Jocher oder die Ida-Stube im Luxushotel Vigilius Mountain Resort, das zwischen den beiden Liften liegt.

TAL DER BERGBAUERNHÖFE

Ultental

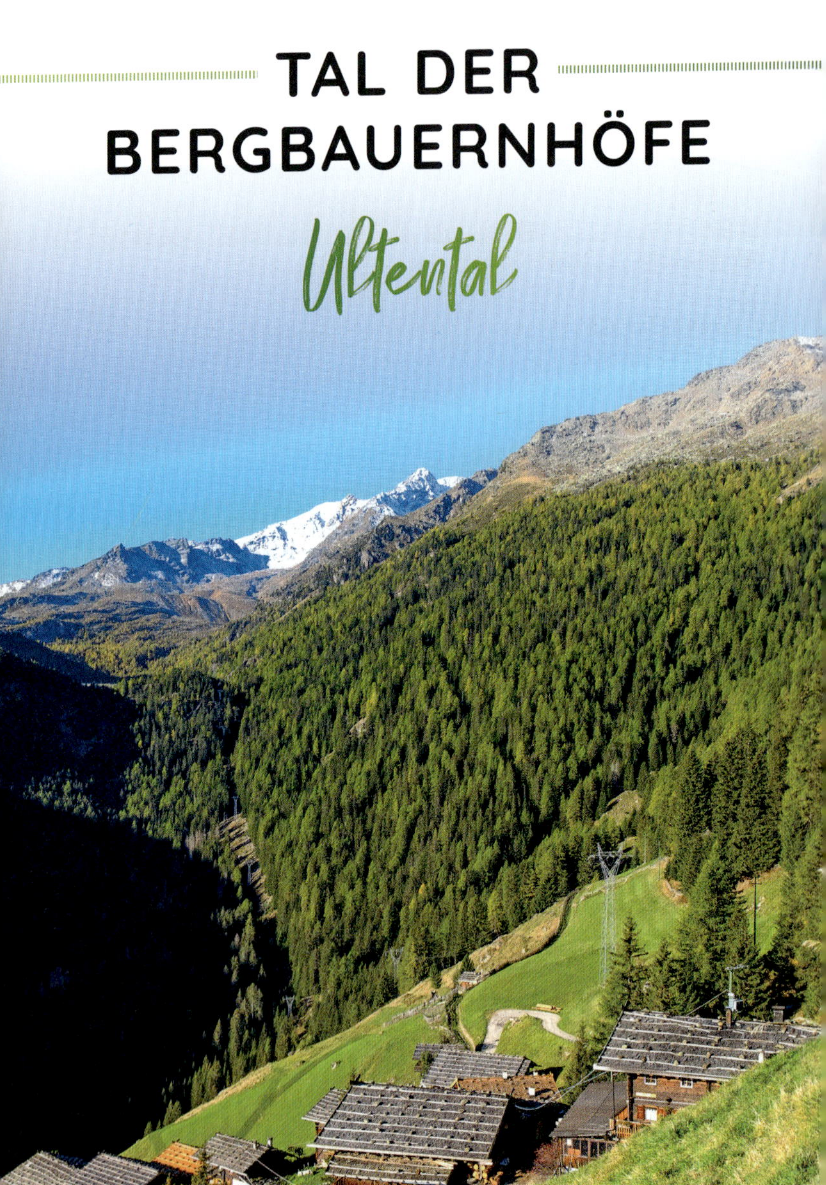

Bauernhöfe bei St. Gertraud

Das Ultental zweigt bei Lana Richtung Westen ab. Es ist bekannt für seine wunderschönen uralten Holzbauernhöfe, die das Tal säumen und über die Berghänge verstreut sind. Man kann sich kaum dem Eindruck eines lebendigen Freilichtmuseums entziehen, aber dennoch wohnen und leben viele Menschen hier.

Zum Ultental gehören neben zahlreichen kleineren Häuseransammlungen vier größere Gemeinden: St. Pankraz, St. Walburg, St. Nikolaus und St. Gertraud. Dass die dazugehörigen **Kirchen** jeweils den Namen des Dorfs als Patronat tragen, zeigt die Ursprünglichkeit des Tals besonders gut. Durch das Ultental fließt die **Falschauer**, ein Gebirgsfluss, der früher wegen seiner verheerenden Hochwasser gefürchtet, aber gleichzeitig notwendig für den Betrieb zahlreicher Mühlen und Sägewerke war. Heute wird der Fluss zur Stromgewinnung genützt. Dafür errichtete man drei Stauseen, den **Weißbrunnsee**, den **Zoggler See** und den **Pankrazer Stausee**. Sie geben zusammen mit den umliegenden Bergen, die **Hintere Eggenspitze** mit 3443 Metern ist die höchste Erhebung, dem Ultental sein Aussehen.

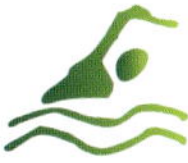

WER IM ULTENTAL schwimmen möchte, muss hartgesotten sein. Die Stauseen, Bergbäche und Bergseen sind eiskalt, dafür glasklar. Da geht man schon lieber ins Ultner Freibad, in der Sportzone von St. Walburg, das von Mitte Juni bis Ende August geöffnet hat.

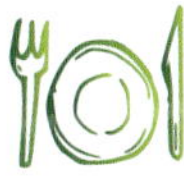

DIREKT GEGENÜBER DER Lahnersäge im Ort St. Gertraud liegt die gemütliche und urige Gaststube Restaurant Edelweiß in einem blumengeschmückten alten Holzhaus. Hier treffen Einheimische und Besucher zusammen. Einfache Küche, aber »sauguad«, würden die Südtiroler dazu sagen.

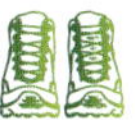

SCHWEMMALM

Die Schwemmalm liegt auf der Sonnenseite des Ultentals und ist durch eine Umlaufbahn gut erschlossen. Das erlaubt einfache, bequeme Almwande-

rungen oder auch eine richtige Bergtour. Wir wollen auf das aussichtsreiche Mutegg, das uns die Herrlichkeit der Südtiroler Berge vor Augen führt.

ZUR ALM

Gleich hinter dem Zoggler Stausee liegt im Weiler Kuppelwies die Talstation der Schwemmalmbahn. Nachdem wir die Lifttickets gelöst haben, geht es bequem 1000 Höhenmeter aufwärts. Das spart uns gut drei Stunden Aufstieg. Oben sind wir schon jenseits der Baumgrenze und dementsprechend schön ist die Aussicht.

AUF DAS MUTEGG

Gleich an der Bergstation weist uns ein Schild nach rechts den Weg auf das Mutegg. In der Kurve verlassen wir die kleine Almstraße nach rechts auf den Wanderweg Nr. 6, der sich bald nach links wendet. Wir steigen zwischen den sommerlichen Skipisten aufwärts. Mit einem kurzen Abstecher nach links ist der erste Vorgipfel an den »Drei Mandler« erreichbar. Zum Mutegg sind es weitere 200 Höhenmeter, dafür fixieren wir den Sendemast an. Aber schließlich haben wir es geschafft und stehen auf dem großen Gipfelplateau. Die Aussicht ist wirklich überragend.

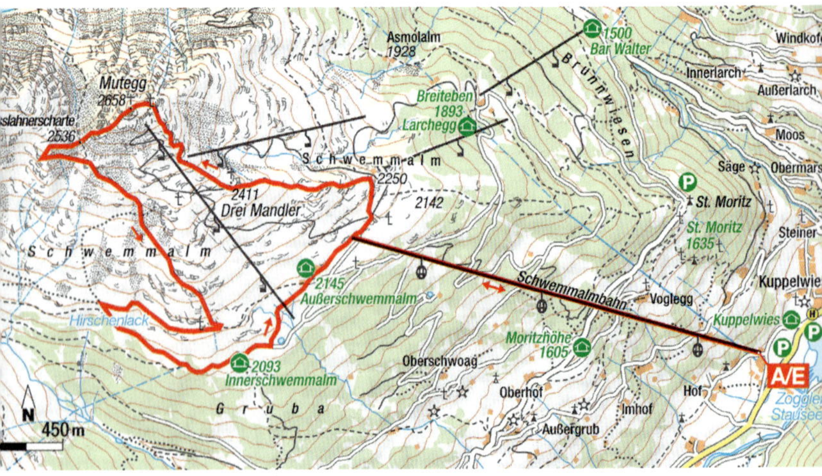

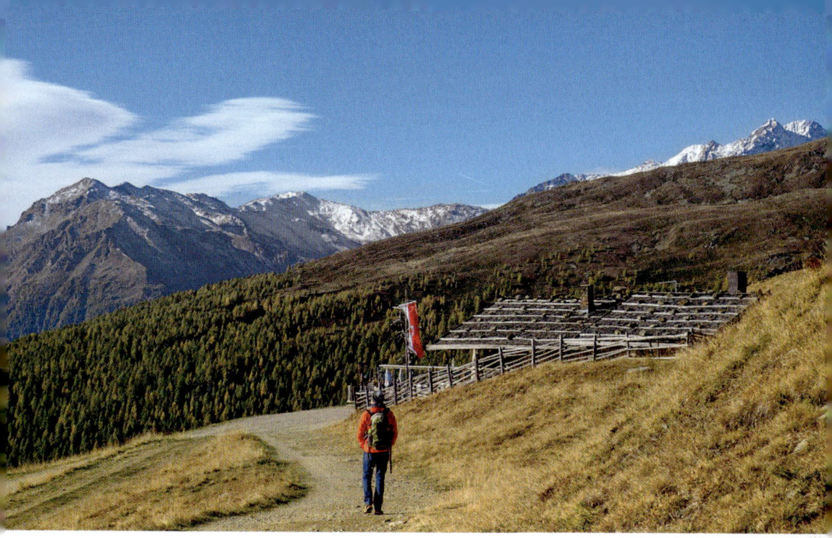

An der Außerschwemmalm

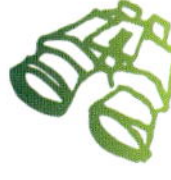

DER ZOGGLER STAUSEE und der Arzkarsee liegen unter dem Mutegg. Die Krönung sind die umliegenden Berggipfel, allen voran der Dieb und das Hasenöhrl, der östlichste Gletscher im Stilfserjoch Nationalpark, dem sich die Dreitausender der Ortlergruppe anschließen. Aber auch nach Süden reihen sich die Zacken der Berge des Nontals. Das Stübele und die Ilmenspitze sind in der Höhe ziemlich gleichauf mit unserem Mutegg.

ROSSLAHNERSCHARTE UND WALDBRUNNWEG

Vom Gipfel steigen wir gut 100 Höhenmeter in westlicher Richtung zur **Rosslahnerscharte** abwärts. Dort geht es links bis zum quer verlaufenden Waldbrunnweg. Auf ihm wenden wir uns nach rechts. Der Rest der Wanderung gleicht einem Spaziergang. Fast eben genießen wir viele Rastbänke und beste Aussichten. Dann nähern wir uns dem hinteren Talkessel, an dem uns der Waldbrunnweg nach links weist und somit umdrehen lässt. Langsam tauchen wir in einen Lärchenwald ein. Aber kurz darauf steuern wir die **Innere Schwemmalm** an, die perfekt für eine Einkehr direkt am Weg liegt. Wer möchte, wandert noch ein Stück weiter und folgt der Almstraße zum Teich mit dem Spielplatz. Hier wechseln wir nach links auf den Wanderweg, der wieder leicht ansteigend zur **Äußeren Schwemmalm** führt. Spätestens hier können wir einkehren, bevor wir wieder zur Bergstation der Bahn gehen, um zurück ins Tal zu schweben.

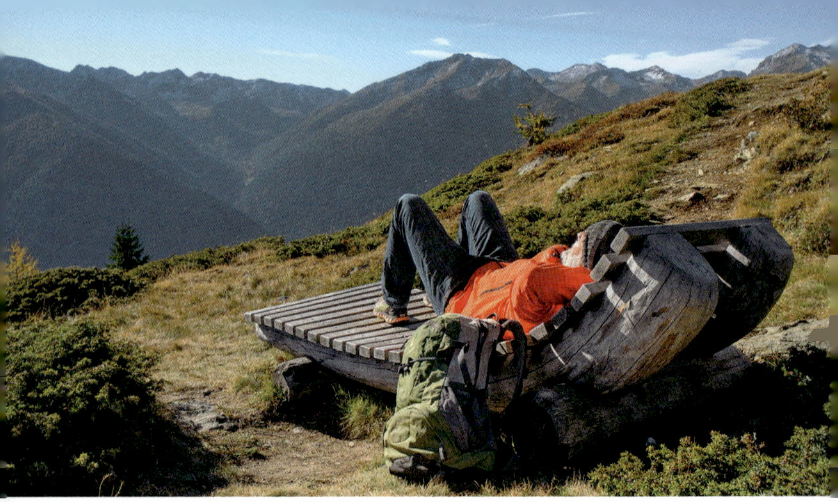

Ruheliegen sind am Weg verteilt.

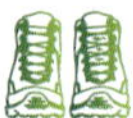 ULTNER HÖFEWEG

Das Ultental ist berühmt für seine vielen alten Bauernhäuser, dazu gibt es einen eigenen Höfeweg, der uns entlang der Talseiten zu einigen schönen Höfen führt. Wir wählen die Schattenseite, die uns mit Bergpanorama zu den drei imposanten Urlärchen bringt.

FALSCHAUER BACH UND LAHNERSÄGE

Unsere Wanderung startet in **St. Gertraud** an der Lahnersäge im hintersten Winkel des Ultentals. Dorthin bringt uns der Bus, der regelmäßig im Ultental verkehrt. Die **Lahnersäge** ist gleichzeitig Informationszentrum für den Nationalpark Stilfserjoch, an dessen Rand wir uns nun schon befinden. Direkt davor fließt die **Falschauer** und wir entdecken die ersten Hinweisschilder zum Ultner Höfeweg. Dafür wandern wir talauswärts, den Bach zu unserer linken Seite.

URLÄRCHEN

Auf einem kleinen Sträßchen leicht bergauf wandernd passieren wir die Bauernhofschänke **Bei den Urlärchen** und sehen im Bergwald die ersten hohen Lärchen. Am **Gasthof Lärchengarten** ist der breite Weg zu Ende: Vor der Terrasse führt ein Pfad aufwärts zu den drei gewaltigen **Urlärchen**, die mit 850 Jahren wohl schon einige Stürme überlebt haben und mehr als beeindruckend sind.

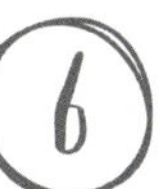

AUSSICHTSREICHER HÖFEWEG

Dahinter führt der **Höfeweg** als Pfad über eine Wiese und schenkt uns beeindruckende Aussichten. Entlang von kunstvollen Zäunen wandern wir durch den Wald abwärts. Wir stoßen an eine Teerstraße, die wir mit einem Rechts-Links-Schwenk queren, um weiter dem Höfeweg zu folgen. Vorbei an den nächsten Bauernhöfen führt der Weg über den **Klapfbach** mit seinem Wasserfall. Wir erreichen die historische **Villa Hartungen**, die sich mit ihrem Türmchen eindeutig von den Höfen unterscheidet.

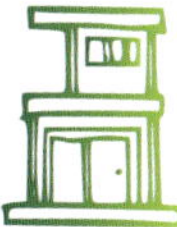

EINST WAR DIE Villa Hartungen ein Sanatorium mit vielen illustren Gästen, darunter Thomas Mann, Franz Kafka oder Peter Rosenegger, denen der Kurarzt Dr. Christoph Hartung von Hartungen statt Medikamenten Bewegung an der frischen Luft verschrieb. Ein weiser Rat, wie wir heute wissen und den wir auf dieser Tour auch brav befolgen.

Weiter auf der Zufahrtsstraße erreichen wir eine traumhaft platzierte **Liegeschaukel** zum Entspannen und Sinnieren. Danach wandern wir wieder in den Wald und genießen den federnden Waldboden. Ein letztes Mal geht

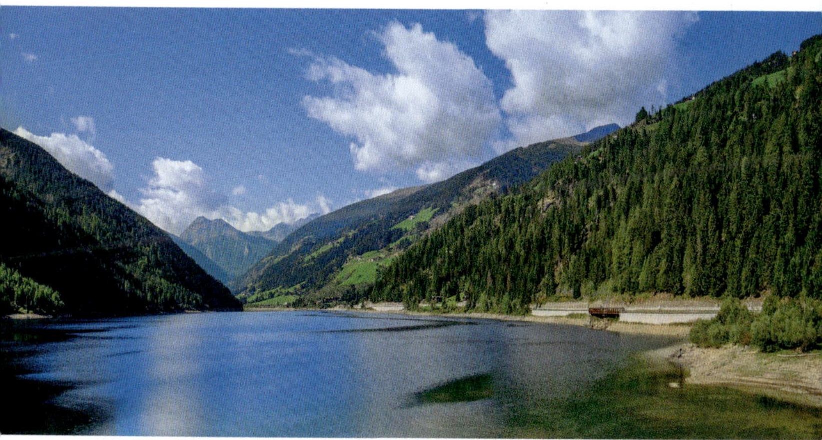

Die Tour lässt sich zum Zoggler Stausee verlängern.

es rechts haltend über eine Wiese. Zum Finale queren wie wieder im Wald den **Auerbergbach** und folgen dem Forstweg abwärts nach **St. Nikolaus**. Interessant ist hier die Verlängerung der Tour. Dafür bleiben wir kurz vor der Falschauer rechts weiter auf dem Höfeweg. Er bringt uns zum **Zoggler Stausee** und über seine Südseite zum Damm. Über die Dammkrone gehen wir nach links und sind in St. Walburga (zusätzlich 6,5 Kilometer bzw. 1,5 Stunden). **St. Nikolaus** hingegen erreichen wir an der Falschauer. Jetzt nur noch aufwärts zur Hauptstraße, dort treffen wir direkt auf die Bushaltestelle und starten mit der Rückfahrt zu unserem Ausgangsort.

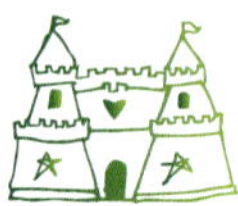

UNÜBERSEHBAR THRONT AM Anfang des Ultentals die alte Burg Eschenlohe, deren Mauern auf das Jahr 1164 zurückgehen. Erhalten sind die Überbleibsel der Ringmauer sowie der mächtige Burgfried. Leider kann das Schloss nur von außen besichtigt werden, aber unterhalb davon gibt es einen guten Hofschank. Beim Baumann sitzt und isst man sehr gut: hofschankbaumann.weebly.com.

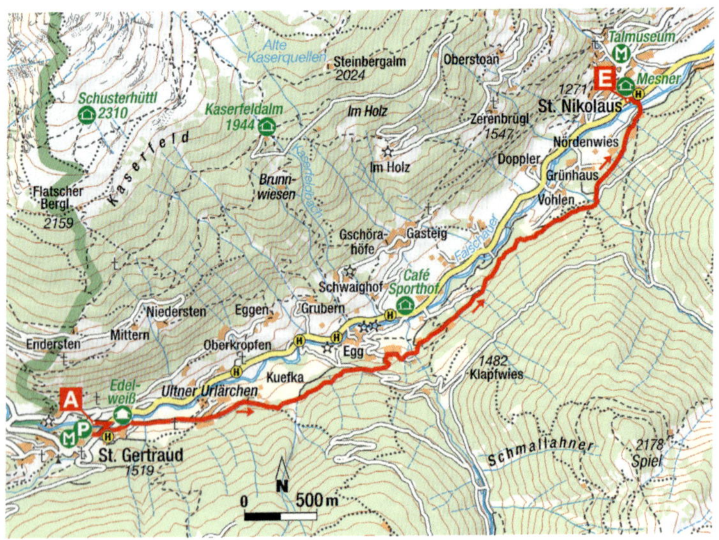

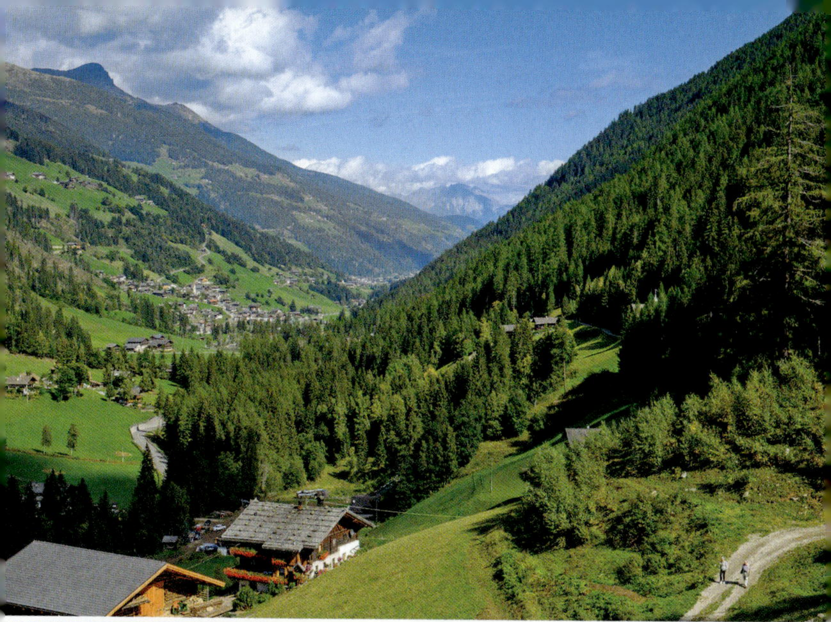

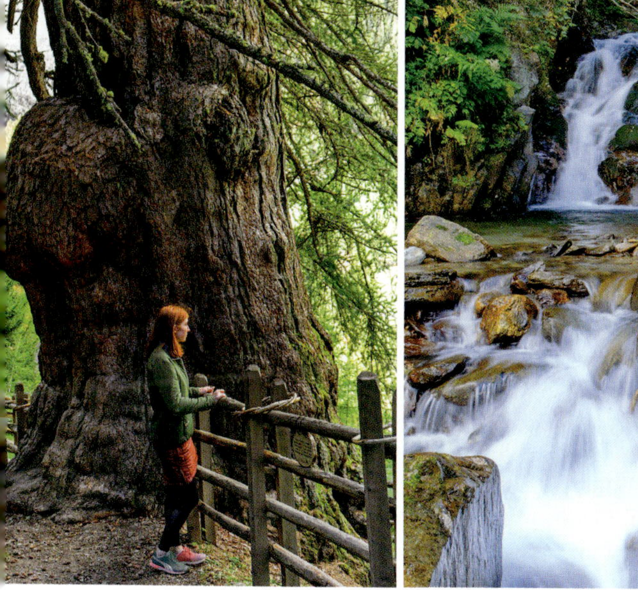

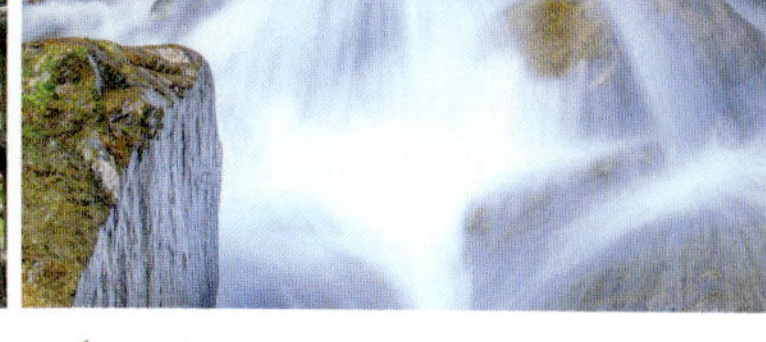

▲ Panoramablicke kommen nicht zu kurz. ◀ Mächtige Urlärchen
▶ Klappfach-Wasserfall

AUF EINEN BLICK

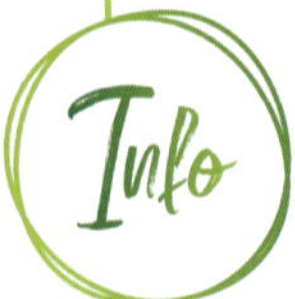

STADT/REGION: Ultental bei Meran
BESTE REISEZEIT: Juni bis Oktober
TOURISTINFO:
St. Walburga 104, 39016 Ulten/St. Walburga,
Tel. +39 0473/79 53 87, merano-suedtirol.it

AKTIV UNTERWEGS

DIE BIERMACHERINNEN: Bierbrauen kann auch Frauensache sein. Zu erleben in der kleinen, aber umso feineren Brauerei mit zwölf einzigartigen Bieren im Ortsteil Moos. Dazu gibt es einen kleinen Biergarten mit lokalen Spezialitäten: die-biermacherinnen.com.
ULTNER TALMUSEUM: Das kleine Heimatmuseum in St. Nikolaus ist mit sehr viel Liebe zum Detail eingerichtet.
STICKLÄ: Der Südtiroler Alpenverein betreibt eine Kletterhalle in St. Pankraz. Wenn gerade einmal das Wetter nicht mitspielen sollte, kann man sich hier aktiv vergnügen: stickIä.com.

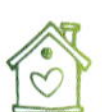

ÜBERNACHTUNG

FAMILIENHOTEL VIKTORIA: St. Walburg 293, 39016 St. Walburg/Ulten, Tel. +39 0473/79 60 63, familienhotel-viktoria.com, **€€€**. Dieses wunderschöne Familienhotel mit modernen Zimmern und einem herrlichen Wellness- und Spa-Bereich beinhaltet die Ultental Card, mit der man eine Berg- und Talfahrt pro Tag nutzen kann.
AROSEA LIFE BALANCE HOTEL: Kuppelwies 355, 39016 St. Walburg/Ulten, Tel. +39 04737/850 51, arosea.it, **€€€**. Das Luxushotel ist eine der wenigen größeren Anlagen und liegt direkt am Zoggler Stausee. Die Zimmer sind mit Zirbenholz, Schiefergestein, Schafwolle und ausgewählten Naturmaterialien eingerichtet. Es gibt ein hervorragendes Spa- und Wellnessareal.
GASTHOF KIRCHSTEIGER: St. Walburg 179, 39016 St. Walburg/Ulten, Tel. +39 04737/79 53 49, kirchsteiger.it, **€€**. Direkt neben der Kirche steht das Wirtshaus Kirchsteiger und bietet auch einfache Zimmer an. Ideal für alle, die kein Wellness brauchen, dafür gut essen gehen wollen.

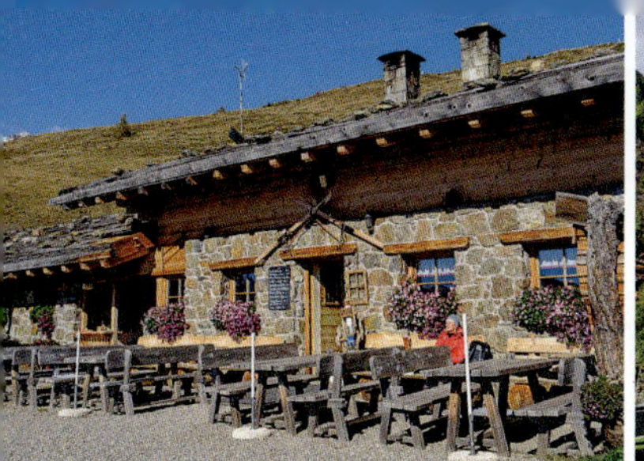

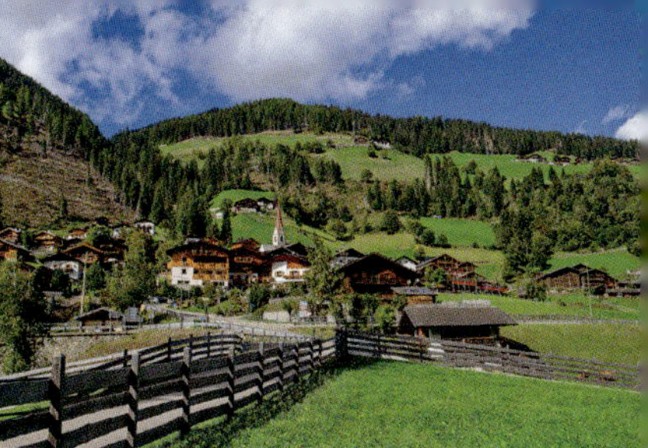

◀ Innere Schwemmalm ▶ Ortsteil St. Nikolaus

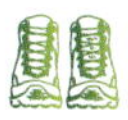

SCHWEMMALM

DAUER: 3.30 Std.

HÖHENMETER: 550 Hm

LÄNGE: 7,5 km

SCHWIERIGKEIT: Leicht

AUSGANGS-/ENDPUNKT: Talstation Schwemmalmbahn

GPS: 46.528251,10.955445

TOURENCHARAKTER: Eine sehr sonnige Bergtour hinauf auf das 2658 Meter hohe Mutegg. Gut ausgeschildert, etwas trittsicher sollte man sein, aber ansonsten keine technischen Schwierigkeiten.

EINKEHR UNTERWEGS: Sowohl die Außerschwemmalm wie auch die Innere Schwemmalm eignen sich gut zur Einkehr. Für den Aussichtsgipfel sollte man sich eine Brotzeit mitbringen.

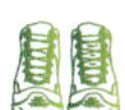

ULTNER HÖFEWEG

DAUER: 2 Std.

HÖHENMETER: 100 Hm bergauf, 250 Hm bergab

LÄNGE: 6 km

SCHWIERIGKEIT: Leicht

AUSGANGSPUNKT: St. Gertraud, Lahnersäge

GPS: 46.490410, 10.877745

ENDPUNKT: St. Nikolaus

TOURENCHARAKTER: Eine aussichtsreiche Streckenwanderung; die Anfahrt oder Rückfahrt erfolgt mit dem Bus.

EINKEHR UNTERWEGS: Auf dem Weg liegt die Hofschänke bei den Urlärchen und kurz danach das Gasthaus Lärchengarten. Erst am Ende der Tour finden wir das Gasthaus Mesner in St. Nikolaus oder das Restaurant Edelweiß an der Lahnersäge in St. Gertraud.

AUSSICHTSREICHE GIPFEL

Sarntheim

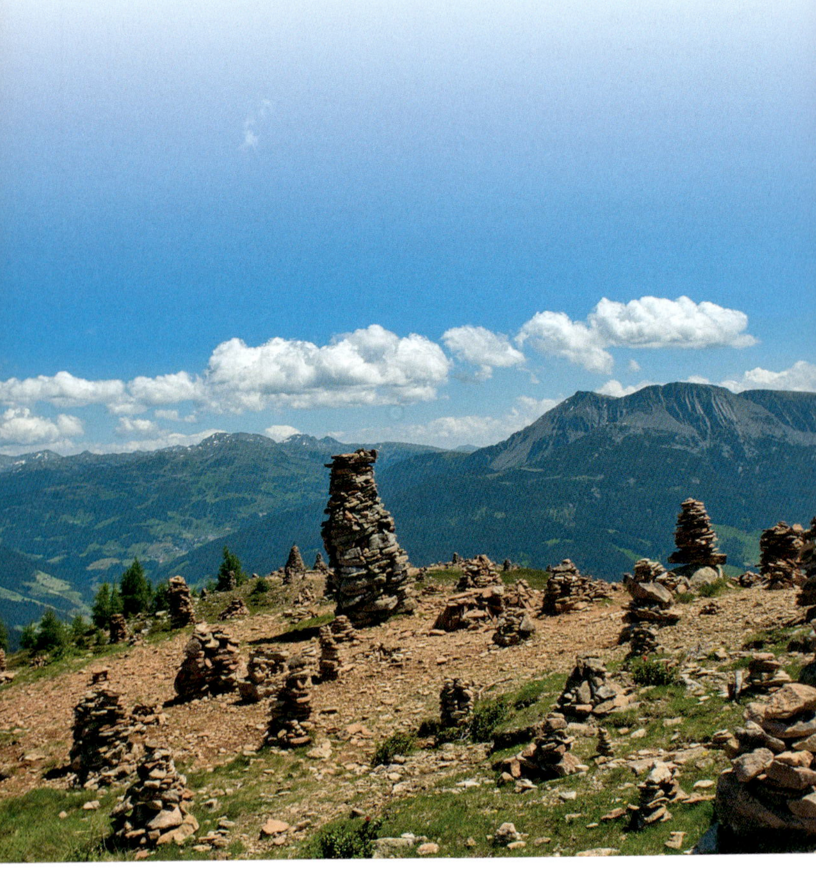

Bei den Stoanernen Mandln

Sarntheim ist der Hauptort des Sarntals. Das Tal selbst ist eher ein stilles, unbekanntes Urlaubsziel, obwohl es im Herzen Südtirols liegt. Wir empfehlen hier mit den Stoanernen Mandln einen sagenumwobenen Kraftplatz und mit dem Villanderer Berg einen tollen Aussichtsgipfel.

Wenn wir von Bozen nordwärts durch die **Sarner Schlucht** ins Sarntal fahren, scheinen wir in eine andere Welt zu reisen. Nach der Fahrt durch die romantische **Porphyrschlucht** öffnet sich plötzlich das weite Hochtal. Darüber ziehen die sanften Hänge hinauf zu den Berggipfeln der **Sarntaler Alpen**. Die Natur ist noch sehr unberührt und still. Hoffen wir, dass es noch eine Zeit so bleibt und das Tal sich weiter dem sanften Tourismus widmet.

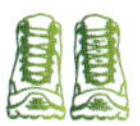

STOANERNE MANDLN

Am Gipfelplateau des Schönecks stehen über 100 »Stoamandln«. Die Wanderung von der Sarner Skihütte ist eher gemütlich und bringt uns an der bewirtschafteten Auener Alm vorbei. Oben vom Gipfelplateau genießen wir eine wunderbare Aussicht.

HEXEN UND MYTHEN

Ziel dieser Wanderung ist die Ansammlung von über 100 Steinmännern auf dem Gipfel des Schönecks. Gemäß alter Gerichtsprotokolle sollen zwischen den Stoanernen Mandln Hexentänze und Teufelsfeiern veranstaltet worden sein. Funde von Felsgravuren und Werkzeugen stützen die Theorie, dass sogar die Kelten den Ort schon genutzt haben. Man spürt regelrecht etwas von dem mystischen Zauber, den dieser Ort ausstrahlt. Aber auch die Aussicht ist wirklich wunderschön. Die Wanderung ist verhältnismäßig kurz und einfach – und dementsprechend beliebt.

AUFSTIEG

Vom **Parkplatz an der Sarner Skihütte** wandern wir auf dem Fahrweg **(Markierung Nr. 2)** in westlicher Richtung bis zu einem Bach. Hier biegen wir nach links ab und steigen auf dem steileren Weg hinauf zur **Auener Alm** (1798 m). Nach einer kurzen Verschnaufpause gehen wir durch das Almtal weiter. Wir erreichen freies Gelände und wandern hinauf zum **Aue-**

ner Joch. An der aufgestellten Bank können wir eine kleine Rast einlegen. Hier biegen wir nach links ab und folgen dem Wanderweg Nr. 23 hinauf zum Gipfelplateau des Schönecks mit den Stoanernen Mandln (2001 m). Neben den vielen Steinskulpturen ziert auch ein riesiges Gipfelkreuz das Gipfelplateau.

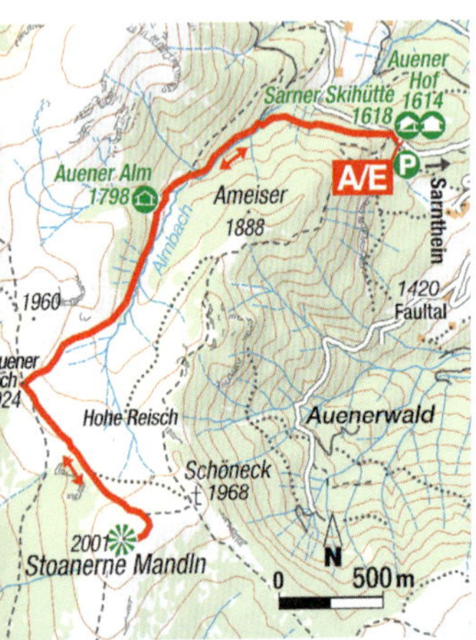

ZURÜCK ZUM PARKPLATZ

Der Rückweg zur Sarner Skihütte erfolgt am Anstiegsweg zurück über die Auener Alm. Hier können wir einkehren und anschließend auf dem bekannten Weg zurück zum Parkplatz wandern. Alternativ können wir von der Auener Alm auch die Fahrstraße nehmen und den etwas steileren Karrenweg auslassen. Die Straße ist allerdings gut 1 Kilometer länger.

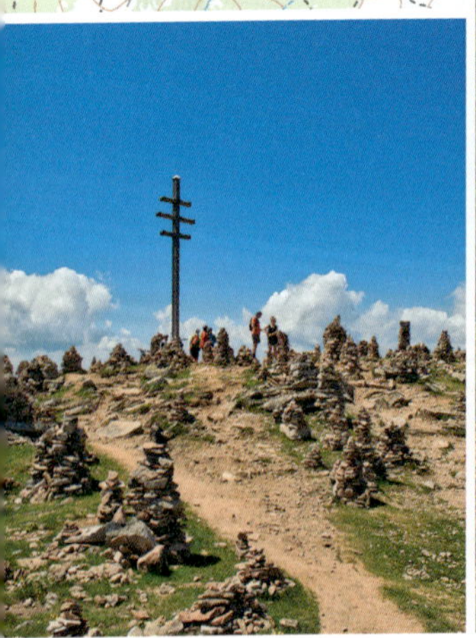

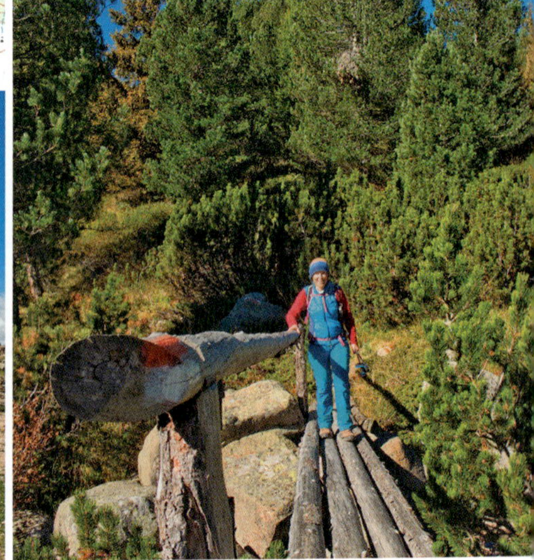

◀ Gleich ist der Gipfel erreicht. ▶ Brücke Richtung Villanderer Berg

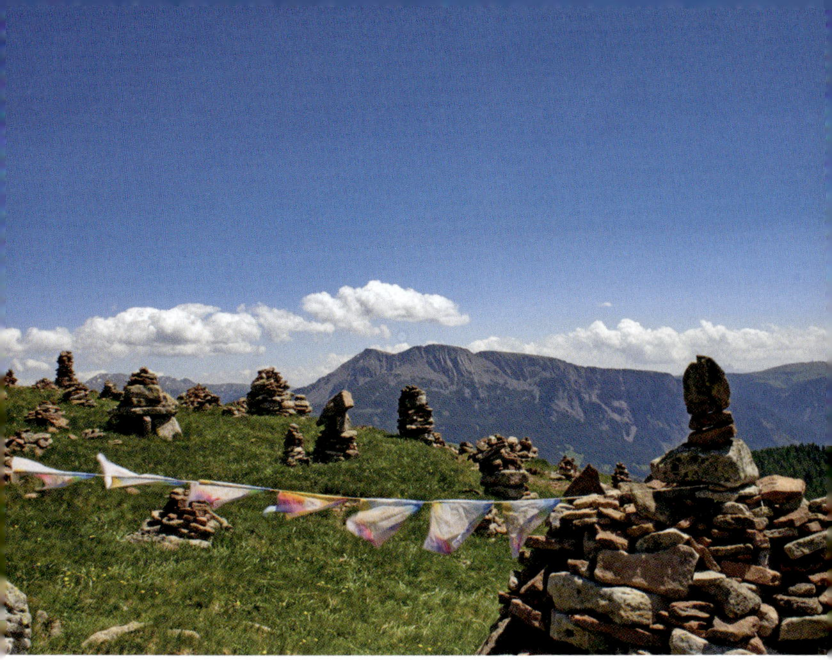

Tibetische Gebetsfahnen am Gipfel

Südlich der Stoanernen Mandln liegt der Möltner Kaser. Wer will, kann noch zur Almhütte hinuntergehen und in einem Bogen westlich unter den Mandln wieder zurück zum Auener Joch wandern. Am bekannten Weg wandern wir dann wieder zurück zur Sarner Skihütte.

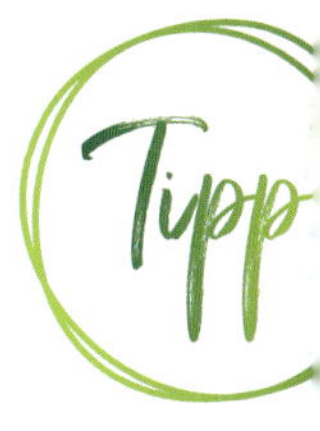

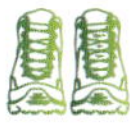

VILLANDERER BERG

Östlich des Sarntals erhebt sich mit Villanderer Berg und Sarner Scharte ein Doppelgipfel. Durch die hohe Lage über dem Tal bietet sich uns eine tolle Aussicht auf die Umgebung. Ein hoher Ausgangspunkt macht die Tour zu einer anstrengenden, aber gut machbaren Tagestour.

LANGER ZUSTIEG

Von der **Rettenbachbrücke**, südlich von Sarntheim, fahren wir auf schmaler Bergstraße hinauf zum **Wanderparkplatz Winterstaller**. Hier beginnt unsere Wanderung. Zuerst folgen wir der schmalen Schotterstraße durch den Wald aufwärts. Bald können wir die Straße auf dem **Steig**

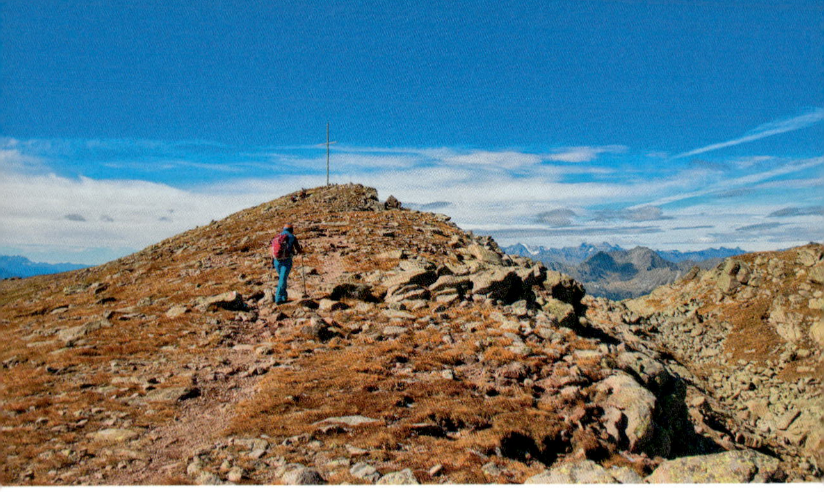

Gleich erreichen wir den Villanderer Berg

Nr. 19 abkürzen. An ein paar Hütten erreichen wir freies Almgelände. Hier treffen wir auf eine Wegteilung. Wir gehen geradeaus und folgen dem **Weg Nr. 19A** in östlicher Richtung. Der Weg trifft noch einmal auf eine Schotterstraße. Wenig später ignorieren wir einen Abzweig nach links und wandern weiter bis zum **Gasteiger Sattel**. Hier gehen wir kurz nach links und dann gleich wieder nach links. Nun geht es weiter in nördlicher Richtung auf dem **Weg Nr. 1**.

ÜBERSCHREITUNG DER GIPFEL

Über schönes, freies Gelände gehen wir hinauf zum **Rittner Bildstock**. Hier biegen wir nach links ab und folgen dem Steig über weitläufiges Gelände bis zum Gipfelkreuz auf dem **Villanderer Berg** (2509 m). Von hier oben genießen wir eine tolle Aussicht auf die Berggipfel der Sarntaler Alpen. Nach der Gipfelpause gehen wir weiter in südwestlicher Richtung in eine Einschartung (2401 m). Von dieser zieht unser Weg hinauf zum Gipfelkreuz auf der **Sarner Scharte** (2468 m). Auch hier oben ist die Aussicht sehr beeindruckend. Vom Gipfel gehen wir nach Süden ins nahe **Schartl** (2381 m), wo auch eine kleine Biwakhütte steht.

WEITER RÜCKWEG

Auch wenn der Abstieg zum Parkplatz von hier kürzer ist, so ist die Länge nicht zu unterschätzen. Allerdings entschädigt uns der großartige Ausblick, sodass wir den Weg genießen werden.

Vom Schartl gehen wir in südlicher Richtung auf dem **Weg Nr. 19** bis zu den Hütten des Aufstiegswegs. Unterwegs kommen wir am Gipfelkreuz auf der **Gamser Spitze** vorbei, das etwas abseits des Wegs liegt. Von den Hütten wandern wir am bekannten Weg zurück zum **Parkplatz Winterstaller**.

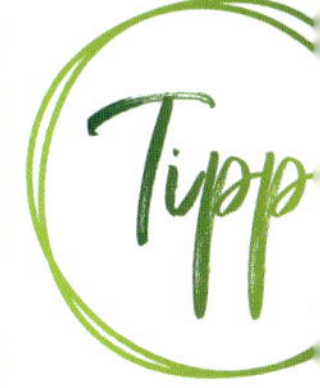

Wer auf schnellerem Weg die Sarner Scharte besteigen möchte, der kann auch von Sarntheim zum Parkplatz Riedler auffahren. Das sind zwar auch 970 Höhenmeter, dafür ist die Strecke deutlich kürzer. Auf schönem Weg steigen wir hinauf bis unter die eindrucksvollen Felsen der Scharte. Auf steilem Steig erreichen wir das Schartl und gehen weiter zum Gipfelkreuz auf der Sarner Scharte.

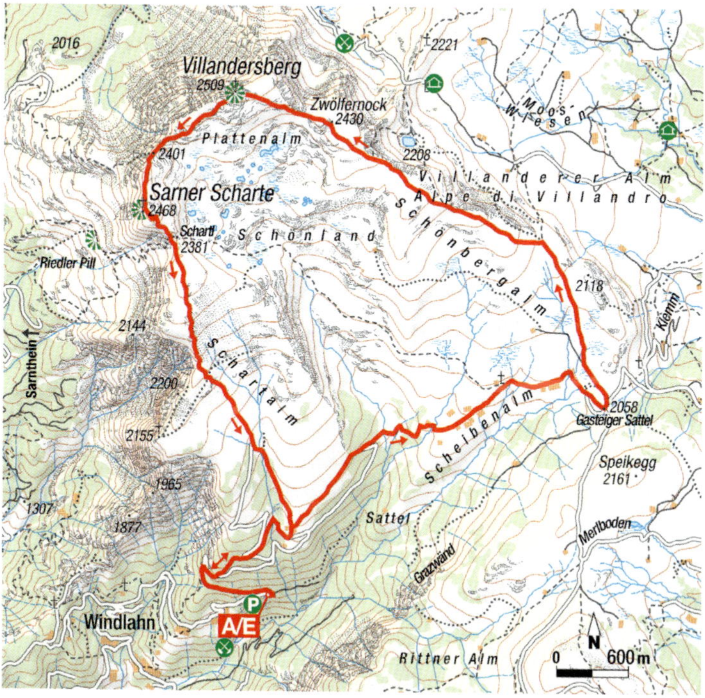

AUF EINEN BLICK

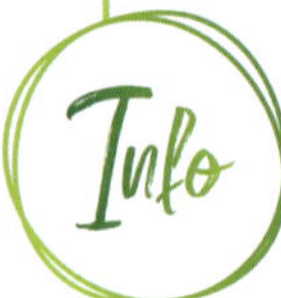

STADT/REGION: Sarntheim
BESTE REISEZEIT: Ganzjährig
TOURISTINFO:
Kirchplatz 9, 39058 Sarntal, Tel. +39 0471/62 30 91, suedtirols-sueden.info

AKTIV UNTERWEGS

BAUERNMUSEUM ROHRERHOF: Der Rohrerhof ist ein altes Bauernhaus, das zum Museum umgebaut wurde. Es besitzt eine alte Räucherküche und einen Brotofen. Das Haus ist ganz aus Stein und Holz gebaut und kann heute besichtigt werden.
WANDERBUS: Ein besonderer Service im Sarntal ist der Wanderbus. Von den hoch gelegenen Ausgangspunkten lassen sich schöne Wanderungen unternehmen. Täglich fährt der Bus zum Hallerhof, zum Obermacherhof, zur Sarner Skihütte und den Putzerhöfen. Es gibt noch einen weiteren Bus nach Reinswald und zum Penser Joch.
SKITOUREN: Auch wenn es im Sarntal ein kleines, feines Pistenskigebiet gibt, so locken doch die Skitouren. Das Aufsteigen mit Fellen ist zwar anstrengender als mit dem Lift. Wir werden aber belohnt mit unberührten Hängen und der Stille der Schneelandschaft.

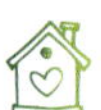

ÜBERNACHTUNG

RELAIS & CHATEAU TERRA: Auen 21, 39058 Sarntal, Tel. +39 0471/62 30 55, terra.place, **€€€**. Luxuriöses Hotel mit zwei Michelin-Sternen und kleinem Wellnessbereich. Nur zehn liebevoll ausgestattete Zimmer.
HOTEL RESIDENCE HOFSTÄTT: Rungg 15, 39058 Sarntal, Tel. +39 0471/62 30 26, hofstaett.com, **€€**. Gemütliches Hotel in sonniger, aussichtsreicher Lage. Umgeben von Wald und Wiesen, mit schönem Saunabereich.
STOFNERHOF UND TURM: Steet 40, 39058 Sarntal, Tel. +39 0473/61 31 85, stofnerhof.it, **€€**. Zwei Ferienwohnungen im Bauernhaus und im geschichtsträchtigen Turm.

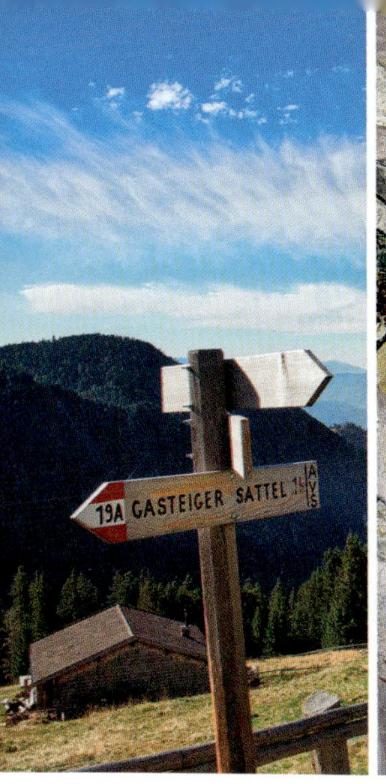

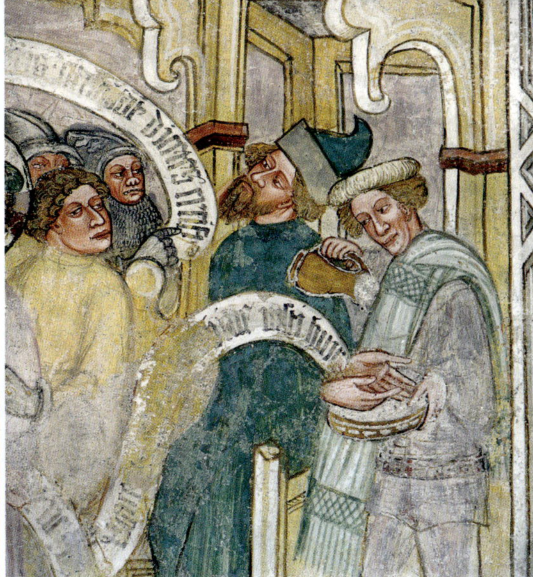

◀ Wegweiser am Weg zum Villanderer Berg ▶ Abstecher zur Durnholz-Kirche

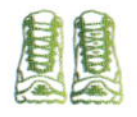 STOANERNE MANDLN

DAUER: 3 Std.

HÖHENMETER: 400 Hm

LÄNGE: 6,8 km

SCHWIERIGKEIT: Leicht

AUSGANGS-/ENDPUNKT: Parkplatz an der Sarner Skihütte

TOURENCHARAKTER: Gute, einfache Wanderung ohne besondere Anforderungen.

EINKEHR UNTERWEGS: Auener Alm

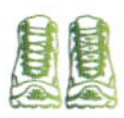 VILLANDERER BERG

DAUER: 6.30 Std.

HÖHENMETER: 980 Hm

LÄNGE: 15,8 km

SCHWIERIGKEIT: Mittel

AUSGANGS-/ENDPUNKT: Wanderparkplatz Winterstaller

TOURENCHARAKTER: Mittelschwere Wanderung ohne schwierige Stellen. Sehr lang.

EINKEHR UNTERWEGS: Keine

SÜDTIROLER WEINBERGE

Eppan

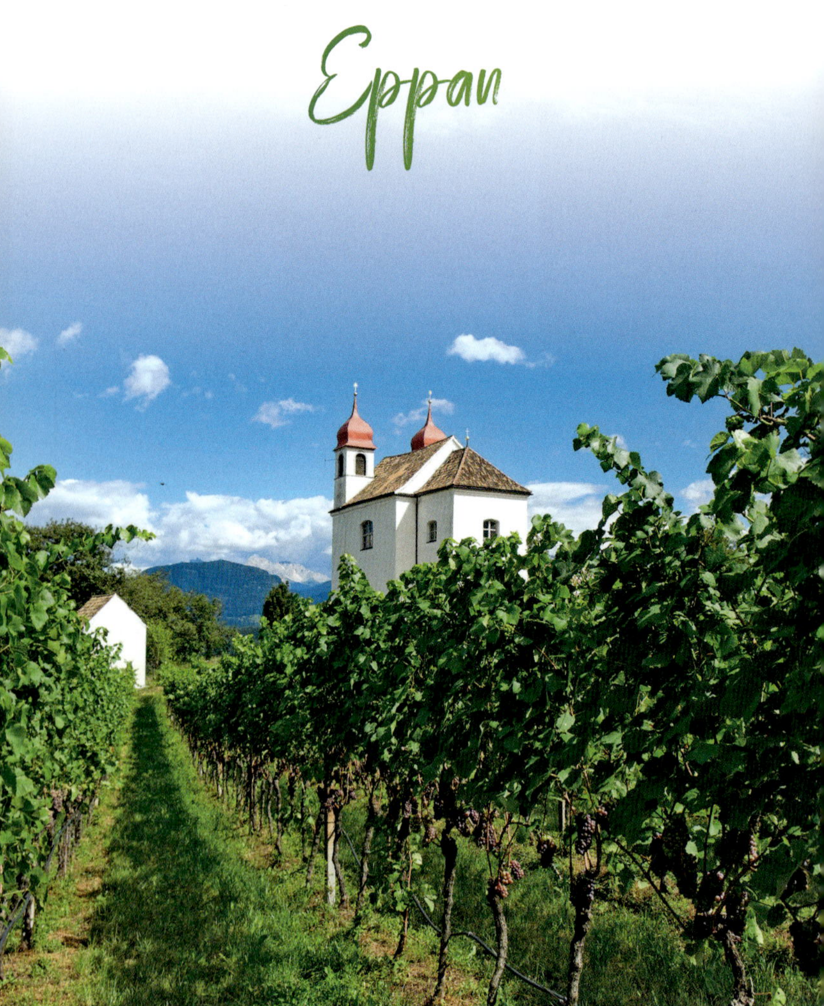

Gleifkapelle oberhalb von Eppan

Die Gemeinde Eppan liegt südwestlich der Etsch unweit von Bozen direkt an der Weinstraße. Hier wächst ein Großteil der Reben, die die Südtiroler Weine weltweit bekannt gemacht haben. Alte Ansitze gleichen Schlössern, es gibt prächtige Villen, Burgen und so manche Ruine. Diese Natur- und Kulturschönheiten kann man sich erwandern.

Eppan besteht aus vielen Dörfern wie St. Pauls, St. Michael, Girlan, Missian oder Gant. Die Übergänge sind fließend, sodass der Eindruck entsteht, Eppan sei riesengroß. Die Weiler schmiegen sich an die Ausläufer des **Mendelkamms**, der eisige Winde und kalte Temperaturen abhält. So herrscht im Eppaner Hügelland ein mildes Klima, das in der Vergangenheit früh reiche Adelige anlockte, die dort herrschaftliche Ansitze errichten ließen. Die angenehmen Temperaturen haben auch die insgesamt 940 Hektar großen Rebflächen des **Eppaner Weinanbaugebiets** entstehen lassen, das zum größten Anbaugebiet in Südtirol gewachsen ist. Einige der **Wein- und Sektkellereien** und auch **Brennereien** laden zum Einkauf ein, sie liegen direkt an der Weinstraße, der SS42. Neben dem Genuss kommt in Eppan aber auch das Wandern nicht zu kurz. Dabei geht es weniger hoch in die Berge hinauf als vielmehr durch die liebliche Hügellandschaft, mit dem Vorteil, dass man hier fast das ganze Jahr über seine Wochenenden verbringen kann.

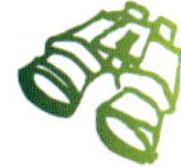

OBERHALB VON ST. MICHAEL thront die Gleifkapelle in den Weinbergen. Hinter der Eissporthalle führt ein kurzer Wanderweg hinauf. Oben erwartet uns eine traumhafte Aussicht über das Gemeindegebiet von Eppan.

Das ganze Jahr über gibt es in der Gemeinde Eppan Veranstaltungen und Feste rund um den Wein. Die Weinkulturwochen, das Girlaner Kellerfest und der Gassengenuss machen das Wochenende zu etwas Besonderem. Aber auch außerhalb dieser Events bieten die meisten Weinkellereien Führungen und Verkostungen an. Eine tolle Adresse ist die Vinothek im Ansitz Pillhof, in der man auch hervorragend essen kann. Gut für Freitagabend, denn Samstagabend und Sonntag ist geschlossen: pillhof.com.

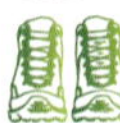

EPPANER BURGENRUNDE

Die Burg Hocheppan wartet nicht nur mit kunsthistorischen Besonderheiten auf uns. Sie bietet gleichzeitig einen der schönsten Marendengärten Südtirols. Insgesamt besuchen wir heute drei Schlösser bzw. Burgen und nicht zu vergessen den wunderbaren Kreuzstein, einen herrlichen Aussichtspunkt über St. Pauls.

DURCH ST. PAULS NACH HOCHEPPAN

Wir starten an der **Pfarrkirche St. Pauls** und queren die Piazza St. Paul am Brunnen vorbei in die Via S. Justina. Der Weg ist mit **»Nr. 12/Hocheppan«** ausgeschildert. Zunächst gewinnen wir entlang der Straße an Höhe. Die Justina-Straße wendet sich nach rechts, wir folgen ihr weiterhin. Dann biegen wir an einer Kreuzung nach rechts und nehmen den Weg Nr. 12 in Richtung Missian. Jetzt verlassen wir die Bebauungszone und wandern fast eben durch die **Weinfelder** mit weiter Sicht auf das Etschtal und Bozen. Wir queren den **Weißenbach**, halten uns dort links und passieren das zu einem Hotel umgebaute **Schloss Korb**. Die kurz darauffolgende

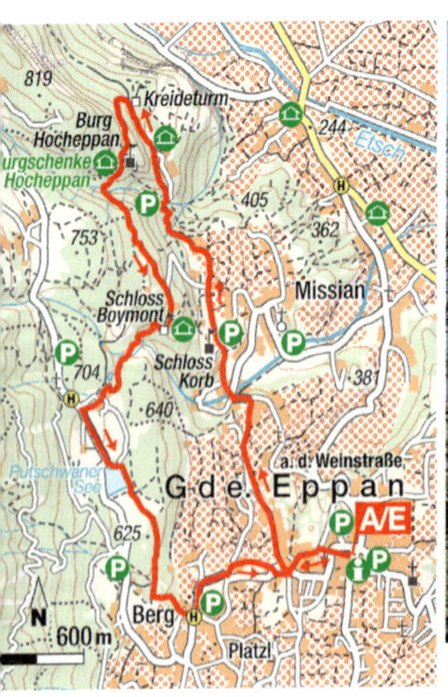

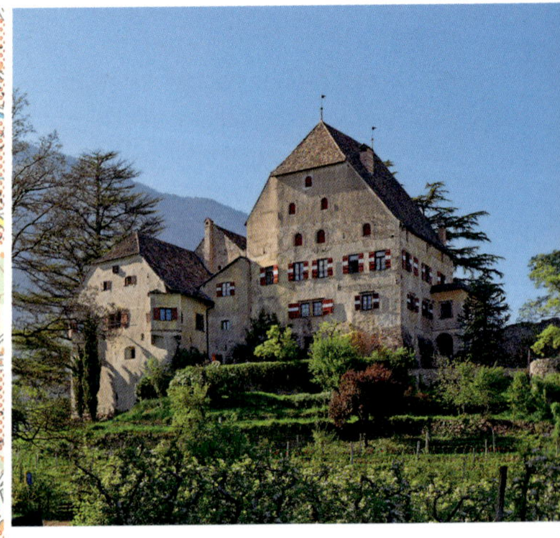

Schloss Englar, eines von vielen Schlössern in Eppan

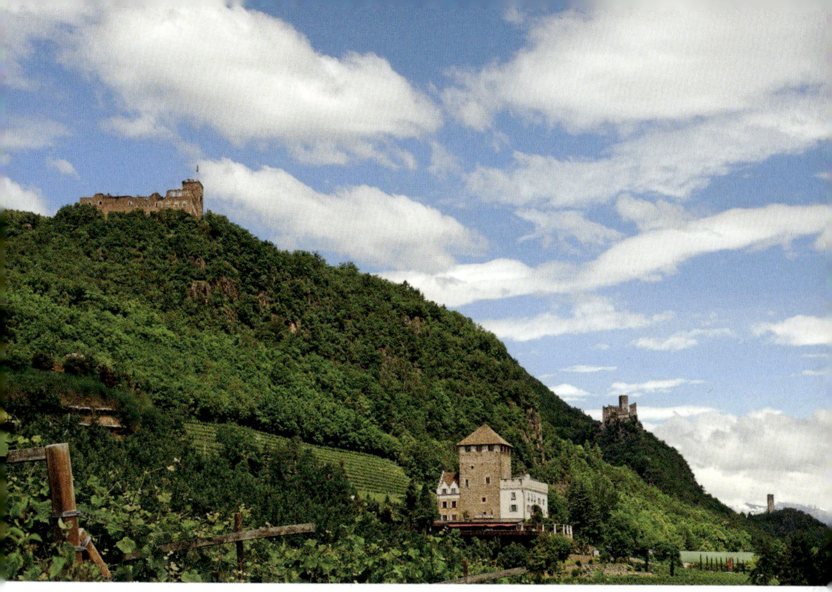

Alle drei Burgen auf einen Blick

Abzweigung nach Hocheppan ignorieren wir. Ein Fußweg bringt uns zum **Unterbichlerhof**, dahinter geht es in den Wald. Gleich nach einem Wanderparkplatz steigt der Weg steil an. Wir passieren den freistehenden **Kreidfeuerturm** und erreichen die **Burg Hocheppan**.

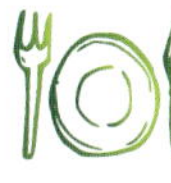

NEBEN DER KUNSTHISTORISCH wertvollen Burgkapelle mit ihrem Freskenschmuck eignet sich Hocheppan vor allem für eine kulinarische Rast. Wir lieben die lauschigen Sitzplätze, die sich im großen Burghof verteilen und malerisch mit Blumen geschmückt oder von Weinlaub umrankt sind. Die Burgschenke bietet beste Tiroler Küche mit wechselnden Gerichten an.

DIE NÄCHSTE BURG

Wir verlassen Hocheppan und wenden uns am Burgzugang nach links (Schild »Boymont«). Es geht steil in das **Hocheppaner Tal** hinunter und ebenso steil über einige Treppen wieder aufwärts. Dahinter führt der Weg weiter durch herrlichen Mischwald zu einem Forstweg. Nach rechts ist die **Burgruine Boymont** mit ihrem aussichtsreichen Burgturm und der netten Schenke schnell erreicht. Hinter der Burg geht es weiter auf dem **Weg Nr. 8A** durch den Wald. Dann stoßen wir auf einen größeren Weg,

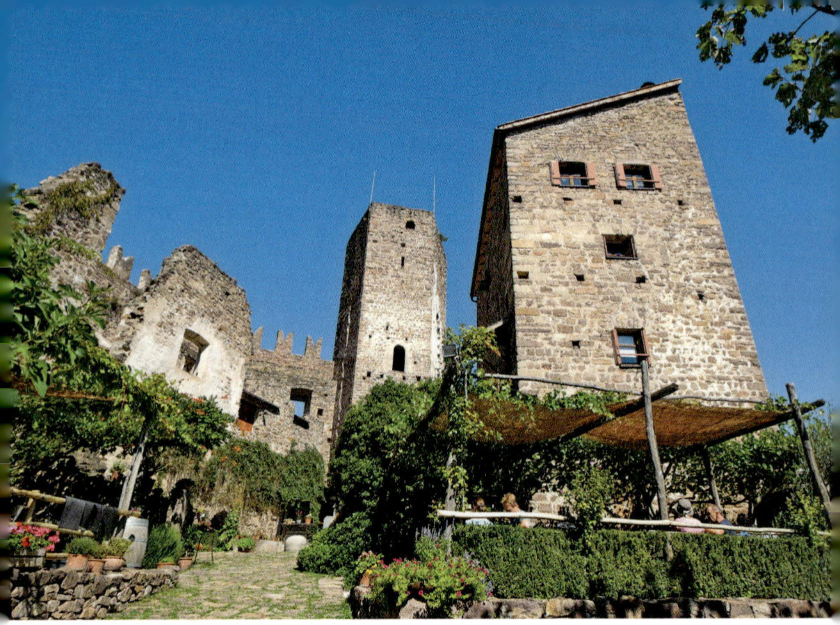

Malerisch kann man in der Burg Hocheppan einkehren.

dem wir nach links, vorbei an den Häusern von Pramol, durch die **Weinberge** folgen. Wir biegen links in eine kleine Straße ein. Sie bringt uns, an einem Bildstock links haltend, zum **Putschwaner Stausee**. Über sein linkes Ufer geht es mit Panoramablicken zum **Kreuzstein**, einem felsigen Biotop.

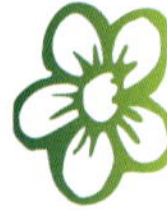

DER KREUZSTEIN IST von einer mageren Humusschicht bedeckt. Im Sommer kann sich der Fels auf 60 Grad erhitzen. Angepasst an diese extremen Bedingungen findet man seltene Pflanzen, wie den nach Zitronen duftenden Diphtam oder das Sonnenröschen. Aber auch die Smaragdeidechse oder die Gottesanbeterin lieben diesen Platz.

ABWÄRTS NACH ST. PAULS

Vom Kreuzstein folgen wir unserem **Weg Nr. 8A** abwärts. Wir erreichen die Bergstraße. Leicht bergab, vorbei an den alten Weingütern, biegen wir an dem kleinen Platz links in den Kreuzsteinweg ein. Wir steuern die kleine **St.-Justina-Kirche** an, die einsam zwischen den Weinreben steht. Unmittelbar vor der Kirche führt uns der Wanderweg abwärts zur St.-Justinia-Straße, der wir zurück nach St. Pauls folgen.

8

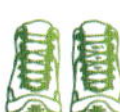

MONTIGGLER SEEN

Die Montiggler Seen mit ihrem Strandbad Lido gehören neben dem Kalterer See zu den bekanntesten Ausflugszielen Südtirols. Von Eppan führt eine herrliche Wanderung auf ruhigen Wegen durch die Weinberge und Wälder dorthin.

DURCH DIE WEINBERGE

Vom **Rathausplatz in St. Michael** folgen wir der Bahnhofstraße über alle Kreuzungen hinweg nach Osten zum großen Kreisverkehr, den wir schräg nach rechts in die **Montiggler Straße** queren. Langsam werden die Häuser weniger und fast am Ortsende zweigt an einer Bushaltestelle rechts der **Wanderweg Nr. 3** ab, dem wir nun lange folgen. Es geht am **Ansitz Schwarzhaus** und seinen Häusern vorbei, dann erreichen wir einen kleineren Wanderweg.

AUF DEM PATERSTEIG

Wir steuern auf den **Wald** zu und freuen uns nun über den Schatten im lichten Mischwald. Gleich einer Schnitzeljagd folgen wir immer der **Beschilderung »3«** im Zickzack durch den Wald, aber alle Abzweigungen sind gut ausgeschildert. Schließlich mündet der Waldweg in einen Radweg, dem wir nach links auf dem **Weg Nr. 4** folgen. Nach nur 300 Metern biegen wir

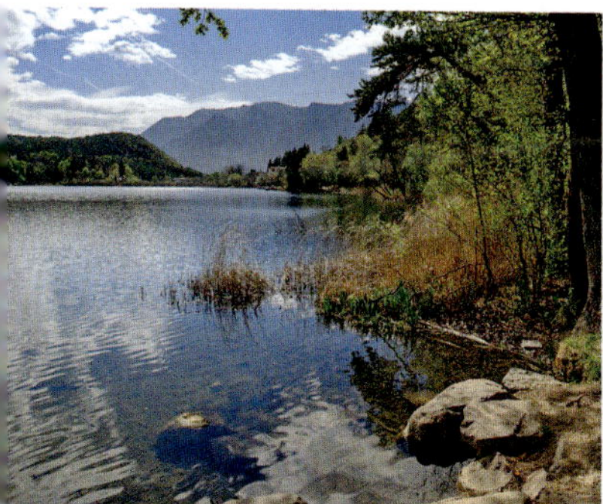

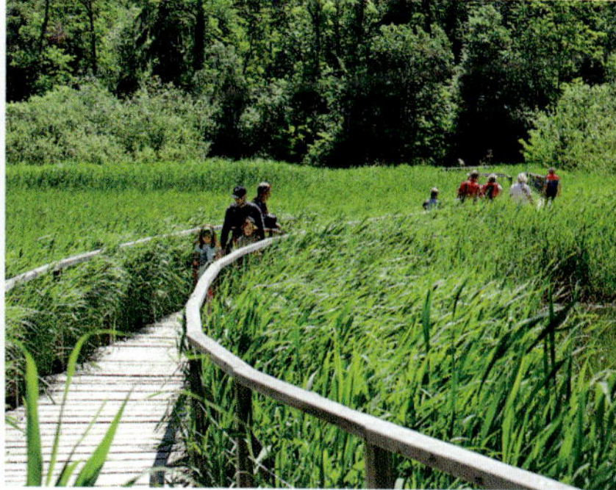

◀ Montiggler See ▶ Stege führen über die empfindlichen Naturzonen.

rechts ab und erreichen die ersten Parkplätze. Am Kreisverkehr führt der Wanderweg wieder in den Wald und wir steigen die letzten Meter hinunter zum **Großen Montiggler See**. Am Strandbad Lido ist immer viel Betrieb, das muss uns nicht wundern, denn zum Baden ist die Stelle wunderschön.

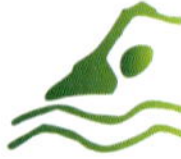

DER GROSSE MONTIGGLER See ist nicht besonders tief und erwärmt sich schnell. Am Strandbad Lido, das ganz an die italienischen Badeanstalten der Adria erinnert, spielen sich sämtliche Freizeitaktivitäten ab. Eisverkauf, Poolbar, Pizzeria, Tretboot- und Ruderboot-Verleih sowie Badefreuden – hier kommen alle voll auf ihre Kosten.

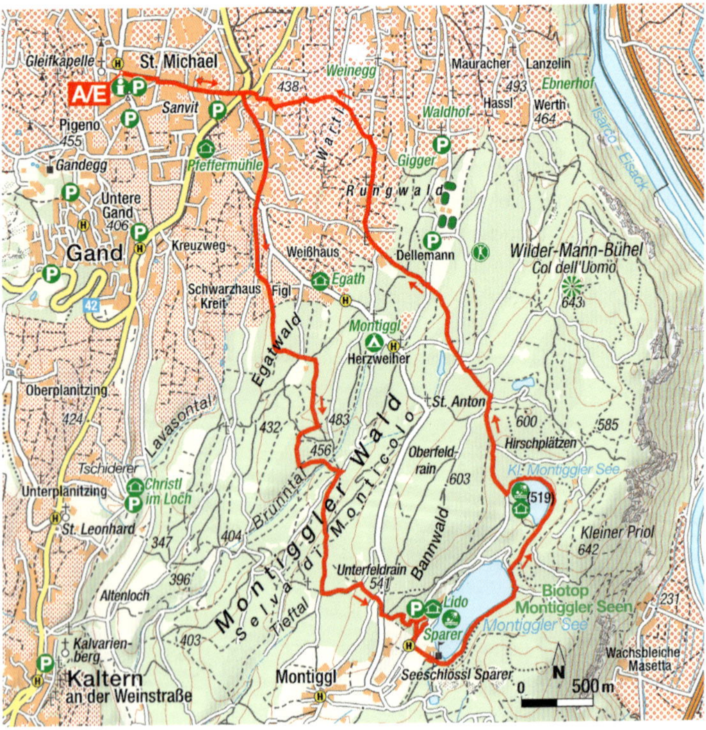

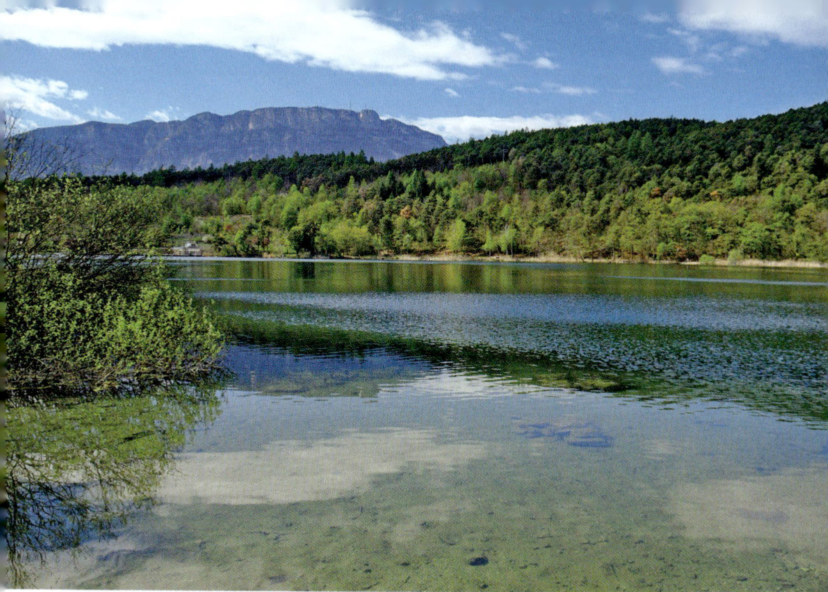

Baden mit Blick auf den Mendelkamm ist erlaubt.

AN DEN MONTIGGLER SEEN

Wir wollen dem Trubel entkommen und halten uns am **Strandbad** rechts. Kurz nach den Parkplätzen führt links ein Bohlensteg über den verlandeten Seegrund. Libellen schwirren in der Luft und das Schilf wiegt sich im Wind, ein traumhafter Abschnitt. Auf der anderen Seite geht es links auf den **Seerundweg**, der uns an das Nordufer zum **Hängenden Stein** führt. Nochmals eine Badestelle mit schöner Aussicht! Dort halten wir uns rechts und folgen der Beschilderung zum **Kleinen Montiggler See**.

ZURÜCK NACH EPPAN

Hinter der Jausenstation nehmen wir den **Waldweg Nr. 1** in den Wald. Er steigt zunächst an, um dann links wieder steil abwärts zu führen. Wir kürzen damit den Forstweg etwas ab und queren eine Zufahrtsstraße minimal nach rechts. Jetzt sind wir auf dem **Wanderweg Nr. 2** unterwegs, verlassen den Wald und bald teilt sich die Straße. Wir wählen rechts den Lammweg und wandern sonnig durch die Rebreihen in nördliche Richtung. Bald folgen wir auf einem kleineren Weg links der Beschilderung **»St. Michael Nr. 6«**. Am **Sonnhof** quert man die Zufahrtsstraße und wandert die letzten Meter durch die Weingärten wieder zum großen Kreisverkehr, wo wir der Bahnhofstraße zurück in die Ortsmitte folgen.

AUF EINEN BLICK

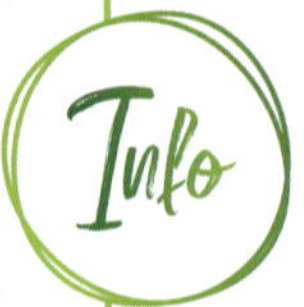

STADT/REGION: Eppan an der Weinstraße
BESTE REISEZEIT: März bis November
TOURISTINFO:
Rathausplatz 1, 39057 Eppan, Tel. +39 0471/66 22 06, eppan.com

AKTIV UNTERWEGS

SIGMUNDSKRON: Eines der insgesamt sechs Messner Mountain Museen wurde auf den Ruinen der Burg Sigmundskron errichtet. Zum Thema Mensch und Berg gibt es viel zu besichtigen, aber auch die grandiose Architektur und die Aussicht sind einmalig: messner-mountain-museum.it.

EISLÖCHER: Eine weitere Wanderung führt von Eppan zu den Eishöhlen, einem Naturphänomen, das durch einen Bergsturz entstand. Dieser bildete ein vertikales System von Hohlräumen zwischen den Felsen am Hang und der Senke an den Eislöchern. Die absinkende Luft kühlt sich dabei stark ab und tritt auch im Sommer eiskalt aus dem Boden.

BOZEN: Eppan liegt so nahe an Bozen, dass man das Wochenende auch gut mit einem Besuch der Südtiroler Hauptstadt verknüpfen kann.

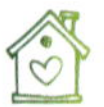

ÜBERNACHTUNG

LANDGASTHOF BAD TURMBACH: Turmbachweg 4, 39057 Eppan, Tel. +39 0471/66 23 39, turmbach.com, **€€**. In diesem Haus übernachtet man in neu renovierten Zimmern und genießt die exzellente Küche. Deshalb unbedingt mit Halbpension buchen.

HOTEL WEINGUT STROBLHOF: Pigenoer Weg 25, 39057 Eppan, Tel. +39 0471/66 22 50, stroblhof.it, **€€€**. In sonniger Lage liegt das Hotel Stroblhof in einem riesengroßen grünen Garten. Umringt von den Rebstöcken des hauseigenen Weinguts. On top kommen eine schöne Wellnessanlage, Swimmingpool und ein Restaurant, das weit über die Grenzen Eppans hinaus bekannt ist. Da bleibt man gerne länger.

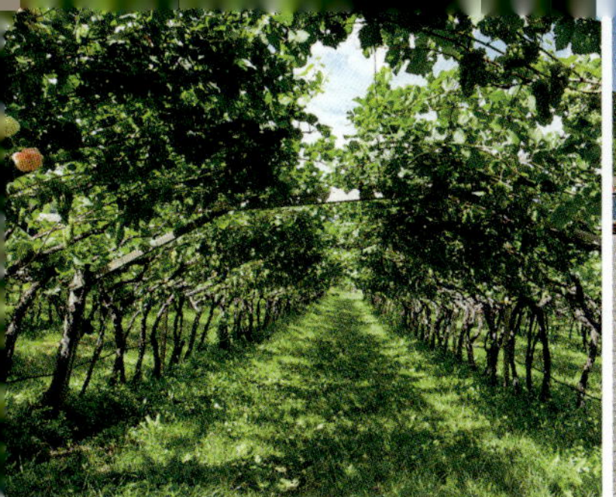

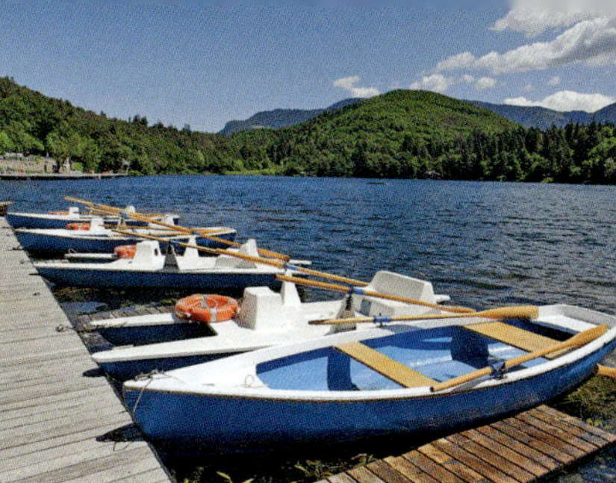

◀ Alles dreht sich um Wein. ▶ Am Lido kann man auch Boote ausleihen.

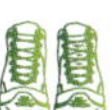

EPPANER BURGENRUNDE

DAUER: 3 Std.

HÖHENMETER: 400 Hm

LÄNGE: 9,5 km

SCHWIERIGKEIT: Mittel

AUSGANGS-/ENDPUNKT: Pfarrkirche St. Pauls

GPS: 46.472201, 11.261134

TOURENCHARAKTER: Eine herrliche, eher leichte Rundtour. Nur der Übergang von Hocheppan zur Burg Boymont verläuft auf einem schmalen, stellenweise steilen Steig.

EINKEHR UNTERWEGS: Sowohl in der Burg Hocheppan (April bis November, Mittwoch Ruhetag) als auch auf der Ruine Boymont (Montag Ruhetag) erwartet uns eine hervorragende Einkehr.

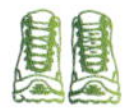

MONTIGGLER SEEN

DAUER: 3.30 Std.

HÖHENMETER: 300 Hm

LÄNGE: 13,5 km

SCHWIERIGKEIT: Leicht

AUSGANGS-/ENDPUNKT: Rathaus St. Michael

GPS: 46.455292, 11.259170

TOURENCHARAKTER: Eine einfache, aber längere Wanderung im leichten Auf und Ab. Wer direkt am Parkplatz der Montiggler Seen startet, kürzt erheblich ab.

EINKEHR UNTERWEGS: Am Großen Montiggler See genießen wir auf der Sea Lounge Terrasse des Hotel Sparers oder in der Pizzeria am Lido eine Rast. Auch am Kleinen Montiggler See gibt es eine Bar.

MEDITERRANES URLAUBSFEELING

Kaltern

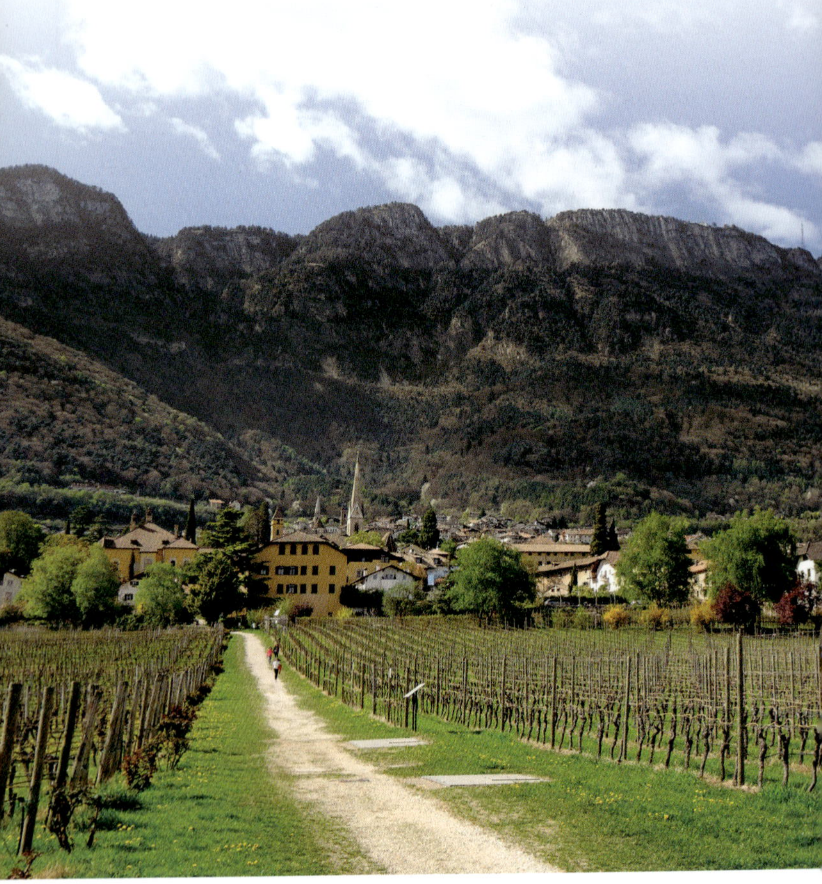

Die Felswände des Mendelpasses sorgen für das milde Klima in Kaltern.

Das Weindorf Kaltern könnte nicht schöner liegen. Im Süden Südtirols, verwöhnt von der Sonne, umringt von Weinbergen und ein hauseigener See – das alleine sind besten Voraussetzungen für ein perfektes Wochenende. Wenn dann auch noch traumhafte Wanderungen dazu kombiniert werden können, bleiben wir gerne länger.

Kaltern liegt südlich von Bozen, inmitten der Hügellandschaft, die man auch **Überetsch** nennt. Der Begriff bezeichnet das Gebiet am Fuß des **Mendelpasses**, ein Plateau, das sich durch den Mitterberg von der eigentlichen Talsohle der Etsch abhebt. Der Mendelkamm hält kalte Winde ab und sorgt damit für ein ganzjährig mildes Klima, sodass neben dem Wein sogar Feigen und Palmen gedeihen. Das Dorf besitzt eine malerische Ortsmitte mit einer verkehrsberuhigten **Piazza**, dem Hauptplatz, vielen alten Ansitzen und herrschaftlichen Weingütern, die man über verwinkelte Gassen erreicht. Zu Kaltern gehören aber auch viele **Weiler**, die heute so nahe am eigentlichen Dorfkern liegen, dass nur Einheimische die Übergänge von einem Ortsteil zum nächsten kennen. Hingegen kennt jedermann den **Kalterer See**, den größten See Südtirols, der noch dazu angenehme Badetemperaturen aufweist. Umgeben von Weinbergen der ideale Platz für mediterranes Kurzurlaubsfeeling. Wenn dann auch noch ein Glaserl Wein ins Spiel kommt, wird der Aufenthalt zum perfekten Genuss.

RUND UM DEN Kalterer See gibt es vier Strandbäder, in denen man einen mediterranen Urlaubstag verbringen kann. Wer nur einmal kurz in den See hüpfen möchte, steuert das große Freibad Lido am Westufer an. Vor dem Eingang hält man sich links und erreicht einen Steg mit einer Leiter: eine winzige Stelle, die den Einstieg erleichtert, kostenlos ist und sich damit als ideal für alle erweist, die nur schwimmen möchten.

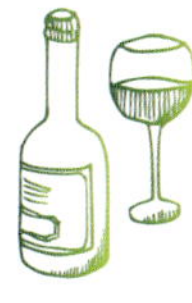

VOR DEM GRETL am See, der großen Anlage mit Campingplatz und Freibad am Westufer des Kalterer Sees, befindet sich der Kiosk, eine kleine Bar mit Sitzmöglichkeiten. Hier kann man bei Chill-out-Musik und einem leckeren Aperitif den Tag wunderbar ausklingen lassen.

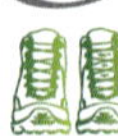

RUINE LEUCHTENBURG

Die Burgruine Leuchtenburg thront auf dem Mitterberg hoch über dem Kalterer See. Neben der beeindruckenden Ruine treffen wir auf steil aufgerichtete Felsformationen aus rötlichem Porphyr, die Rosszähne.

UFERSPAZIERGANG AM KALTERER SEE

Startplatz ist der Eingang zum großen **Freibad Lido am Kalterer See**. Mit Blick auf den See halten wir uns am Freibad links und wandern auf dem **Seerundweg**. Wir versuchen, in Seenähe zu bleiben, was gar nicht einfach ist, denn die meisten Uferbereiche sind in Privatbesitz. Am Nordende des Sees stoßen wir auf eine kleine Straße, auf der wir rechts am **Seehotel Ambach** vorbeiwandern, um unweit des **Parc Hotels** erneut auf eine Straße zu stoßen.

ZUR BURGRUINE

Hier beginnt am **Restaurant Leuchtenburg** der Aufstieg zur Burgruine Leuchtenburg. Der Weg ist mit der **»Nr. 18«** beschildert und biegt hinter dem Restaurant nach rechts ab. Mit Panoramablick verabschieden wir uns

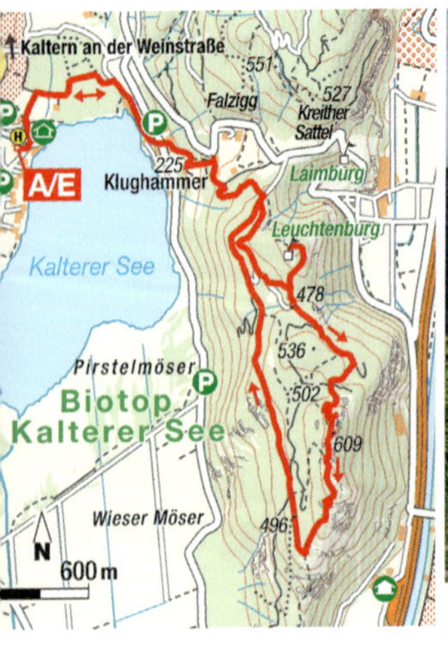

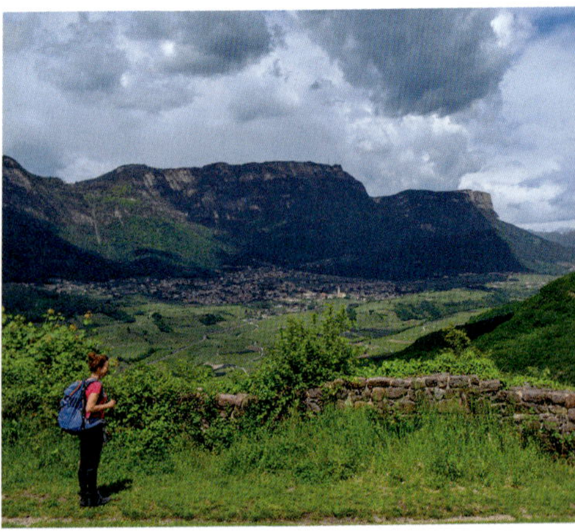

Das Burgareal der Leuchtenburg ist weitläufig.

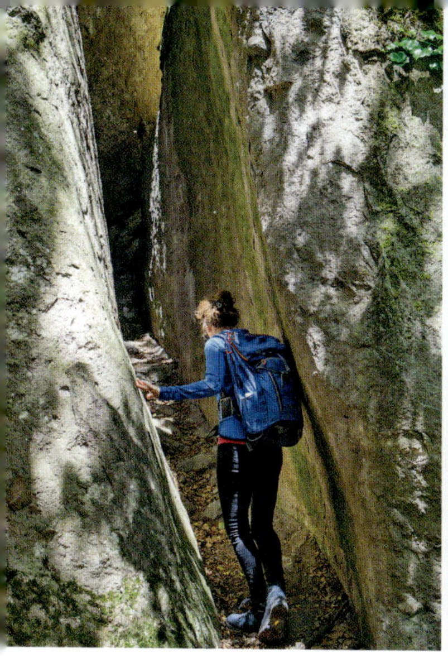
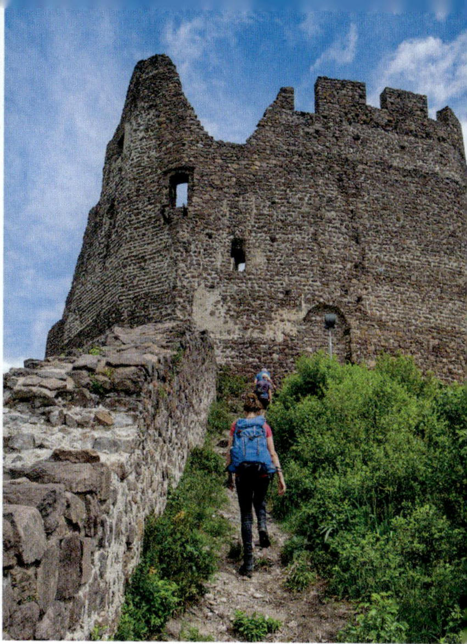

◀ Inmitten der Rosszähne ▶ Die letzten Meter zur Burg

vom See. Das Sträßchen endet an einem Privathaus. Links davon beginnt ein Pfad, der in den **Wald** führt. Bald treffen wir wieder auf einen breiteren Weg, dem wir nach rechts weiter bergauf folgen. Über unseren Köpfen sehen wir bereits die Mauern der Burg. Wieder im Wald queren wir eine Forststraße etwas nach rechts. Schattig wandern wir unter Stein- und Flaumeichen, Akazien und sogar Blauglockenbäumen. Schließlich weist uns das **Schild »Leuchtenburg«** nach links, anfangs noch auf einem breiteren Weg, dann erneut links auf einen schmäleren. An dieser Stelle stößt von rechts ein weiterer Weg zu unserem, den wir später für den Rückweg nutzen wollen. Ein letztes Stück steigen wir steiler auf. Dann betreten wir das Areal der **Leuchtenburg**.

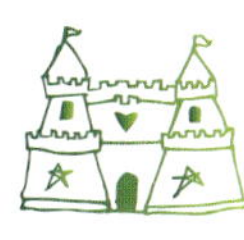

DIE LEUCHTENBURG BESITZT keinen Bergfried. Was von Weitem danach aussieht, ist der Palas, das Haupthaus. Auf seiner Nordseite kann man über eine Leiter einsteigen. Drei Räume sind zumindest im Grundriss erhalten, die oberen Geschosse sind eingestürzt. An der flachen Ost- und Südflanke standen zwei Vorburgen, die sich noch durch Mauern andeuten. Umgeben von einem Mauerring genießt man von jeder Seite andere Aussichten.

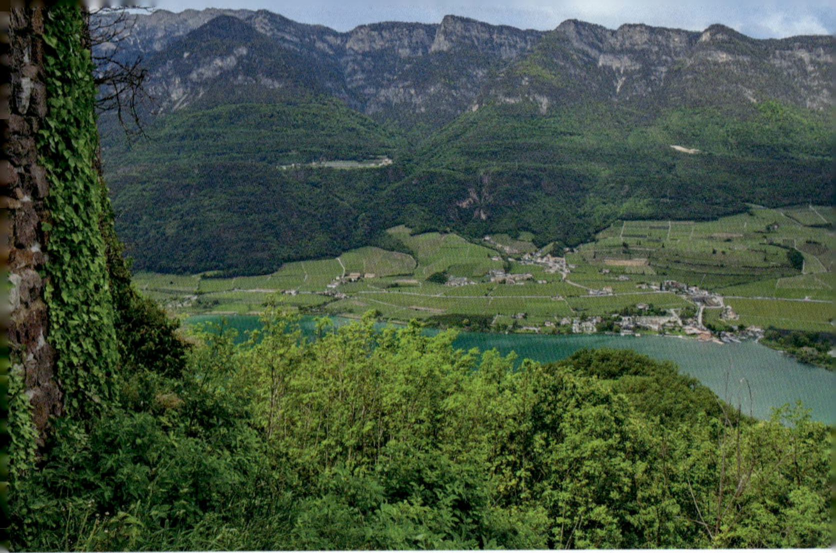

Der Kalterer Seeblick ist inklusive.

WARME LÖCHER UND WILDE ROSSZÄHNE

Zurück geht es ein Stück auf dem Hinweg und dann bleiben wir an der Abzweigung geradeaus. Bergab kommen wir auf einen Forstweg, dem wir nach links folgen. Nun sind wir auf dem **Weg Nr. 13** zu den Rosszähnen unterwegs. Der Weg steigt wieder etwas an und nähert sich der Abbruchkante hinunter ins Etschtal. Einige Pfade führen zu Aussichtspunkten. Aber Achtung, diese Stellen sind nicht gesichert und fallen senkrecht ab. Ansonsten wendet sich der Pfad geschickt, unterhalb der Kante, durch den lichten Wald und wir erreichen die **Rosszähne**, die mit etwas Fantasie an Pferdezähne erinnern. Kurz vor den Zähnen liegen übrigens noch die **Warmluftlöcher**, die jedoch nicht ausgeschildert sind. Das Naturphänomen lässt Luft im Inneren des Bergs aufsteigen und entlässt es oben wärmer aus den Felsspalten, wobei der Effekt sich nur an kalten Tagen zeigt.
An den Rosszähnen bleiben wir auf der ursprünglichen Wanderseite. Beim Abstieg passieren wir noch eine große, spärlich bewachsene Steinplatte samt Rastplatz. Ideal für schöne Aussichten nach Süden und überdies entpuppt sich die Felskuppe als Schatzkästchen für seltene Pflanzen. Danach geht es weiter bergab, der **Wald** wird wieder dichter und schließlich wird unser Weg zu einem Forstweg. Jetzt können wir uns nicht mehr verlaufen. Wir folgen dem Weg, er umrundet relativ lange den Hügel, bis wir wieder auf den Hinweg stoßen. Diesem folgen wir nun retour.

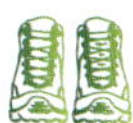

RASTENBACHKLAMM

Die Rastenbachklamm ist ein steiler Taleinschnitt zwischen dem Kalterer See und dem Weiler Altenburg. Ein spektakulär angelegter Weg führt über Treppen und Stege vorbei an Wasserfällen und herrlichen Aussichtspunkten. Kreuz und quer liegen efeubewachsene Baumstämme und dschungelartige Farne erobern die Berghänge.

KALTERER SEE UND WEINSTRASSE

Startplatz ist der große **Parkplatz am Kalterer See**. Mit dem See im Rücken gehen wir die wenigen Schritte zur Zufahrtsstraße. An der Straßengabelung treffen wir auf den **Rastenbach**. Links davon beginnt unsere Tour durch die **Weinfelder**. In wenigen Minuten sind wir an der Bundesstraße, dort ist auch die Bushaltestelle, von der alle nicht motorisierten Wanderer starten. Wir queren die Straße und folgen dann links dem Fußweg für knappe 200 Meter. Schon am **Sonnleitenhof** biegen wir rechts in die kleine Straße ab. Jetzt geht es zwar ohne Fußweg, aber doch ruhiger durch die Weinberge. Am **Vogelmaierhof** teilt sich die Straße: Von links werden wir später zurückkommen, für den Aufstieg halten wir uns rechts.

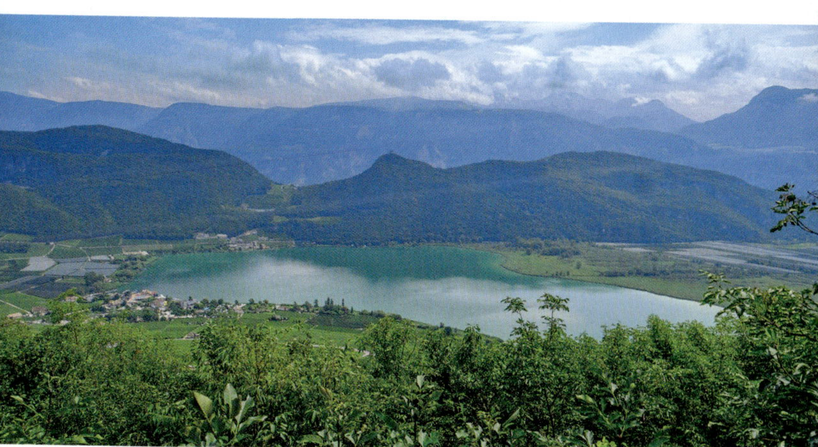

Vom obersten Punkt der Rastenbachklamm liegt uns der See zu Füßen.

AB INS GRÜNE

Während wir die letzten Häuser passieren, steigt der Weg steiler an und wir kommen an den **Wanderparkplatz Rastenbachklamm**. An seinem Ende geht es ab in den Wald, die **Rastenbachklamm** ist ausgeschildert und führt uns nach wenigen Metern scharf nach links auf einen kleineren Weg. Wir steigen im Zickzack bergauf, der Weg windet sich geschickt um erste Felsen und führt uns dann zum **Rastenbach** und seinen Wasserfall, den wir mit einem Abstecher nach links erreichen. Ansonsten geht es weiter bergauf, nun über raffiniert angelegte Treppen und Stege zu einigen Aussichtsplattformen.

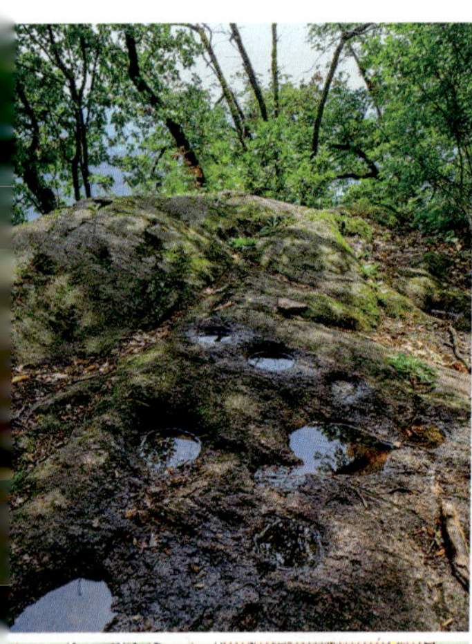

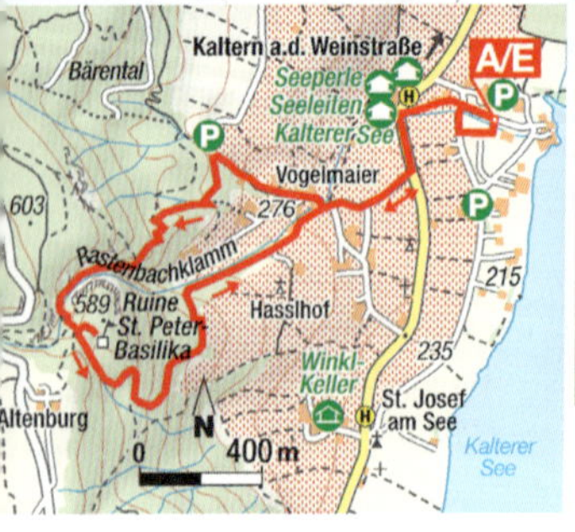

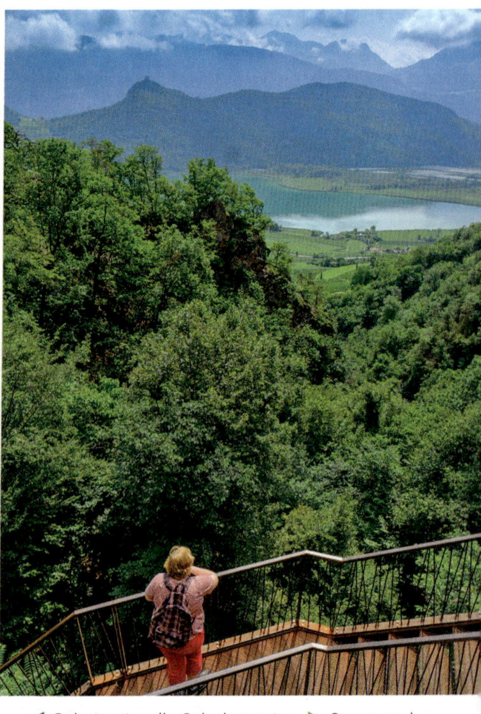

◀ Geheimnisvolle Schalensteine ▶ Stege und Treppen führen in die Höhe.

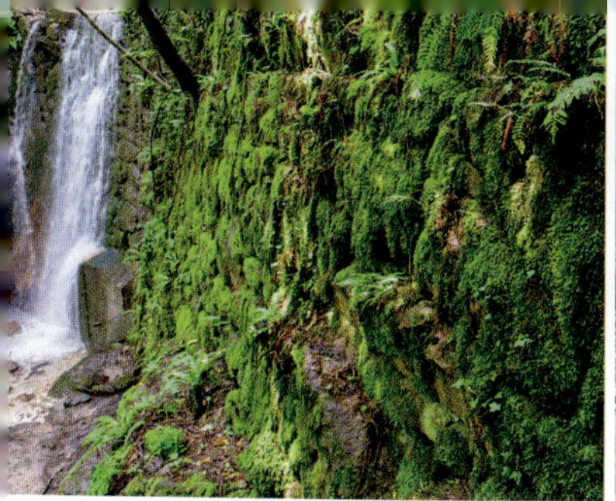
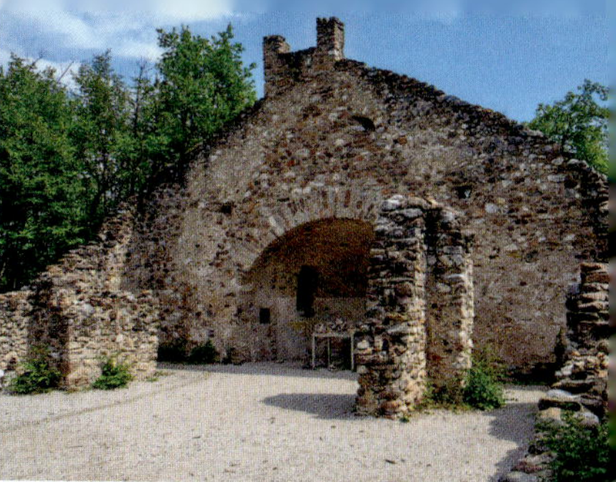

◀ Alles ist grün. ▶ Kirchenruine St. Peter

DSCHUNGELFEELING UND KIRCHENRUINE

Nachdem wir diese erste Hürde überwunden haben, stehen wir in der eigentlichen Klamm. Hier hat sich die Natur wirklich ausgetobt und zeigt einen richtigen Urwald. Alles ist grün, mit einer dicken Moosschicht überzogen. Überall wachsen Farne und Schlingpflanzen und neben uns plätschert der Bergbach, dem wir aufwärts folgen. Weiter oben teilt sich der Weg. Links haltend folgen wir der **Beschilderung nach St. Peter**, der im Wald gelegenen Kirchenruine.

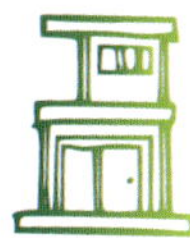

VON DER KIRCHENRUINE St. Peter sind nur noch Teile der Außenwände und die Apsis erhalten. Urkundlich erwähnt wurde St. Peter zum ersten Mal 1191, aber die Architektur lässt auf ein älteres Datum schließen. Man geht davon aus, dass die Kirche um das 5. Jahrhundert gebaut wurde. Sie wurde auf einem vorchristlichen Kultplatz errichtet, denn in unmittelbarer Nähe finden wir im Boden versunken Schalensteine.

ABSTIEG ÜBER STILLE WEGE

Wer möchte, besucht noch vor dem Abstieg,hinter der Kirche einen schönen Aussichtspunkt. Zurück an der Ruine wählen wir den Weg links, der zum Kalterer See über das Nussental beschildert ist. Vorbei an einigen beeindruckenden Felsformationen verlieren wir rasch an Höhe. Im weiteren Verlauf treffen wir auf einen breiteren **Forstweg**, dem wir durch den lichten Wald nach links folgen. Zum Finale treffen wir etwas oberhalb der ersten Häuser wieder auf den **Rastenbach**, der uns zu unserer linken Seite das letzte Stück bergab begleitet. An der geteerten Straße geht es nach links und schnell sind wir wieder an der Abzweigung beim **Vogelweiderhof**. Nun kennen wir den Rückweg.

AUF EINEN BLICK

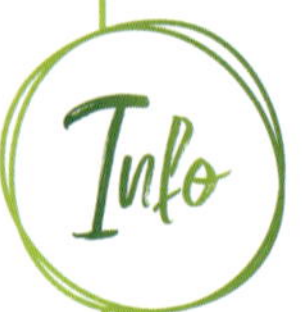

STADT/REGION: Kaltern am Kalterer See
BESTE REISEZEIT: April bis November
TOURISTINFO:
Marktplatz 8, 39052 Kaltern, Tel. +39 0471/96 31 69, kaltern.com

AKTIV UNTERWEGS

WALDERLEBNIS HOCHSEILGARTEN: Wer noch Nervenkitzel und zusätzliche Herausforderungen sucht, wird im Hochseilgarten bei Altenburg glücklich. 212 witzige und actionreiche Elemente auf 24 Parcours – das macht seinen großen Reiz aus: abenteuerpark.it.
SÜDTIROLER WEINMUSEUM: Zahlreiche Exponate zeigen, wie einst Trauben zu Wein verarbeitet wurden, und erzählen vieles über die Geschichte des Weinanbaus: weinmuseum.it.
MENDELPASS: Direkt von Kaltern führt die Mendel-Standseilbahn hinauf zum Mendelpass. Einst ein luxuriöser Luftkurort für die gekrönten Häupter Europas, sind heute immer noch viele Belle-Epoque-Villen erhalten. Oben öffnet sich ein weites Wandergebiet, das bis ins Trentino reicht, aber auch die Aussicht von der Bergstation ist bereits überragend.

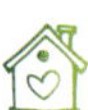

ÜBERNACHTUNG

BED & BREAKFAST BEIM SARNER: Lahnbauerweg 1, 39052 Kaltern, Tel. +39 0471/96 22 61, beimsarner.com, **€**. In Fußweite zur historischen Ortsmitte liegt diese kleine Frühstückspension mit einem netten Garten und Freisitz.
IM ZEITLAUF – LIFE WITH NATURE: Marienweg 6D, 39052 Kaltern, Tel. +39 0471/27 81 12, imzeitlauf.com, **€€€**. Mit gerade einmal 8 Zimmern klein und fein und gleichzeitig spektakulär, einzigartig und innovativ. Es ist kein Hotel, aber ein Bed & Breakfast mit völlig modernem Ambiente, dazu ein Infinity Pool über den Weinbergen und ein leckeres Frühstück, so startet man in den Tag.
GASTHOF PENSION KLUGHAMMER: Klughammer 5/Pfatten, 39052 Kaltern, Tel. +39 0471/96 01 59, pensionklughammer.com, **€€**.

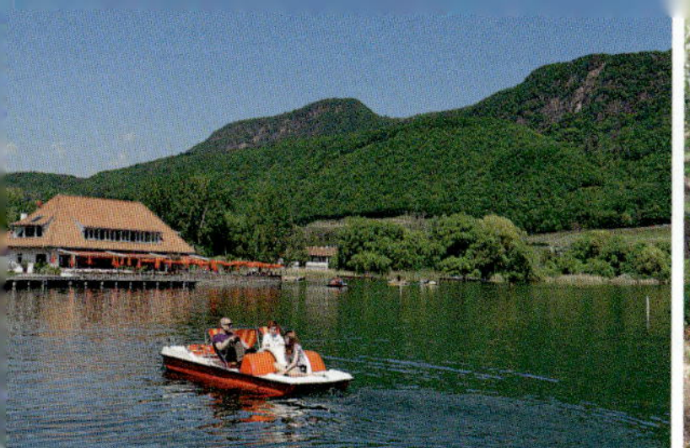

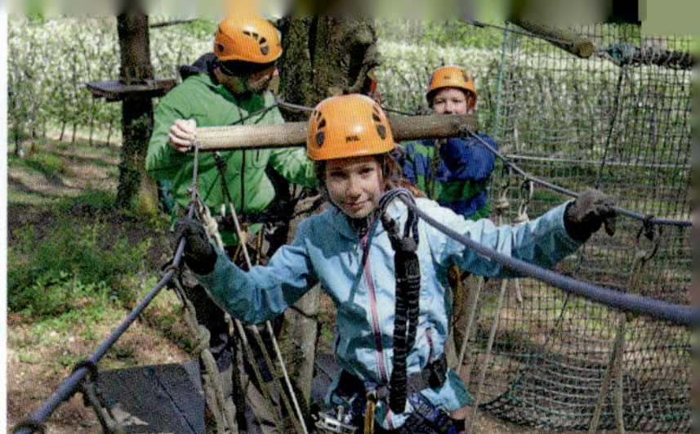

◀ Der Kalterer See ist natürlich ein Highlight. ▶ Walderlebnis Hochseilgarten

Eine der wenigen Unterkünfte mit Seegrundstück und somit direktem Zugang zum Wasser. Die Pension Klughammer am Kalterer See ist legendär, buchbar mit Frühstück oder Halbpension. Ideal für ein Wochenende am See, die Dorfmitte liegt jedoch etwas entfernt.

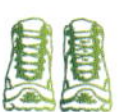

RUINE LEUCHTENBURG

DAUER: 4 Std.
HÖHENMETER: 500 Hm
LÄNGE: 12 km
SCHWIERIGKEIT: Mittel
AUSGANGS-/ENDPUNKT: Freibad Lido Kalterer See
GPS: 46.385035, 11.256958
TOURENCHARAKTER: Eine Wanderung vorwiegend auf Waldpfaden und Forststraßen.
EINKEHR UNTERWEGS: Unterwegs keine. Erst am Kalterer See.

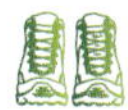

RASTENBACHKLAMM

DAUER: 2.30 Std.
HÖHENMETER: 300 Hm
LÄNGE: 5 km
SCHWIERIGKEIT: Leicht
AUSGANGS-/ENDPUNKT: Freibad Lido Kalterer See
GPS: 46.385035, 11.256958
TOURENCHARAKTER: Eine Wanderung teilweise über feuchte Pfade, Stege, Treppen und Brücken. Mitunter etwas steiler, trittsicher sollte man sein, aber alle kritischen Stellen sind gut gesichert. Viele Variationen möglich. Badesachen nicht vergessen.
EINKEHR UNTERWEGS: Unterwegs keine. Mit Abstecher gibt es in Altenburg den Altenburger Hof.

HÜTTEN UND WEITE HOCHALM

Seis am Schlern

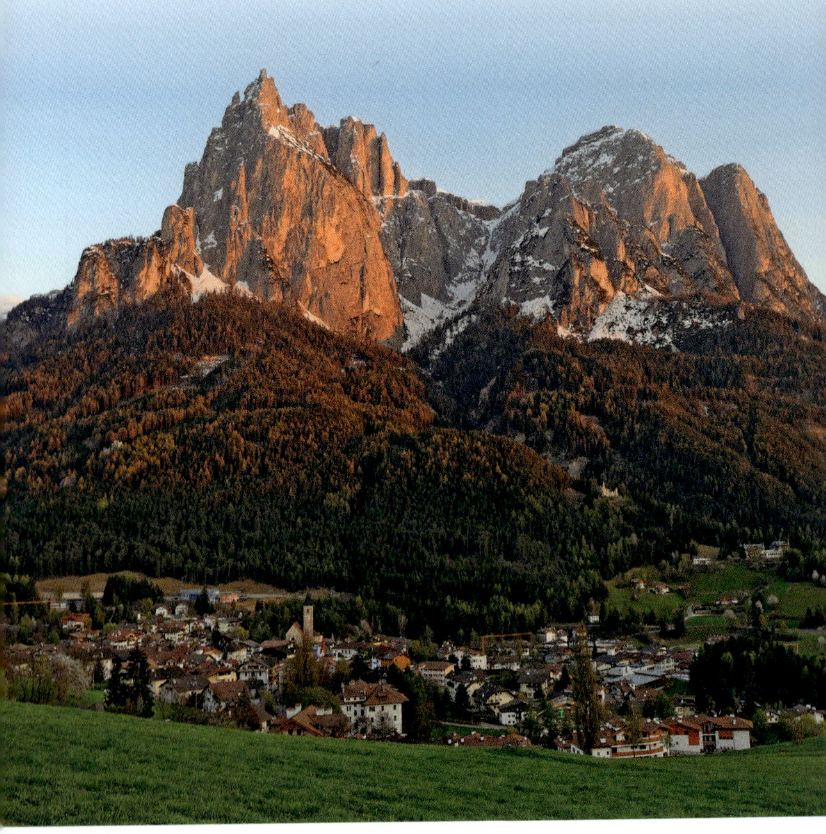

Seis im letzten Abendlicht

Seis liegt am Fuße des Schlerns und der Seiser Alm und ist somit das Tor zu den Dolomiten. Der Ort beeindruckt mit einer grandiosen Dolomitenkulisse. Von der Bergstation der Seilbahn zur Seiser Alm gibt es jede Menge Wandermöglichkeiten zu Hütten und Gipfeln.

Mit 56 Quadratkilometern ist die **Seiser Alm** das größte abgeschlossene Hochplateau Europas. Wir erreichen es bequem von Seis am Schlern mit der Gondelbahn. Oben an der Bergstation beeindruckt der Blick zum **Langkofelmassiv** im Osten. Sehr schön ist auch die Aussicht hinauf zum **Schlern**. Das Gebiet war früher sehr von Sagen umwoben. Am Schlern sollen Hexen wohnen, welche die Gegend überwachen. Immer wenn dunkle Wolken auftauchen, werden die Hexen für das Unwetter verantwortlich gemacht.

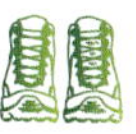

SCHLERN

Beeindruckend ist er, der Schlern. Von der Seiser Alm führt der kürzeste Zustieg zum großen Schutzhaus. Wir genießen schon vom Panoramaweg aus grandiose Weitblicke. Am Schutzhaus angekommen, bestaunen wir die herrliche Dolomitenlandschaft.

ZUM SCHLERNHAUS

Alle Wege hinauf zum Schlern sind lang – auch dieser verhältnismäßig kurze Anstieg. An einem Tag kommen doch fast 1000 Höhenmeter zusammen. Wem das zu lang ist, der teilt die Tour in zwei Tage auf und übernachtet im altehrwürdigen Schlernhaus. Dann können wir auch noch dem Petz, dem Schlerngipfel, einen Besuch abstatten.
Mit der Seilbahn fahren wir hinauf nach **Kompatsch** (1850 m) und gehen in 10 Minuten hinüber zum Panoramalift. Mit diesem fahren wir zur **Bergstation des Sessellifts** (2009 m). Von hier wandern wir auf dem **Weg Nr. 6 und 5 zur Saltner Hütte** (1830 m). Hier können wir bereits eine erste Pause einlegen. An einer Wegkreuzung gehen wir geradeaus und folgen dem Weg Nr. 5 auf die **Schlern-Hochfläche**. Oben treffen wir auf den **Gamssteig**, der von der Schlernbödelehütte heraufkommt. Gemeinsam mit diesem gehen wir zum nahen **Schlernhaus**.

UNTERM GIPFEL

Eine lange Tradition hat die Hütte wenige Meter unterhalb des Schlerngipfels. Bereits 1885 wurde die erste Hütte eröffnet. Früher einmal waren es sogar zwei Hütten auf dem Schlern: eine private Hütte und die des Alpenvereins. Heute sind beide Häuser zusammengewachsen und gehören der Sektion Bozen des CAI, der das Haus seit dem Ersten Weltkrieg betreut. Da die Hütte eine gewisse politische Bedeutung für die beiden Sprachgruppen Italiens hat, kam es immer wieder zu Versuchen, das Schlernhaus dem Alpenverein Südtirol zu übergeben. Diese scheiterten aber stets, zuletzt 2012, als die Mitgliederversammlung des CAI Bozen ein Tauschgeschäft mit der Südtiroler Landesregierung ablehnte. Besonders beeindruckend in dem Hüttenbau ist der große Speisesaal.

PETZ

Höchster Punkt auf dem Schlern ist der Petz (2563 m) mit seinem großen Gipfelkreuz und den Felsblöcken. Der Weg hinauf auf dem guten Wanderweg ist nicht besonders lang, sodass wir während eines Hüttenaufenthalts auch mehrmals zu unterschiedlichen Tageszeiten hinaufsteigen können. Oben bewundern wir einen traumhaften Blick auf den Rosengarten im Süden und das Langkofelmassiv hinter der Seiser Alm.

Für den Abstieg wählen wir idealerweise den Anstiegsweg. Alternativ können wir auch eine Variante über die Tierser Alplhütte einstreuen.

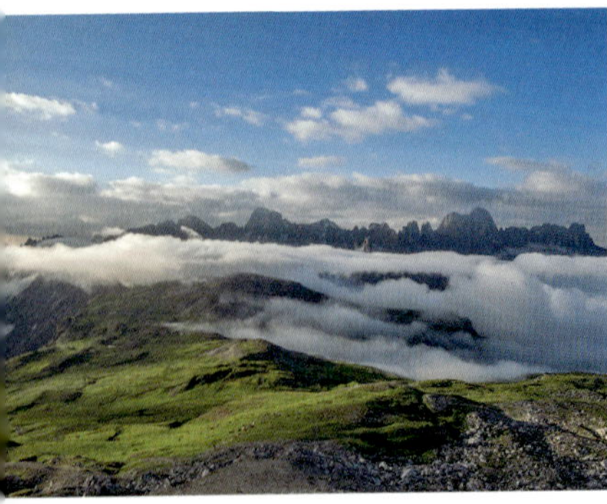

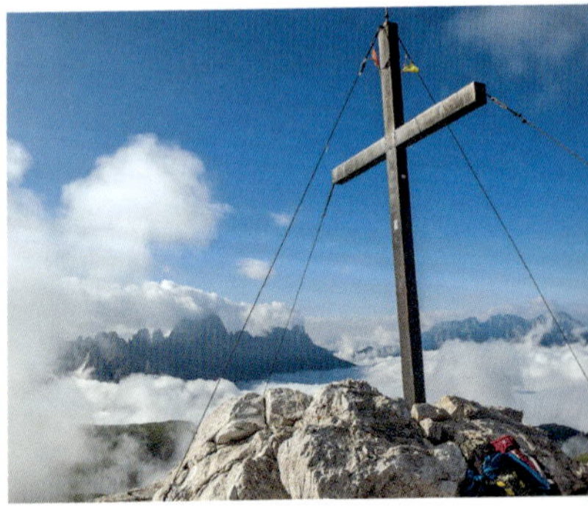

◀ Wolkenstimmung am Schlern ▶ Das Gipfelkreuz auf dem Petz

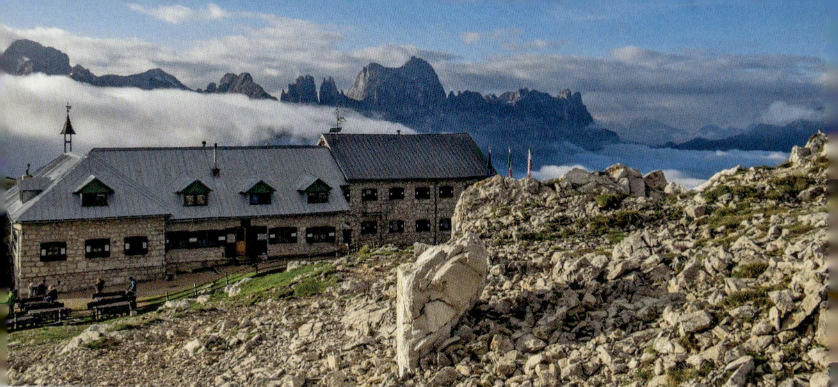

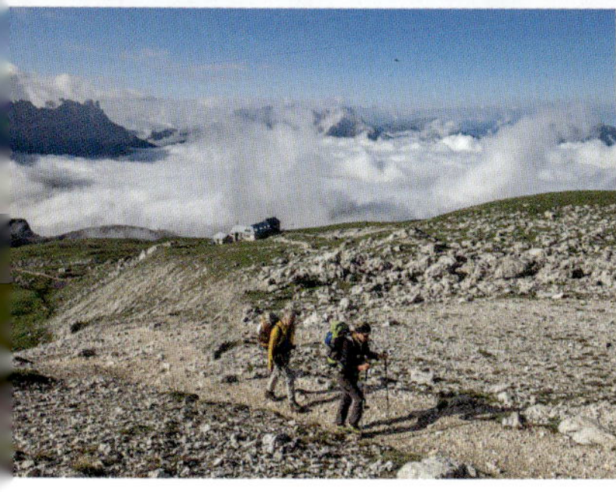

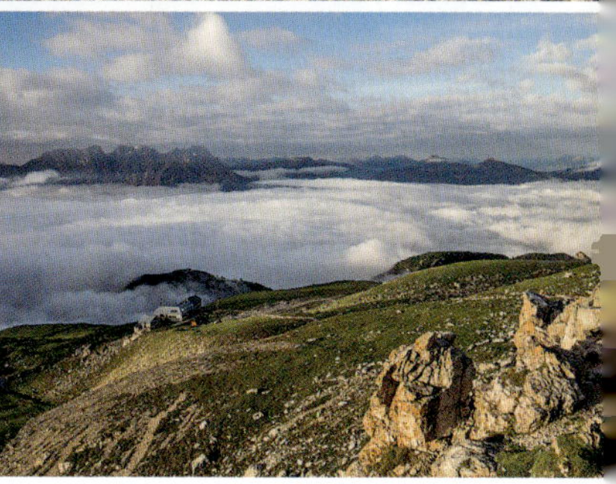

▲ Das Schlernhaus ◀ Am Weg zum Petz ▶ Toller Weitblick vom Schlern

ALTERNATIVER ABSTIEG

Übernachtet man auf dem Schlernhaus, so kann man die Wanderung zu einer Hüttentour über die Tierser Alplhütte ausweiten. Vom Schlernhaus wandern wir hierzu in östlicher Richtung über die weite Hochfläche. Der Steig führt südlich an der Roterdspitze vorbei zum Abzweig des **Steigs in das Bärenloch**. Von hier sind es nur noch 30 Minuten zur bereits sichtbaren **Tierser Alplhütte**. Wer will, kann in der modernen Hütte eine weitere Nacht verbringen. Wunderschön liegt sie an den **Füßen der Rosszähne**. Der weitere Abstieg zurück nach Kompatsch ist in der folgenden Tour beschrieben.

Selten hat man eine Hütte so knapp unter dem Gipfel wie am Schlern. Daher empfiehlt es sich, vor Sonnenaufgang auf den Gipfel des Petz zu gehen und diesen von dort oben zu erleben. Besonders beeindruckend ist es, wenn der Rosengarten angestrahlt wird und zu glühen beginnt.

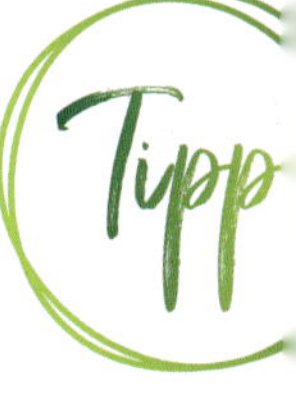

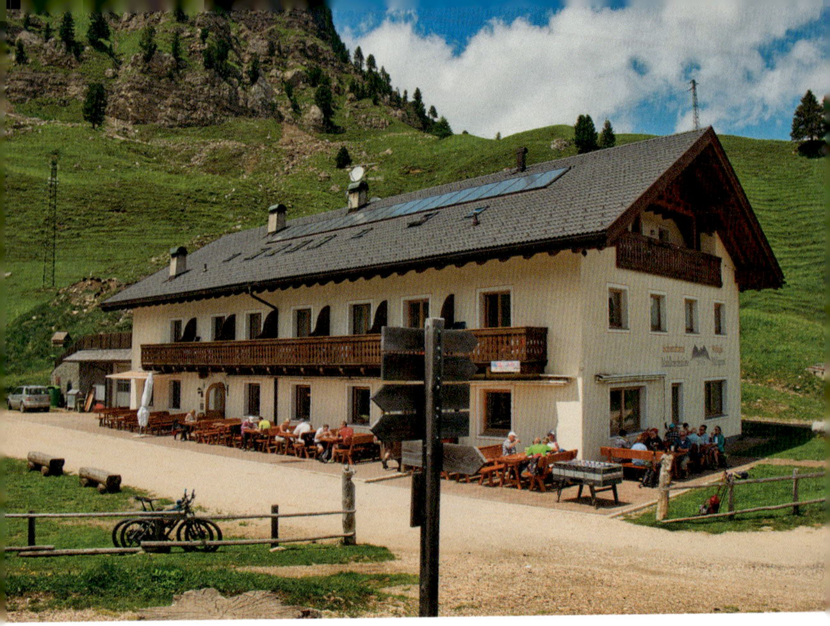

Die Mahlknechthütte

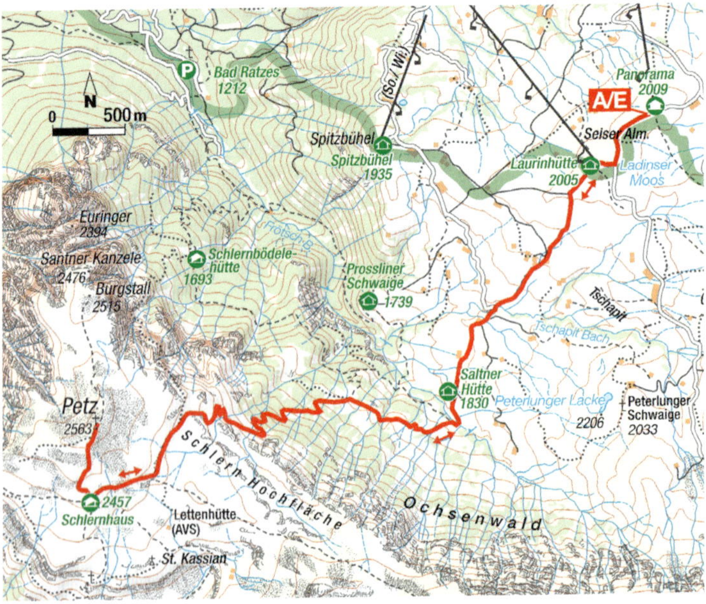

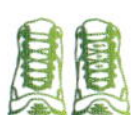

TIERSER ALPLHÜTTE

Die Tierser Alplhütte ist eine recht junge Schutzhütte. Erst in den 1960er-Jahren wurde sie erbaut. Nach mehrmaligen Erweiterungen steht nun auf der Südseite der Rosszähne ein komfortables Schutzhaus. Es ist somit zu einer beliebten Drehscheibe zwischen Rosengarten und Schlern geworden.

SCHUTZHÜTTE AM TIERSER ALPL

Max Aichner aus Tiers hatte nach dem Zweiten Weltkrieg alles verloren und entschied sich, unterhalb der Rosszähne am Tierser Alpl eine Schutzhütte zu errichten. Im August 1957 machte er sich mit einer Schubkarre, einer Schaufel und einem Pickel hinauf zum Hüttenbauplatz, den er von der Gemeinde Tiers erworben hatte. Alleine erbaute er die erste Hütte, die er 1963 eröffnen konnte. Sechs Jahre später erbaute er den Maximilian-Klettersteig auf den Großen Rosszahn und die Roterdspitz. 1986 folgte dann ein weiteres Highlight, der anspruchsvolle Laurenzi-Klettersteig wurde

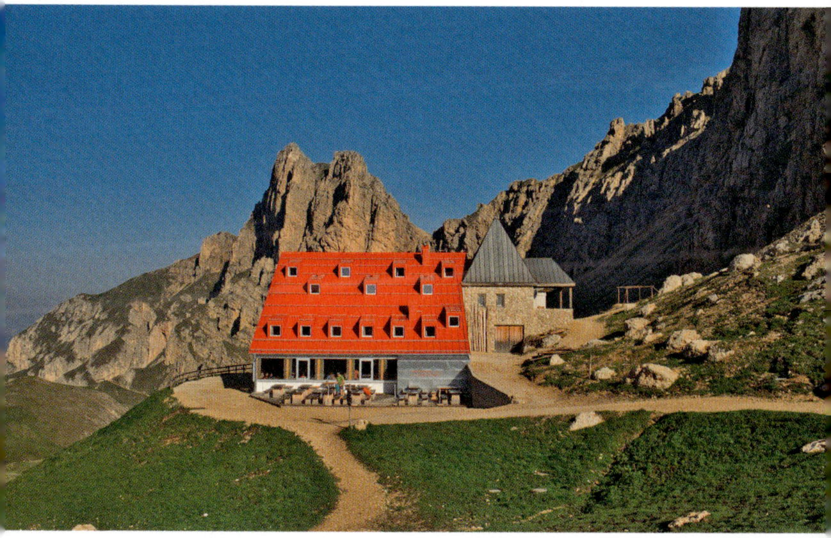

Toller Stützpunkt: die Tierser Alplhütte

eröffnet. Dieser wurde nach Aichners Frau Laura benannt. Heute führen seine Tochter Judith und ihr Mann Stefan die mehrmals erweiterte Hütte.

ÜBER DIE ROSSZAHNSCHARTE

Für den kürzesten Zustieg zur Hütte starten wir an der Seiser Alm. Wir fahren mit der Seilbahn nach **Kompatsch** (1850 m) und gehen weiter auf dem **Weg Nr. 7** aufwärts. Wir überqueren eine Straße und kommen dann zum **Weg Nr. 2**. Auf diesem wandern wir weiter zum Goldknopf und weiter über Geröll zur **Rosszahnscharte** (2499 m). Von ihr sind es nur noch wenige Meter zur **Tierser Alplhütte**, die südlich unter uns liegt.

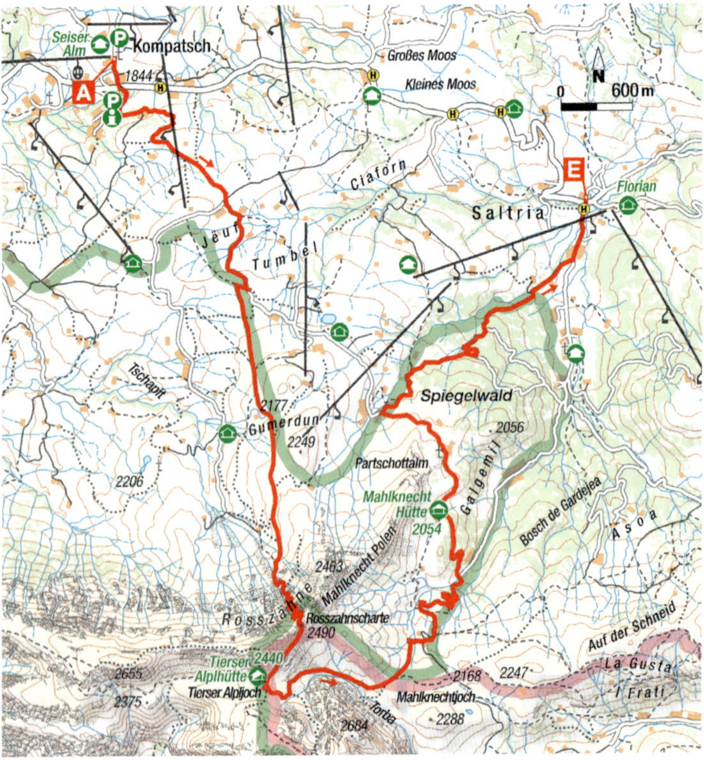

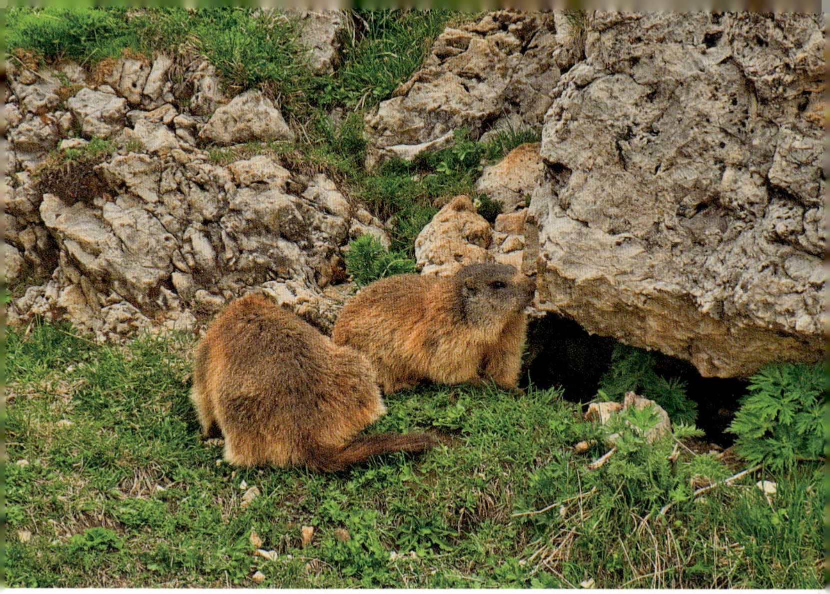

Murmeltiere am Tierser Alpl

RÜCKWEG ÜBER DIE MAHLKNECHTHÜTTE

Von der Hütte gehen wir in östlicher Richtung bis kurz vor das Mahlknechtjoch. Wir biegen nach links ab und folgen dem **Weg Nr. 8** zu einer Kapelle. Wenige Meter gehen wir auf einem Forstweg weiter, verlassen diesen aber bald wieder und wandern weiter zur schön gelegenen **Mahlknechthütte** (2054 m). Auf breitem Weg spazieren wir zur **Almrosenhütte** und folgen von hier dem **Weg Nr. 12** bis nach **Saltria**.

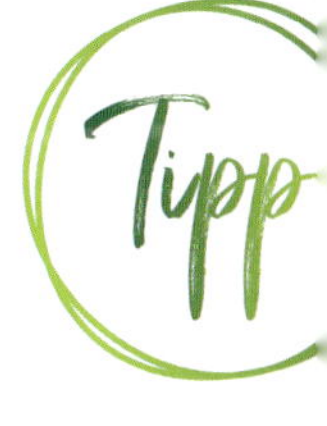

Ein einfacher Klettersteig, der Maximiliansteig, führt von der Tierser Alplhütte zum Großen Rosszahn (2653 m) und weiter zur Roterdspitze (2658 m). Wir gehen hinter der Hütte zur Schlucht, die rechts des Gipfels herabzieht. Wir steigen durch die Schlucht hinauf in eine Einschartung. Nun folgen wir dem Gipfelgrat nach links zum Großen Rosszahn. Ein Felsentor und ein versichertes Wändchen bringen uns zum Grat, der weiter hinüber zur Roterdspitze zieht. Über den Grat kraxeln wir zur Roterdscharte (2556 m) und gehen weiter über den Grat zur nahen Roterdspitze. Vom Gipfel gehen wir kurz nach Westen, bis wir auf den Steig zwischen Schlernhaus und Tierser Alpl treffen. Über diesen wandern wir zurück zur Tierser Alplhütte.

AUF EINEN BLICK

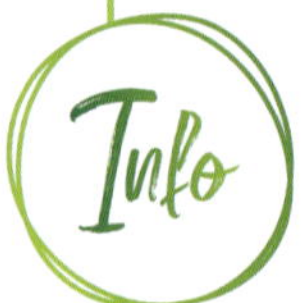

STADT/REGION: Seis am Schlern
BESTE REISEZEIT: Ganzjährig
TOURISTINFO:
Oswald-von-Wolkenstein-Platz 6, 39040 Seis am Schlern,
Tel. +39 0471/70 70 24, seiseralm.it

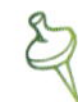

AKTIV UNTERWEGS

OSWALD VON WOLKENSTEIN: Seis am Schlern ist eng verknüpft mit dem Dichter Oswald von Wolkenstein. Oberhalb von Seis, unterhalb der Santnerspitze liegt die Ruine Hauenstein, wo der Dichter einst lebte. Unweit liegt die Ruine Salegg. Angeblich waren beide Burgen durch einen unterirdischen Gang verbunden. Der Oswald-von-Hauenstein-Weg führt zu beiden Ruinen und beschreibt auf einigen Informationstafeln das Leben des Minnesängers.

BADEN: In der Nähe von Seis am Schlern liegt der Völser Weiher. Er zählt zu den saubersten Badeseen Italiens und bietet sich für eine Abkühlung nach einem heißen Wandertag sehr gut an. Der See liegt am Fuß des Schlerns und verspricht einen wunderbaren Ausblick auf die umliegende Bergwelt.

LANGLAUFMEKKA: Das Hochplateau der Seiser Alm eignet sich hervorragend für einen ausgiebigen Langlaufurlaub. Hier oben finden wir 80 Kilometer Sonnenloipen. Sowohl Freunde des klassischen Stils als auch des Skatings werden hier in der Höhenlage zwischen 1800 und 2200 Metern Höhe ihre Freude haben.

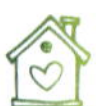

ÜBERNACHTUNG

HOTEL WALDRAST DOLOMITI: Hauensteinweg 25, 39040 Seis,
Tel. +39 0471/70 61 17, hotel-waldrast.com, **€€€**.

DEPENDANCE DIANA: St. Oswald-Weg 3/1, 39040 Seis,
Tel. +39 0471/670 40 70, hotel-diana.it, **€€**. Das Hotel liegt mitten in einer Parklandschaft und ist ideal für Paare und Familien, die gut und günstig übernachten möchten.

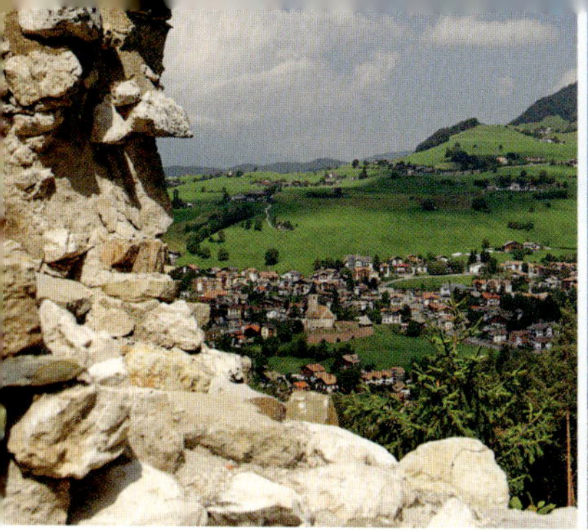
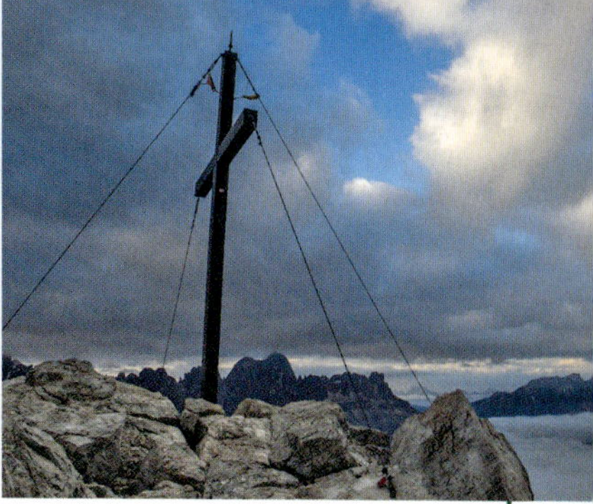

◀ An der Ruine Salegg ▶ Am Gipfel des Schlern, dem Petz

RUNKHOF: Laranzweg 13, 39040 Seis, Tel. +39 0473/70 74 40, runkapartments.com, €. Der Bauernhof liegt außerhalb des Ortszentrums in schöner Panoramalage mitten in der Natur. Er bietet schöne, moderne Ferienwohnungen.

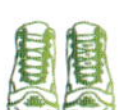

SCHLERN

DAUER: 5.30 Std.
HÖHENMETER: 870 Hm
LÄNGE: 13,9 km
SCHWIERIGKEIT: Mittel
AUSGANGS-/ENDPUNKT: Bergstation Panorama-Sessellift
TOURENCHARAKTER: Lange Wanderung auf mittelschweren Wanderwegen.
EINKEHR UNTERWEGS: Saltnerhütte, Schlernhaus

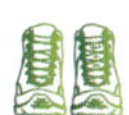

TIERSER ALPLHÜTTE

DAUER: 6 Std.
HÖHENMETER: 675 Hm Aufstieg, 865 Hm Abstieg
LÄNGE: 14,6 km
SCHWIERIGKEIT: Mittel
AUSGANGSPUNKT: Bergstation Seiser-Alm-Gondelbahn
ENDPUNKT: Saltria
TOURENCHARAKTER: Gute Wanderwege. Übergang an der Rosszahnscharte teilweise steil.
EINKEHR UNTERWEGS: Tierser Alplhütte, Mahlknechthütte, Almrosenhütte

HOCH ÜBER DEM EISACKTAL

Feldthurns

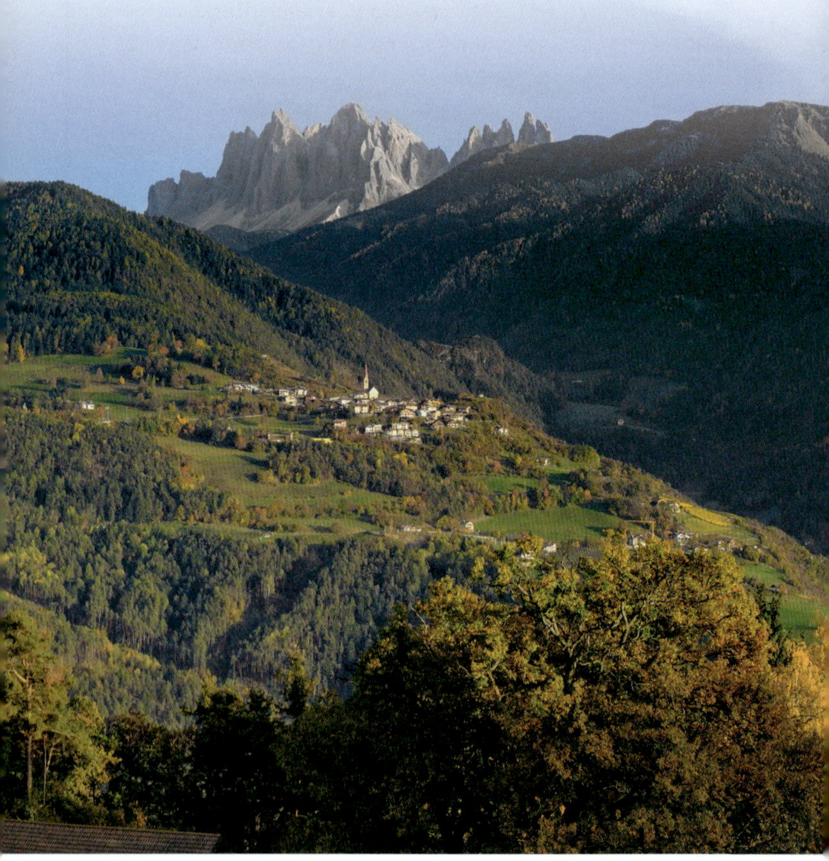

Von Feldthurns blickt man über das Eisacktal auf die Geislerspitzen.

Zusammen mit den Dörfern Barbian, Villanders und Latzfons steht Feldthurns hoch über der orografisch rechten Eisacktalseite und punktet vor allem mit seiner Lage. Man wacht mit Blick auf die Geislerspitzen auf, erlebt Ruhe und Erholung, ist mitten in der Natur und schnell in den Bergen. Und für den, der möchte, ebenso schnell im quirligen Stadtleben von Klausen und Brixen.

Feldthurns liegt auf einem sonnigen Plateau und ist bekannt für seine **Kastanien**. Mittlerweile stehen wieder über 3000 Kastanienbäume rund um das Dorf. Es sind Edelkastanien, die einen warmen Standort bevorzugen, denn nur dort bilden sie Früchte aus, die auch als Keschtn oder Maronen bezeichnet werden. Die Kastanie galt als Brotbaum der Landbevölkerung, da sie besser und einfacher als Weizen wuchs. Heute dreht sich in Feldthurns viel um diesen wertvollen Baum, es gibt extra **Keschtn-Tage** im Herbst und einen eigens angelegten Weg, den wir teilweise erkunden werden.
Ein weiteres Highlight in Feldthurns ist das **Schloss Velthurns**, die ehemalige Sommerresidenz der Brixner Bischöfe, mit seiner hervorragenden Renaissance-Ausstattung. Im **Archeoparc**, sowohl in Feldthurns als auch in Villanders, werden Fundstücke aus vorchristlicher Zeit gezeigt. Dazu kommt eine Vielzahl an Kirchen und Kapellen, wobei der **schiefe Turm** in der Gemeinde Barbian sowie das **Ensemble von Dreikirchen** etwas ganz Besonderes sind. Es gibt viel zu tun, da reicht ein Wochenende bei Weitem nicht aus!

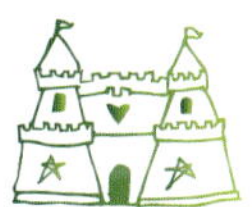

SCHLOSS VELTHURNS WURDE um 1580 von dem Brixner Fürstbischof Thomas von Spaur als Sommersitz erbaut. Im Haupthof stehen zwei Gebäude. Das Stöcklgebäude war die Wohnung der Dienstboten, im eigentlichen Schloss wohnte der hohe Herr. Im Erdgeschoss lagen Kapelle und Wirtschaftsräume, im ersten Stock die Räume des Kaplans und im zweiten Stock die Räume des Fürstbischofs. Beide Wohnetagen sind aufs Feinste ausgestattet, die Wände und Decken kostbar vertäfelt und mit Bildzyklen aus der Heiligen Schrift und der griechischen Mythologie versehen. Geöffnet ist das Schloss von Mitte März bis Mitte November.

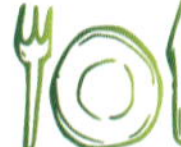

DAS GARTENCAFÉ TONIGBAR in der Feldthurner Dorfstraße ist Treff- und Angelpunkt im Ort. Dort kann man genussvoll mit einem Frühstück in den Tag starten, mittags eine Kleinigkeit zu sich nehmen oder den Abend mit einem Cocktail im Garten einläuten: tonigbar.it.

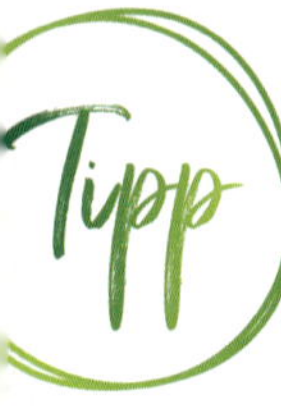

Der Biohof Radoar liegt am westlichen Ortsrand von Feldthurns. Umgeben von seinen Obstgärten verwandelt er sich im Herbst für zwei Monate in einen Buschenschank. Im eigenen Hofladen kann man dann auch die hauseigenen Produkte erwerben. Weine, feinste Edelbrände, aber auch Marmeladen, Apfelsaft, Obst und Essigsorten. Den Rest des Jahres gerne auch mit Voranmeldung: radoar.com.

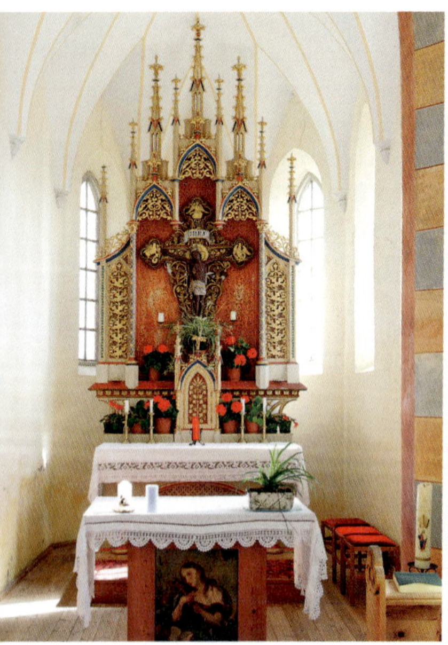

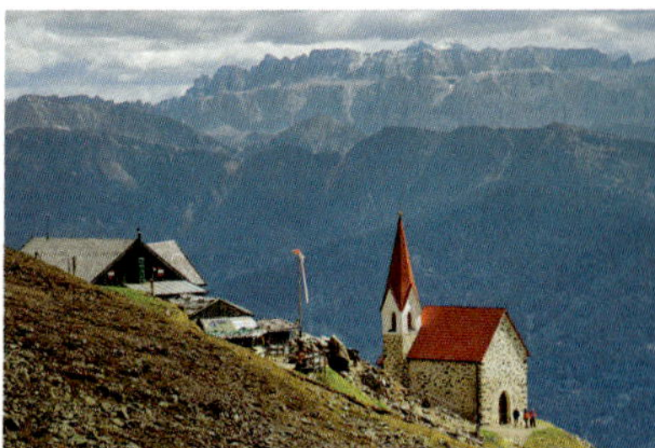

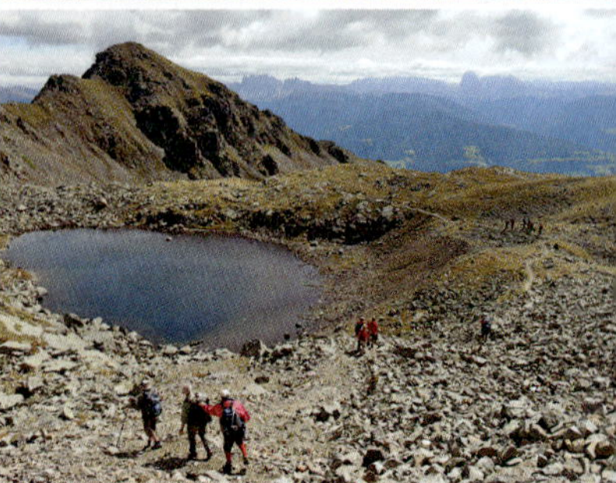

◀ Wallfahrtskirche mit schwarzem Herrgott ▲ Hinter der Latzfonser Kirche erheben sich die Dolomiten. ▼ Bergsee unter dem Gipfel

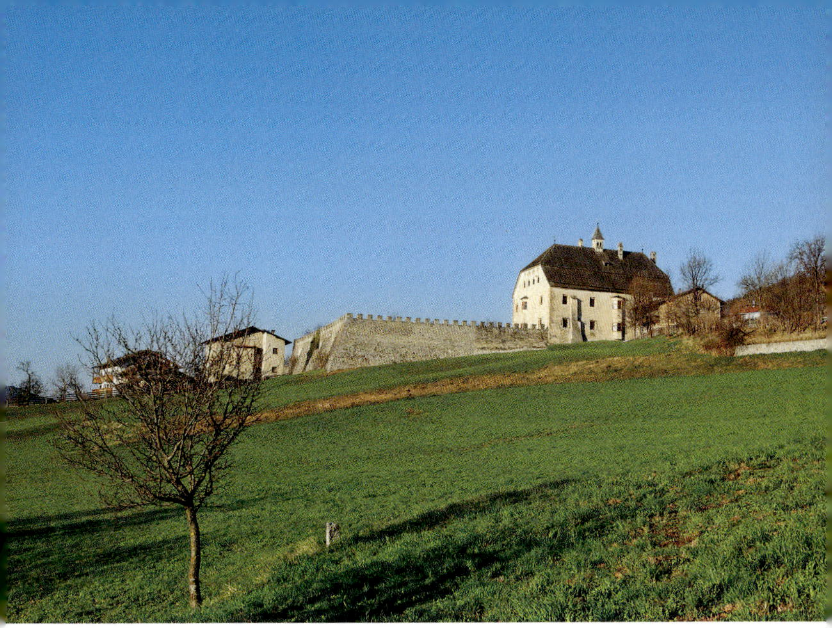

Schloss Feldthurns ist eines der Wahrzeichen des Dorfs.

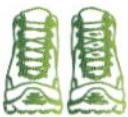

LATZFONSER KREUZ

Es ist wirklich ein erhhebendes Gefühl, auf dem Gipfel der Kassianspitze zu stehen. Der Berg bietet alles, was man für eine All-inclusive-Bergtour braucht. Die Aussicht ist fantastisch, es gibt einen Bergsee, nette Hütten, weite Almwiesen und überdies die höchstgelegene Wallfahrtskirche Tirols, bei der man dem Himmel ein Stück näher ist.

ABENTEUER PARKPLATZ KASERECK

Die Auffahrt zum **Wanderparkplatz Kasereck** ist ein Abenteuer, aber das spart uns fast 1000 Höhenmeter Aufstieg. Von dort folgen wir dem Weg mit der Beschilderung **»Nr. 15 Latzfonser Kreuz«** bergauf in nördlicher Richtung. Anfangs geht es noch kurz durch einen Wald, aber dieser endet bald an der Baumgrenze. Es wird etwas flacher und unser Almweg windet sich über weite, grasbewachsene Flächen in einem leichten Bogen aufwärts. Nach insgesamt einer knappen Stunde stoßen wir auf den **Europäischen Fernwanderweg E10**, dem wir nach rechts folgen. Schon hier ist die Aussicht über das Eisacktal nach Osten auf die gewaltige Bergkette der Dolomiten grandios.

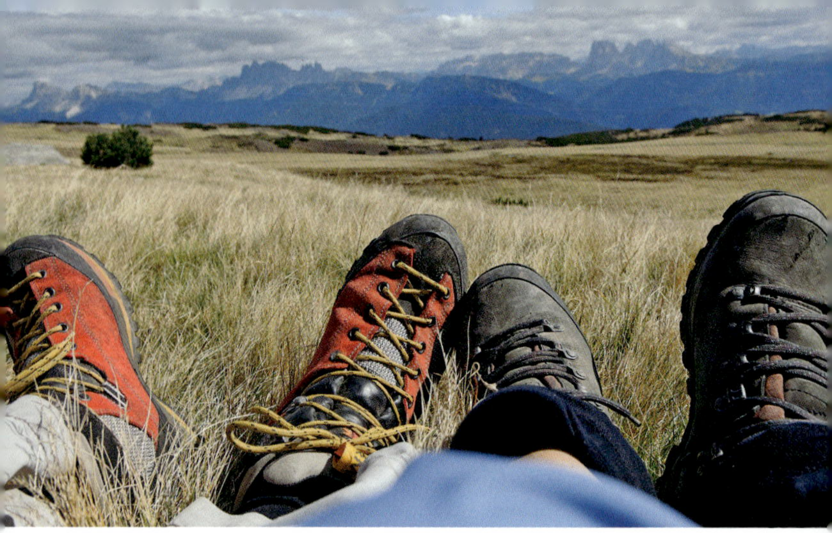

Nur noch ausstrecken und liegen bleiben.

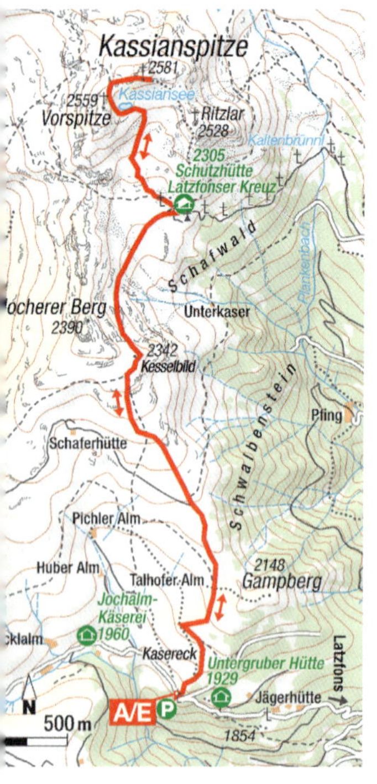

AM KESSELBILD

Nach wenigen Minuten auf dem E10-Weg treffen wir auf ein kleines Wegkreuz, das **Kesselbild**. Vor uns sehen wir nun die kleine **Wallfahrtskirche**, die wir rasch erreichen. Ein Besuch der Kirche steht auf dem Programm und auch die daneben liegende Hütte lockt mit Südtiroler Spezialitäten. Wir möchten aber noch die Kassianspitze besteigen und so heben wir uns die Einkehr für später auf. Erst mal motivieren wir uns für weitere 50 Minuten bergauf.

ZUR KASSIANSPITZE

Mit der Kirche im Rücken wandern wir zunächst weiter auf dem breiteren Almweg Richtung Westen/Sarntal, folgen dann aber der **Beschilderung zur Kassianspitze** nach rechts auf dem steinigen **Pfad Nr. 9**. Nach dem ersten steilen Anstieg wird uns am dunkelblauen **Kassiansee** eine kleine Verschnaufpause gegönnt. Vor uns sehen

wir aber schon über den schroffen, felsigen Flanken das Gipfelkreuz, das wir nun im finalen Anstieg erklimmen. Oben erwartet uns eine wirklich fantastische Aussicht. Im Osten liegt die gesamte Dolomitenkette vor uns, nach Westen hin erstrecken sich die vielen Gipfel der Sarntaler Alpen, am Horizont ist der schneebedeckte Ortler leicht auszumachen. Zum Glück gibt es sogar eine Panoramakarte, denn die Beschreibung der Gipfel würde hier jeden Rahmen sprengen.

RÜCKWEG AUF DEM HINWEG

Der Abstieg erfolgt auf dem Hinweg, was nicht für Langeweile sorgt, denn nun haben wir die Aussicht immer unmittelbar vor uns. Spätestens beim Abstieg ist noch Zeit für eine Einkehr in der Hütte. Und nicht zu vergessen für eine kurze Andacht in der Kirche, denn in Zeiten des Klimawandels schadet es sicherlich nicht, alle Möglichkeiten für ein gutes, gedeihliches Wetter auszuschöpfen.

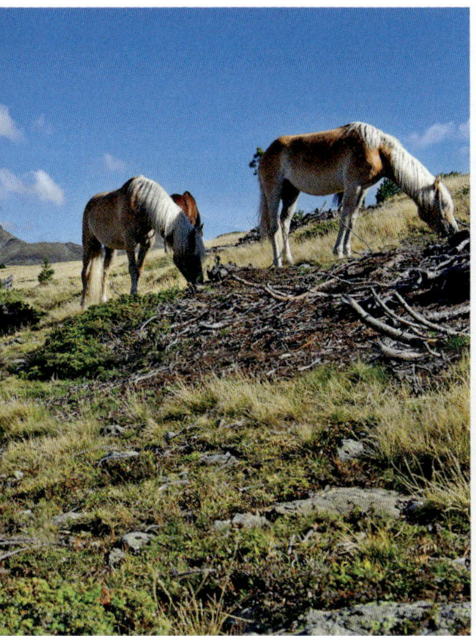

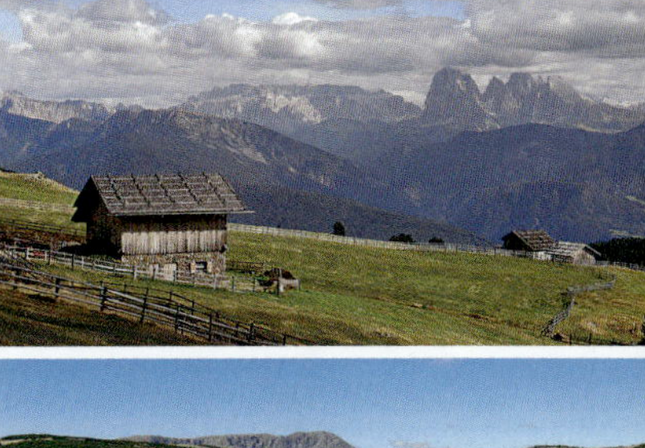

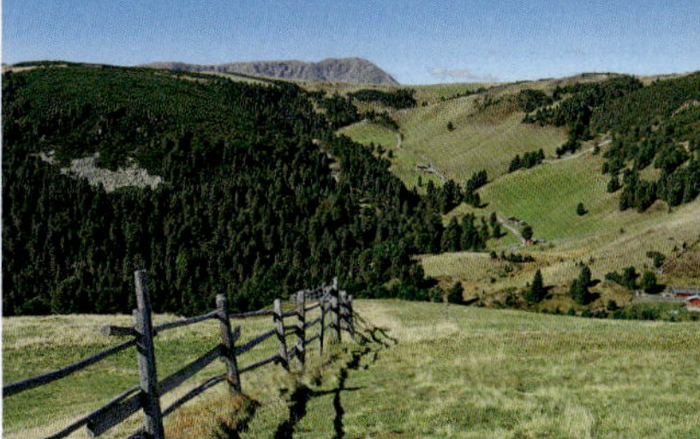

◀ Haflinger weiden im Sommer am Berg. ▲ Die Aussichten sind sensationell.
▼ Weite Almflächen liegen auf dem Weg.

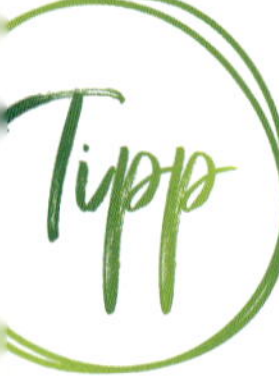

Die Wallfahrt zur Kirche am Latzfonser Kreuz entstand um 1700, als drei Sommer lang Unwetter die Ernte im Tal zerstörten. Gott schien die Latzfonser vergessen zu haben oder, wie der Dorfpfarrer vermutete, hatten die Latzfonser ein Christusbild übersehen und vernachlässigt. Er ließ danach suchen und man fand ein vergessenes Kreuz. So alt, dass sogar Christus völlig schwarz darauf war. Dieses Kreuz brachten die Latzfonser auf den Berg, um den Himmel gnädig zu stimmen. Bis heute wird das Kreuz, im Gedenken an die erste Aufstellung, alljährlich im Juni in einer Prozession vom Dorf auf den Berg gebracht. Im Winter darf der Schwarze Herrgott wieder ins Tal.

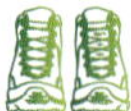

KESCHTNWEG

Mit einer Gesamtlänge von mehr als 60 Kilometern ist der Eisacktaler Keschtnweg eigentlich eine Mehrtageswanderung und führt vom Kloster Neustift bei Brixen nach Bozen. Wir genießen ihn als aussichtsreiche Rundtour und wandern über Verdings zum Kloster Säben, sodass auch kunsthistorischer Genuss nicht zu kurz kommt.

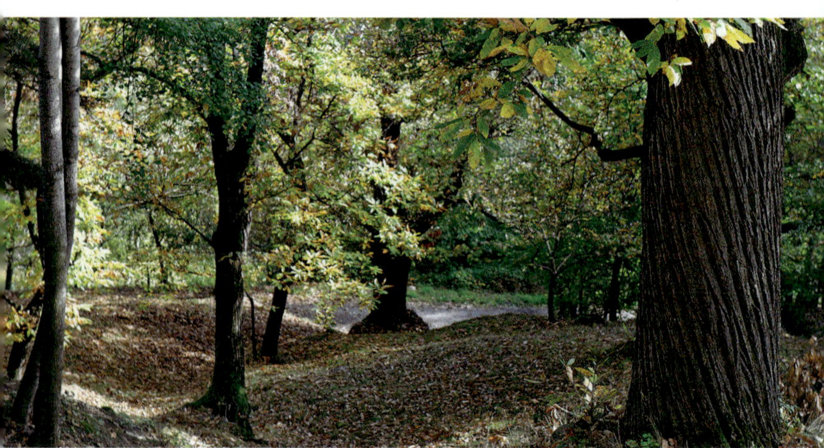

Alte Kastanienbäume begleiten die Tour.

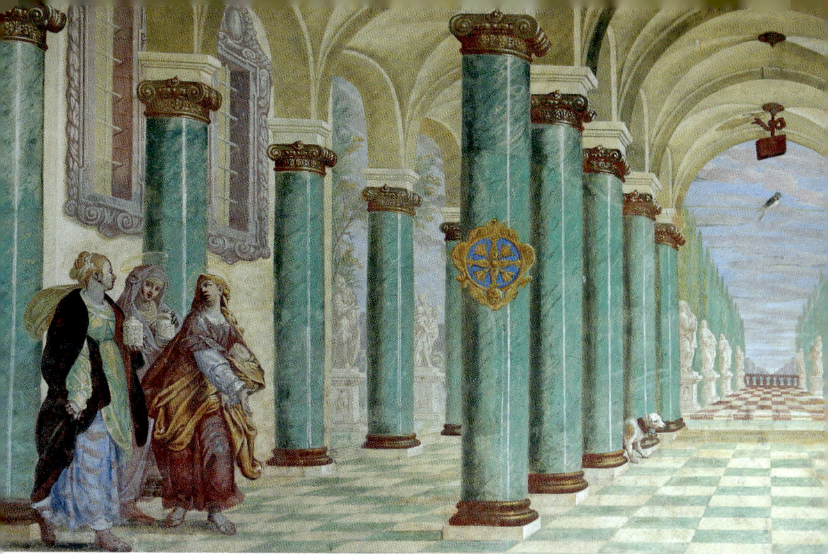

Illusionistische Fresken im Kloster Säben

HOCH ÜBER DEM EISACKTAL

Ausgangspunkt ist das **Schloss Velthurns in Feldthurns**. Wir nehmen die Straße, die gegenüber dem Schloss beginnt, und folgen dem **Wanderschild »Schnauders«** bergauf. Von rechts stößt der **Keschtnweg** aus Brixen kommend zu uns. Den ignorieren wir und biegen kurz danach in der Kurve links von der Straße ab. Ein **Feldweg** bringt uns steil den Hang aufwärts. Wir erreichen erneut eine Teerstraße, der wir für etwa 200 Meter nach rechts folgen. Die Aussicht ist bereits jetzt überwältigend schön. An einer Rastbank biegen wir dann in spitzem Winkel nach links zurück in eine Feldstraße ein (Schild **»Wanderweg 16«** nach Garn). Wir kommen wieder in den Wald, der Weg wird zu einem Pfad und führt uns schließlich an den Ortsrand des **Dorfs Garn**.

NACH VERDINGS

Wir wandern links die Teerstraße abwärts und genießen die Weite über das Eisacktal auf die felsigen Spitzen der Dolomiten. Nach der ersten Serpentine können wir die Straße auf einem rot-weiß markierten Weg abkürzen und erreichen bald die ersten Häuser von **Verdings**. Dort queren wir die Straße erneut, gehen die wenigen Schritte zum **Bacherweg** und folgen diesem nach rechts. Er bringt uns über eine Kurve in die Dorfmitte, wo wir das **Gasthaus St. Valentin** und die gleichnamige Dorfkirche finden.

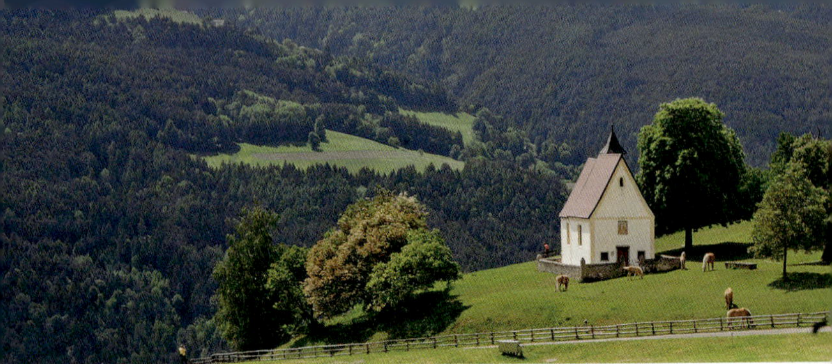

Am Bauernhaus Moar zu Viersch mit seiner Hofkapelle

ZUM KLOSTER SÄBEN

Am kleinen Platz mit dem Gemeinschaftshaus folgen wir der Straße. Wir passieren das **Feuerwehrhaus** und wandern dann auf einem Wiesenweg sanft abwärts zu einer Teerstraße. Dieser folgen wir nach rechts und erreichen den großen **Bauernhof Moar zu Viersch** mit seiner Hofkirche St. Josef, die sich als aussichtsreicher Rastplatz eignet. Jetzt sind wir am **Keschtnweg** angekommen. Wer jetzt schon genug hat, kann hier vorzeitig die Wanderung beenden und links nach Feldthurns zurückwandern. Wir wollen jedoch noch weiter nach Pardell und zum Kloster Säben. Dafür folgen wir dem Keschtnweg nach rechts und erreichen **Pardell** mit seinem urigen **Gasthaus Huber.** Von hier sind es nun nur noch 20 Minuten und wir erreichen, den Wegweisern folgend, mit einem kleinen Gegenanstieg unser Ziel, die **Klosterburg Säben**.

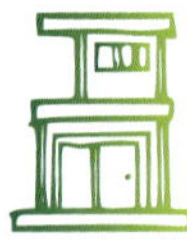

DER MARKANTE BERG des Klosters Säben hoch über dem Eisacktal gehört zu den historisch wichtigsten Stätten des südlichen Tirols. Funde belegen, dass er bereits zu vorchristlicher Zeit besiedelt war. Und schon im 4. Jahrhundert stand dort eine christliche Kirche, die lange Bischofssitz war, bis dieser um 1000 nach Brixen verlegt wurde. Säben blieb jedoch die Burg der Bischöfe, um die oftmals gekämpft wurde, bis sie schließlich nach einem Blitzschlag fast völlig abbrannte. 150 Jahre lang verfiel Säben, dann gründete man dort ein Kloster, in dem bis heute Klosterschwestern leben und ihrer Arbeit nachgehen. Immer noch stehen mehrere Kirchen verschachtelt auf dem Klosterberg. Die wichtigste ist die Heiligkreuzkirche mit ihren raffinierten perspektivischen Fresken.

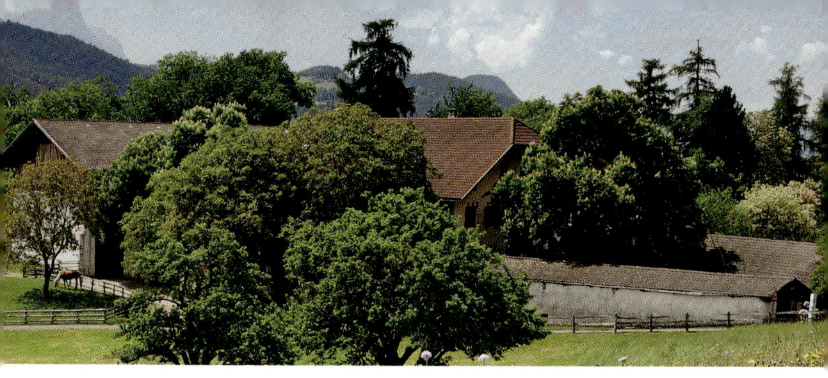

ZURÜCK ÜBER DEN KESCHNTWEG

Auf dem gleichen Weg kehren wir nach Pardell und zum Moar zu Viersch zurück. Jetzt brauchen wir nur noch den Wegweisern des Keschtnwegs zu folgen, der uns im leichten Auf und Ab über Wiesen und durch kleine Wälder führt. Immer wieder freuen wir uns über alte, knorrige Kastanienbäume, wobei die Aussicht ebenfalls keine Wünsche offenlässt. So kommen wir glücklich zum Schloss Velthurns zurück.

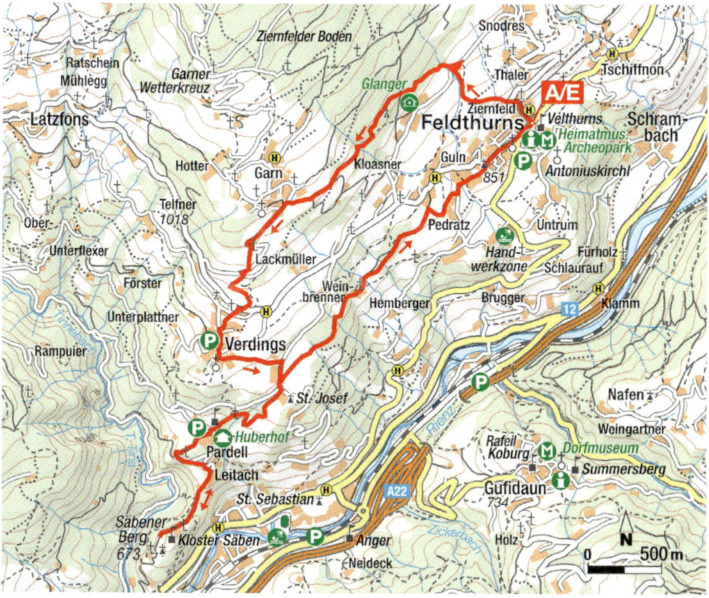

AUF EINEN BLICK

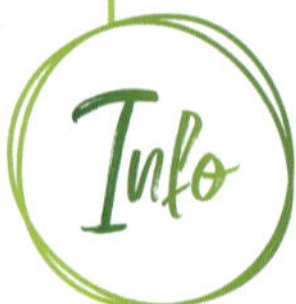

STADT/REGION: Feldthurns
BESTE REISEZEIT: März bis November
TOURISTINFO:
Silvius-Magnago-Platz 3, 39040 Feldthurns,
Tel. +39 0472/85 52 90, klausen.it

AKTIV UNTERWEGS

KLAUSEN: Nur wenige Minuten mit dem Bus von Latzfons entfernt liegt das Städtchen Klausen im Eisacktal. Ein malerischer Ort mit einer langen Gasse, kleinen Läden, netten Restaurants und einem tollen Stadtmuseum. Perfekt zum Bummeln oder als Schlecht-Wetter-Programm.

SCHWIMMBAD FELDTHURNS: Etwas außerhalb des Dorfs liegt das Freibad. Ein guter Platz, um sich in den Sommermonaten nach einer Tour zu erfrischen.

BARBIANER WASSERFALL: Im nahen Ort Barbian besucht man den tosenden Barbianer Wasserfall, der sich gleich über mehrere Kaskaden in die Tiefe stürzt. Eine kurze Wanderung führt dorthin, seit Neuestem kann man dabei eine spektakuläre Hängebrücke besuchen.

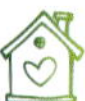

ÜBERNACHTUNG

FELDTHURNERHOF: Guln 1, 39040 Feldthurns, Tel. +39 0472/85 53 33, feldthurnerhof.com, **€€**. Man fühlt sich rundum wohl in dem Hotel mit angeschlossenem Restaurant. Tolle Aussicht aus den Zimmern und einen schönen Wellnessbereich gibt es obendrein.

GASTHAUS ZUM WEISSEN KREUZ UND HIRSCHEN: Dorfstraße 6, 39053 Latzfons, Tel. +39 0472/54 51 84, gasthaus-weisses-kreuz.it, **€€**. Mitten in Latzfons gelegen mit geradezu fantastischer heimischer Küche. Da lohnt sich die Halbpension.

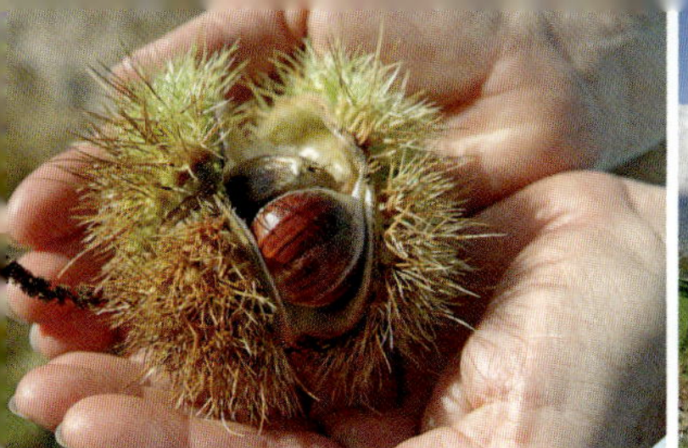

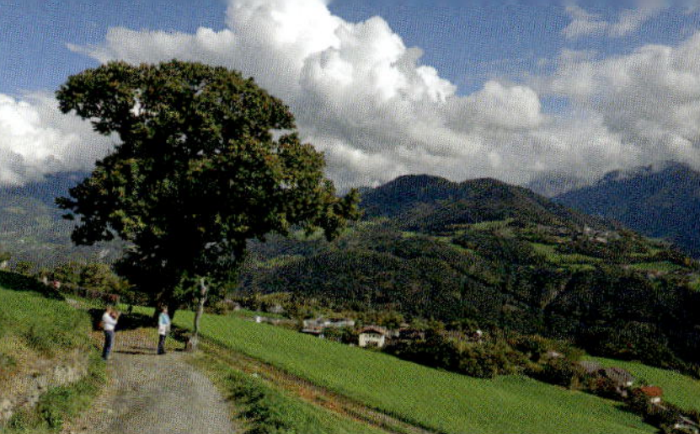

◀ Im Herbst dreht sich alles um Maronen. ▶ Feldthurns über dem Eisacktal

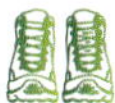

LATZFONSER KREUZ

DAUER: 4 Std.

HÖHENMETER: 750 Hm

LÄNGE: 10,5 km

SCHWIERIGKEIT: Mittel

AUSGANGS-/ENDPUNKT: Parkplatz Kasereck bei Latzfons

GPS: 46.675423, 11.499856

ANFAHRT: Mit dem Auto von Feldthurns nach Latzfons. Den Ort durchqueren und nach dem Ortsschild links der Beschilderung nach Kasereck weitere 9 Kilometer auf einer sehr schmalen Straße den Berg hinauf. Nur mit kleinen Pkws möglich.

TOURENCHARAKTER: Traumhafte Bergtour, zunächst auf breiten Wanderwegen und Bergpfaden zum Latzfonser Kreuz. Die Gipfelbesteigung erfolgt auf steilem Steig. Keine ausgesetzten Stellen, nur am Gipfelkreuz geht es auf drei Seiten senkrecht nach unten.

EINKEHR UNTERWEGS: Berggasthof Latzfonser Kreuz, nur in den Monaten nach der Schneeschmelze bis zum Winterbeginn

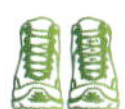

KESCHTNWEG

DAUER: 3.30 Std.

HÖHENMETER: 550 Hm

LÄNGE: 12 km

SCHWIERIGKEIT: Mittel

AUSGANGS-/ENDPUNKT: Feldthurns Schloss

GPS: 46.669929, 11.600001

TOURENCHARAKTER: Schöne Rundtour auf guten, sicheren Wanderwegen.

EINKEHR UNTERWEGS: Gasthaus St. Valentin und Huberwirt in Pardell

WANDERTAL ÜBER BRIXEN

Lüsen

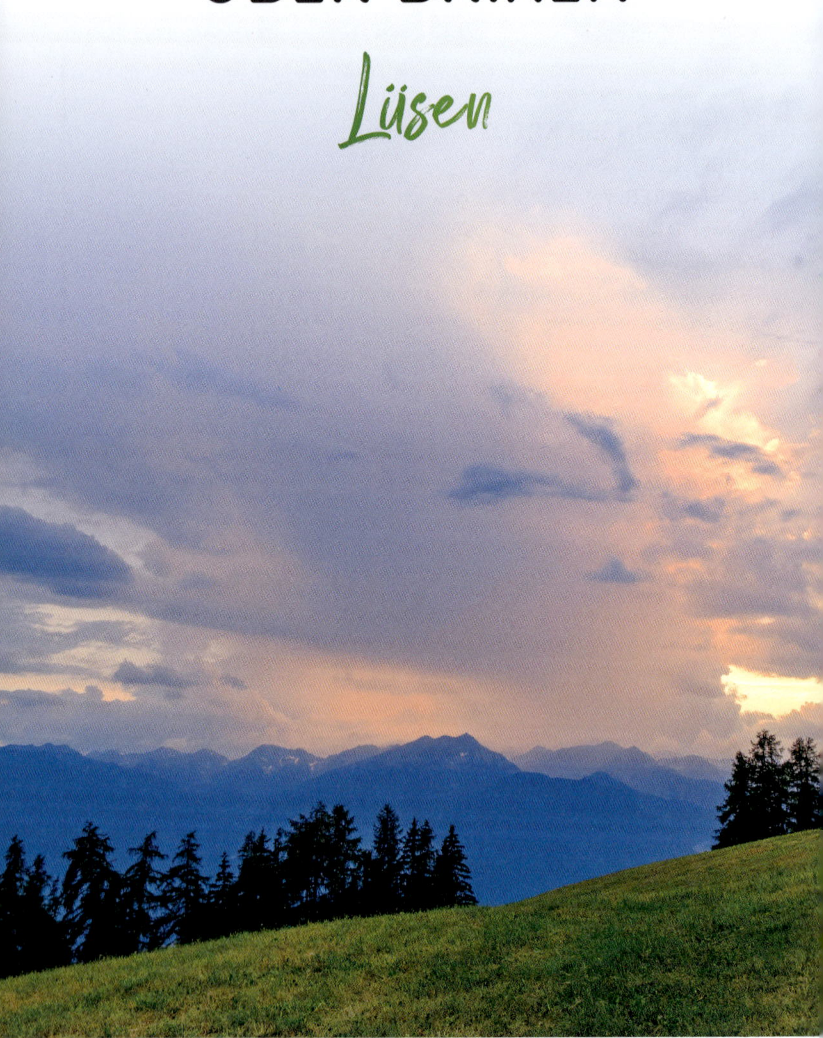

Sonnenuntergang auf den Lüsner Almwiesen beim Parkplatz Herold

Das Lüsener Tal mit seinem Hauptort Lüsen zweigt von Brixen nach Osten hin ab. Das kleine Wanderdorf ist umrahmt von der Plose, dem Würzjoch und der weitläufigen Lüsner Alm. Im Lüsner Tal geht es eher ruhig zu, aber seine Nähe zur Bischofsstadt Brixen kombiniert es zu einem herrlichen Mix aus quirligem Leben und Beschaulichkeit. So genießt man das Beste von beidem: Ruhe und Stadtleben.

Am Eingang zu den **Dolomiten** gelegen ist Lüsen mit weniger als 2000 Einwohnern zwar nicht der Nabel der Welt, aber gerade die Lage verleiht dem Dorf seinen besonderen Reiz. Die **Pfarrkirche St. Georg** ist der Mittelpunkt. Daneben gruppieren sich einige Hotels, Pensionen und Ferienwohnungen sowie manch traumhaft schönes altes Bauernhaus. Drumherum gibt es dann nur noch Berge, Berge und nochmals Berge und natürlich grüne, saftige Almwiesen.

Ohne Pkw gestaltet sich der Kurzurlaub in Lüsen etwas schwierig. Es gibt zwar einen Wanderbus, der verkehrt jedoch nur an bestimmten Wochentagen. Gerade das Würzjoch für die Peitlerkofel-Umrundung wird am Wochenende nicht angefahren. So benötigt man das eigene Auto, um in Lüsen voranzukommen.

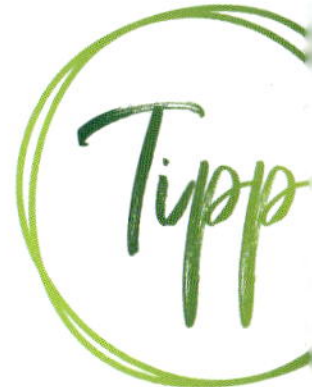

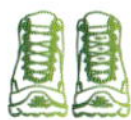

PEITLERKOFEL-RUNDTOUR

Alleine wegen der sagenhaften Aussicht zählt die Peitlerkofel-Umrundung zu den Paradetouren der Südtiroler Wanderwelt. Besonders schön ist die Tour im Frühsommer, wenn die bunten Almwiesen unter dem Felsmassiv ihre Farbenpracht zur Schau stellen.

ZUR SCHARTE

Wir starten am **Würzjoch** und wandern auf der Almstraße Richtung Süden. Der Weg ist mit **»8A und Peitlerkofel-Rundweg«** bezeichnet. Kurz vor der **Hütte Munt de Fornella**, die auf einem prachtvollen Wiesenfleckerl direkt am Fuß des Peitlerkofels liegt, geht es nach rechts. Schließlich nähern wir uns der Bergflanke und unser bequemer Weg wird zu einem Pfad,

der sich im leichten Auf und Ab kühn um die Felsen windet. Rechts von uns fällt der Hang steil ab und ist nicht gesichert, hier müssen wir etwas schwindelfrei sein. Schließlich biegen wir um einen Felsvorsprung und stehen am Einstieg zur **Peitlerscharte**.

AUFSTIEG ZWISCHEN DEN FELSEN

Der Name klingt dramatischer, als die Scharte ist. Das **Steilstück** hinauf zur Scharte ist relativ schnell zu schaffen. Am Wegkreuz können wir eine Verschnaufpause einlegen und vor allem die schöne Aussicht genießen. Links weiter bergauf könnte man die Gipfelbesteigung des Peitlerkofels anstreben. Oben ist das aber ein kühner Steig mit ausgesetzten, seilversicherten Stellen. Nur den niedrigeren Nebengipfel, den **Kleinen Peitler**, kann jeder schaffen.

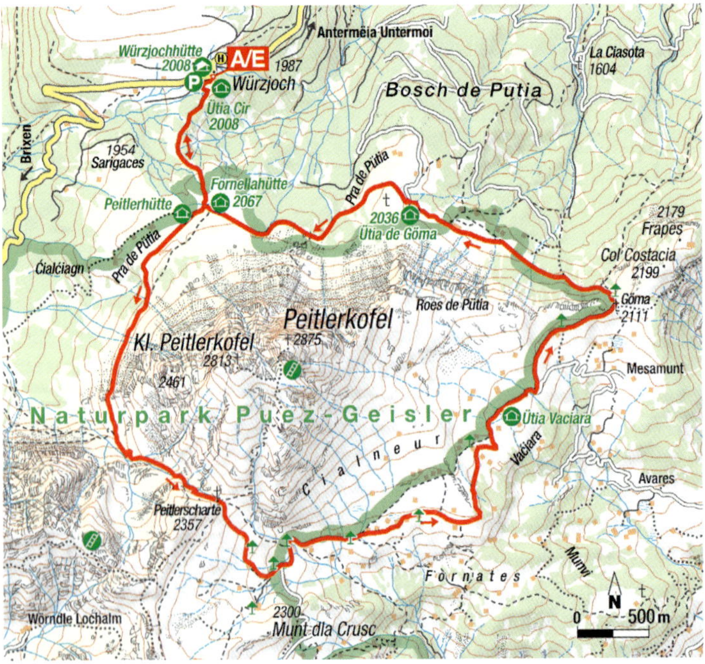

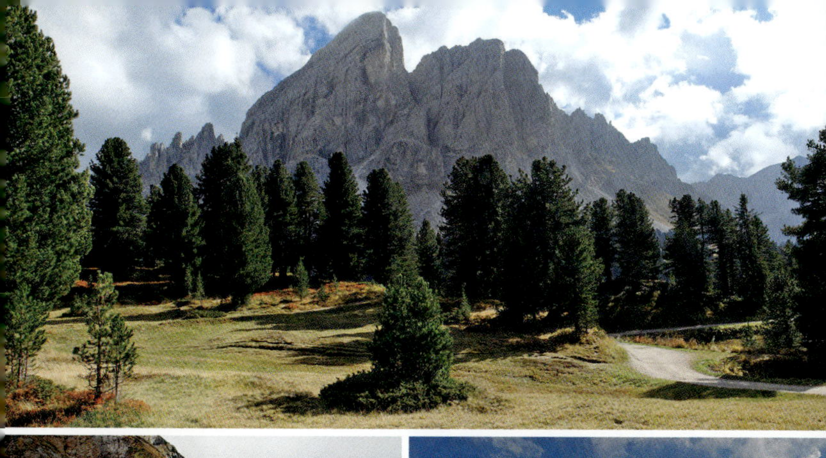

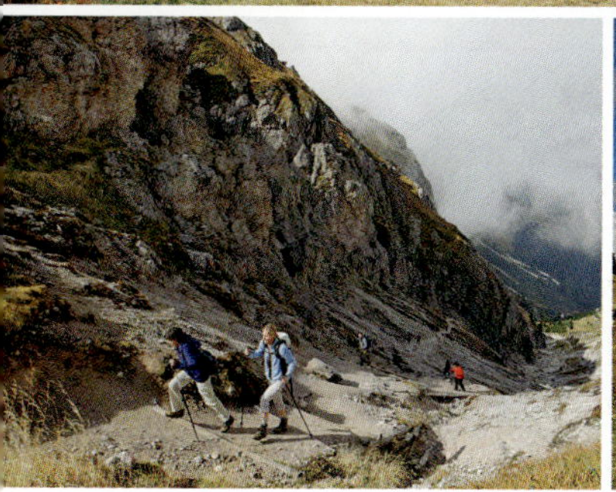

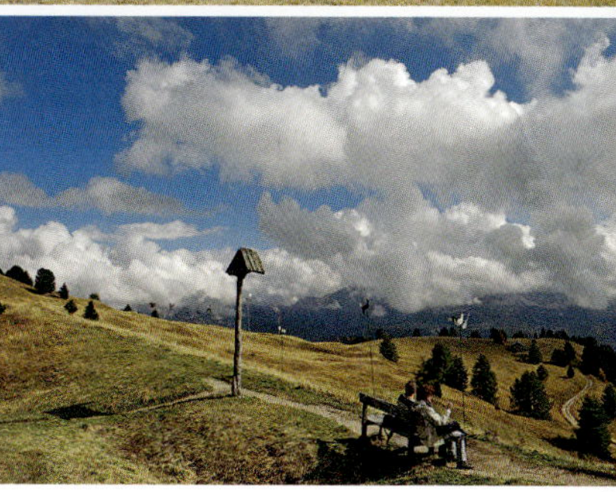

▲ Rund um das Felsenmassiv führt der Weg. ◀ Steil geht es in der Scharte nach oben. ▶ Am Gömajoch

VOLLENDUNG DER RUNDE

Wir lassen den Gipfel aus und wählen für die Rundtour den Weg geradeaus abwärts zu den **Almwiesen**. Kurz vor dem Talboden stößt von rechts ein Weg zu uns. Wir bleiben geradeaus und folgen der **Nummer 35**. Jetzt beginnt der Augenschmaus: Von Mitte Juni bis Mitte Juli blüht der Almboden in allen Farben. Mit herrlicher Aussicht über das Gadertal erreichen wir schließlich die **Hütte Ütia Vaciara**, wo wir einkehren können.

Nach einer Rast geht es auf der Almstraße nur noch für 250 Meter weiter, dann halten wir uns links auf den schmäleren Weg aufwärts zum **Gömajoch**. Damit sind wir wieder an der Nordseite des Bergs angekommen. Bis zum Ausgangspunkt ist es aber noch ein gutes Stück. Stets der Beschilderung zum Würzjoch folgend, jetzt auf dem **Weg Nr. 8B**, passieren wir die **Ütia de Göma** und haben dann an der **Munt de Fornella** den 360-Grad-Bogen um den Peitlerkofel geschafft.

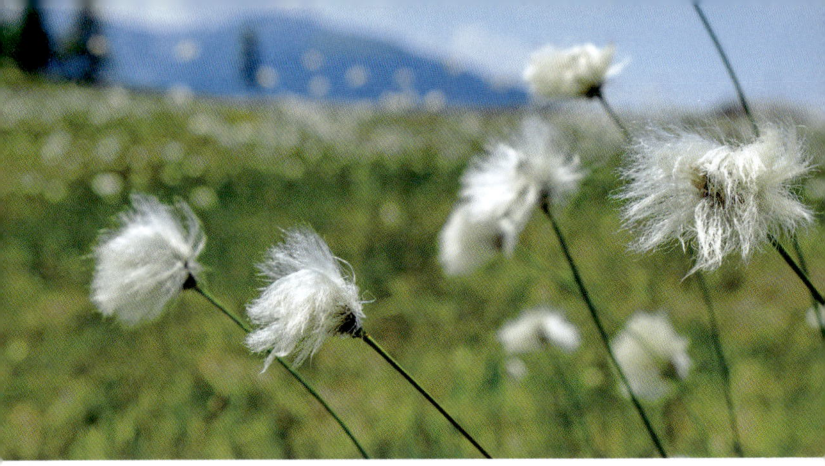

Wollgras wächst in den feuchten Zonen der Almwiesen.

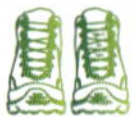

LÜSNER ALM

Ein kunterbuntes Blütenmeer, weiß wogendes Wollgras, dazu beste Aussichten auf die Plose und den Peitlerkofel machen diese Rundwanderung zu einem unvergesslichen Ausflug am Berg. Dabei sorgt die Mischung von stiller Naturidylle, gut besuchten Almgasthäusern und dem kunstvollen Schöpfungsweg für perfekten Wandergenuss.

AUFSTIEG ZU LÜSNER ALM

Wir starten am **Wanderparkplatz Herol** aufwärts auf dem Feldweg (**Beschilderung Nr. 3** zur Lüsner Alm). Wer möchte, kann den Forstweg einige Male über einen Wanderpfad abkürzen. Rasch haben wir den ersten Teil des Aufstiegs geschafft und können an einer Wiese nach rechts zur Verschnaufpause auf eine Rastliege sinken. Angesichts der großartigen Aussicht auf den Peitlerkofel keine schlechte Idee. Wir haben nun die Hochebene der Lüsner Alm am **Tulper Gampis**, das ist der geografische Name dieses Aussichtsfleckchens, erreicht.

ALMENGLÜCK

Zur Eroberung der Lüsner Alm folgen wir vor dem **Heustadl** dem Weg nach rechts. Leicht aufwärts geht es über die weitläufige Almlandschaft. Die Abzweigung nach rechts ignorieren wir und steigen weiter bergauf, bis wir auf den querenden **Hauptweg Nr. 2** treffen, der vom Zumisparkplatz auf die **Lüsner Alm** führt. Für uns geht es nach rechts weiter.

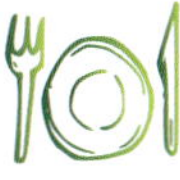

FÜR EINE EINKEHR können wir uns zwischen der Starkenfeldhütte oder der Rastnerhütte entscheiden. Die Abzweigung nach links zur Rastnerhütte folgt als Erstes. Es lohnt sich aber, den kurzen Weg zur Starkenfeldhütte fortzusetzen. Sie punktet mit moderner Architektur sowie der schöneren Aussicht. Im Anschluss drehen wir dann um und wandern ebenfalls zur Rastnerhütte, die uriger ist und windgeschützt in einer kleinen Mulde liegt.

ZUM PIANER KREUZ

Von der **Rastnerhütte** führt unser Weg Richtung Westen weiter. Er wird schmäler und wir genießen den lichten Wald. Unweit der **Kapelle Pianer Kreuz** treffen wir wieder auf den **Hauptweg Nr. 2** und sind rechts rasch am kleinen Gotteshaus. Jetzt folgen wir dem **Schöpfungsweg** (in umgekehrter Richtung), der mit sieben Kunstinstallationen hier heraufführt. An der **Rohner Alm** verlassen wir den Themenweg, biegen dann links auf die Almstraße ein und folgen ihr nun wieder ein Stück aufwärts.

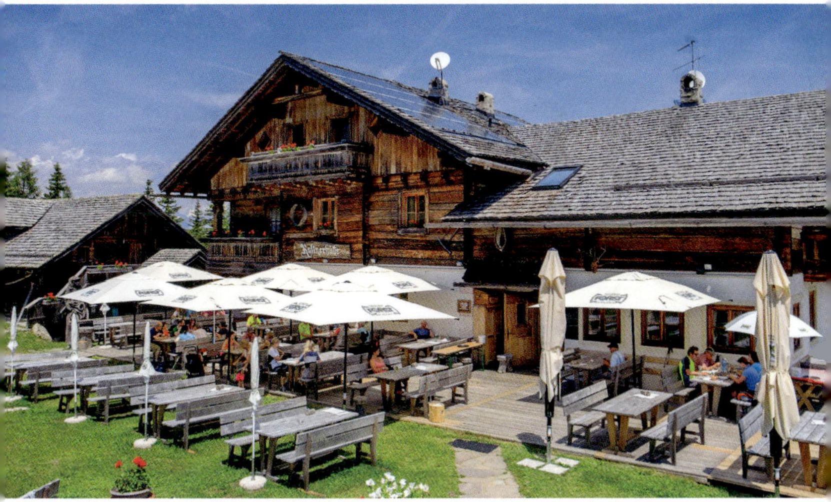

Gemütliche Rastnerhütte

ABSTIEG MIT ABENTEUER

Ab jetzt müssen wir etwas aufpassen, denn zum Abstieg erwartet uns ein einsamer Weg, der etwas Orientierungssinn voraussetzt. Zunächst geht es auf der **Almstraße** wieder aufwärts in Richtung Pianer Kreuz. Die Abzweigung zum Abstieg über den Wanderweg Nr. 14 ignorieren wir. Die Almstraße vollführt noch drei Kurven, dann lichtet sich der Wald und wir sind fast in Sichtweite zum Pianer Kreuz. Links und rechts von uns liegt nun eine **Almwiese**, wobei die zu unserer rechten Seite deutlich kleiner ist und bald von Bäumen begrenzt wird. Dorthin führt ein kleinerer **Feldweg**. Diesen nehmen wir, er bringt uns zu dieser Baumreihe und setzt sich dahinter fort. Vor uns liegt eine **private Almhütte**, der Weg führt zwischen ihr und einem Nebengebäude durch leicht nach Südosten. So erreichen wir die nächsten **Hütten**.

Bei hoch stehendem Gras ist der weitere Weg schwer zu sehen. Er führt südlich der Hütten schräg links über die Wiese zum Zaun, wo wir einen

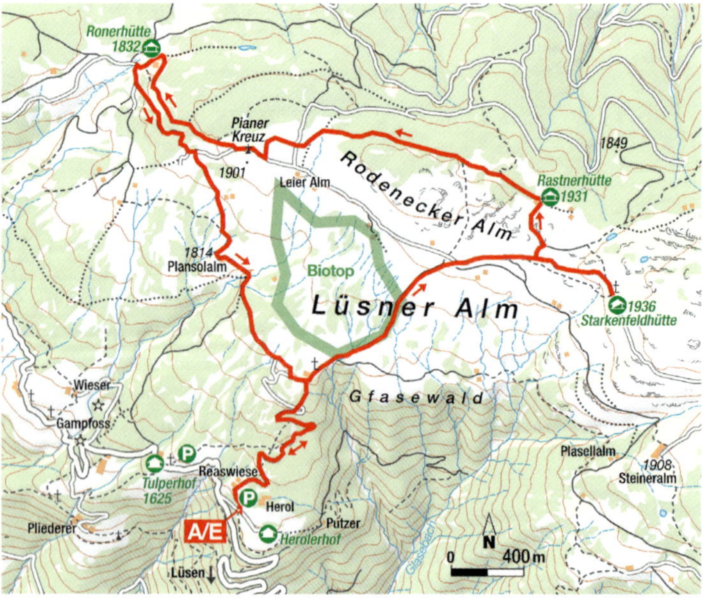

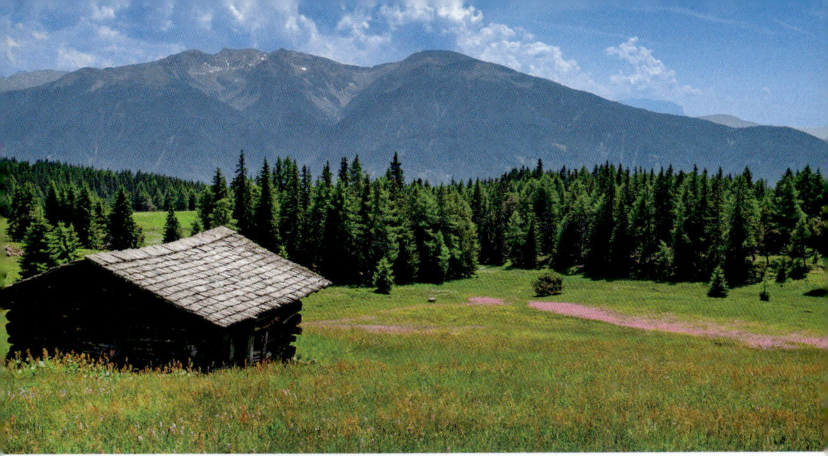

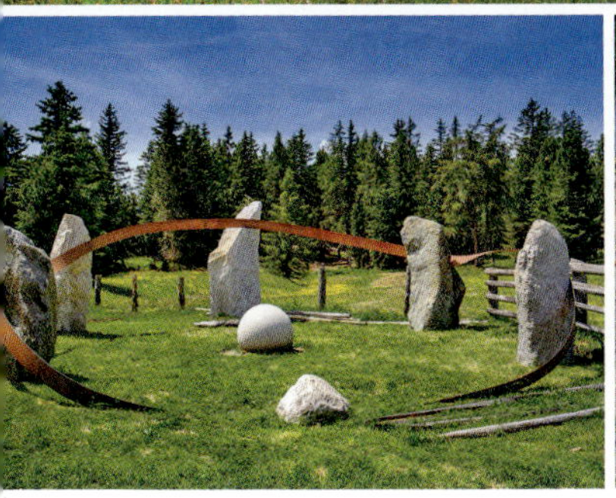

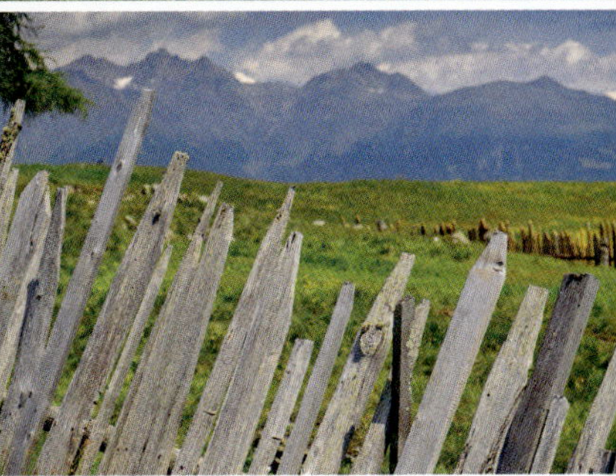

▲ Wenn das Gras hoch steht, braucht man Orientierungssinn für den Rückweg.
◀ Am Schöpfungsweg ▶ Urige Zäune

Zauntritt finden und zur nächsten Wiese steigen. Dort setzt sich das Spiel in Wanderrichtung fort und wenn wir den nächsten Zaun passiert haben, halten wir uns rechts und wandern zur kleinen **privaten Almhütte**. Jetzt folgen wir der Almzufahrtsstraße über den **Gostnerbach** in den Wald. Die Forststraße bringt uns vorbei an der Rodelbahn über den Winterparkplatz und an dessen Ende links zurück zum **Tulip Gamper**. Nun geht es auf dem Hinweg zurück.

Tipp

Die Wanderung auf der Lüsner Alm lässt sich gut abkürzen. Wem der Abstieg über die Almwiesen zu abenteuerlich ist, der bleibt auf dem Hauptweg Nr. 2, der das Pianer Kreuz mit der Starkenfeldhütte verbindet, und steigt dann rechts auf dem Hinweg wieder zum Aussichtspunkt Tulip Gamper.

AUF EINEN BLICK

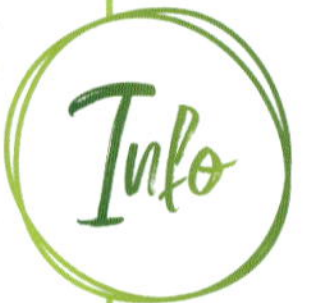

STADT/REGION: Lüsen
BESTE REISEZEIT: Mai bis November
TOURISTINFO:
Dorfgasse 19, 39040 Lüsen, Tel. +39 0472/41 37 50, luesen.com

AKTIV UNTERWEGS

NATURBADETEICH: Nach dem Wandern ist ein Sprung in den Lüsner Naturbadeteich eine ideale und ersehnte Abkühlung für alle.
LÜSENCARD: In den meisten Beherbergungsbetrieben erhält man bei Übernachtung die Lüsencard. Darin ist der Wanderbus inkludiert, der Eintritt zum Badeteich und einiges mehr.
BRIXEN: Die Stadt im Eisacktal ist gut mit dem öffentlichen Bus ab Lüsen erreichbar. Ein Bummel durch die Altstadt ist immer sehr zu empfehlen. Auch kunsthistorisch gibt es neben Dom, Kreuzgang und Diözesanmuseum einiges zu besichtigen.

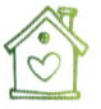

ÜBERNACHTUNG

HOTEL HEROL: Berg 1, 39040 Lüsen, Tel. +39 0472/41 37 70, hotel-herol.com, **€€**. Aufwachen mit Blick auf den Peitlerkofel darf man im Hotel Herol. Völlig ruhig über dem Dorf gelegen gibt es moderne Zimmer mit viel Zirbenholz und abends eine sehr feine Küche.
OBERHAUSERHÜTTE: Berg 15, 39040 Lüsen, Tel. +39 0472/67 76 70, oberhauserhuette.com, **€€€**. Die Adresse verrät die Lage! Oben am Berg, einmalig schön, mit traumhafter Aussicht und stylischer Architektur. Unweit des Zumis-Parkplatzes ideal für die Tour über die Lüsner Alm.
LEHRNERHOF: Alter Rungger Weg 16, 39040 Lüsen, Tel. +39 349/269 32 50, lehrnerhof.com, **€€**. Die wirklich wunderschönen Zirbenholz-Ferienwohnungen werden ab drei Nächten vermietet. Sie liegen in Fußweite zum Dorf und sind geradezu ideal, wenn man länger bleiben möchte.

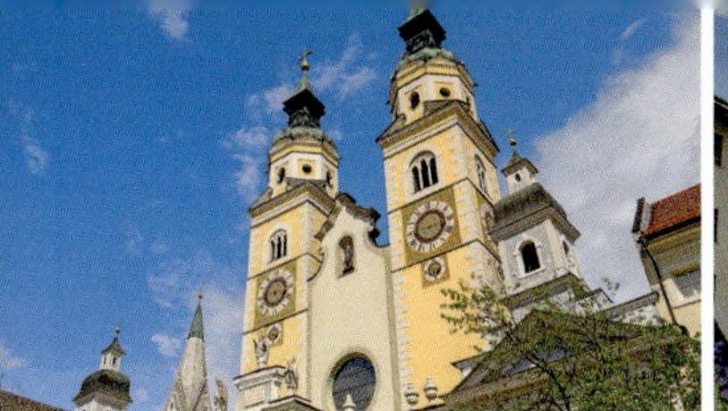

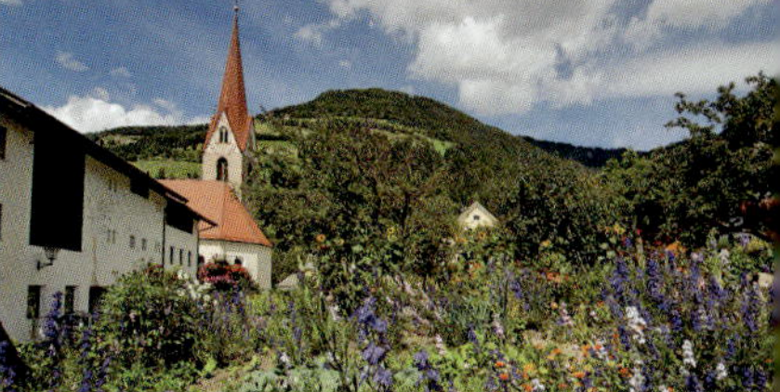

◀ Brixen-Abstecher ▶ Lüsen ist ein ruhiges Dorf.

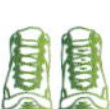

PEITLERKOFEL-RUNDTOUR

DAUER: 5 Std.

HÖHENMETER: 650 Hm

LÄNGE: 13 km

SCHWIERIGKEIT: Mittel

AUSGANGS-/ENDPUNKT: Würzjoch

GPS: 46.674986, 11.814106

ANFAHRT: Von Lüsen folgt man der Landstraße tiefer ins Tal hinein. Nach der Nikolaus-Kirche ist das Würzjoch ausgeschildert, insgesamt 11 Kilometer Fahrt auf einer schmalen Bergstraße.

TOURENCHARAKTER: Eine längere Bergtour, bei der man am Beginn für ca. 400 Meter schwindelfrei sein muss. Dagegen ist der steile Anstieg in der Scharte gut zu schaffen.

EINKEHR UNTERWEGS: Mit traumhafter Aussicht und leckeren Käsnocken locken die Hütte Ütia Vaciara oder die Hütte Ütia de Göma.

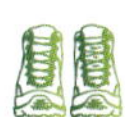

LÜSNER ALM

DAUER: 3 Std.

HÖHENMETER: 350 Hm

LÄNGE: 10 km

SCHWIERIGKEIT: Leicht

AUSGANGS-/ENDPUNKT: Lüsen, Parkplatz Herol

GPS: 46.761745, 11.760162

ANFAHRT: In Lüsen biegt man nach der Kirche links ab. Dann geht es auf einem sehr schmalen Bergsträßchen aufwärts (Beschilderung Heroler Hof).

TOURENCHARAKTER: Relativ sonnige Rundtour, der Rückweg ist nicht gut ausgeschildert. Orientierungssinn hilft.

EINKEHR UNTERWEGS: Am Weg liegen einige Berggasthäuser, die das ganze Jahr über geöffnet haben.

BASISLAGER IM PUSTERTAL

Bruneck

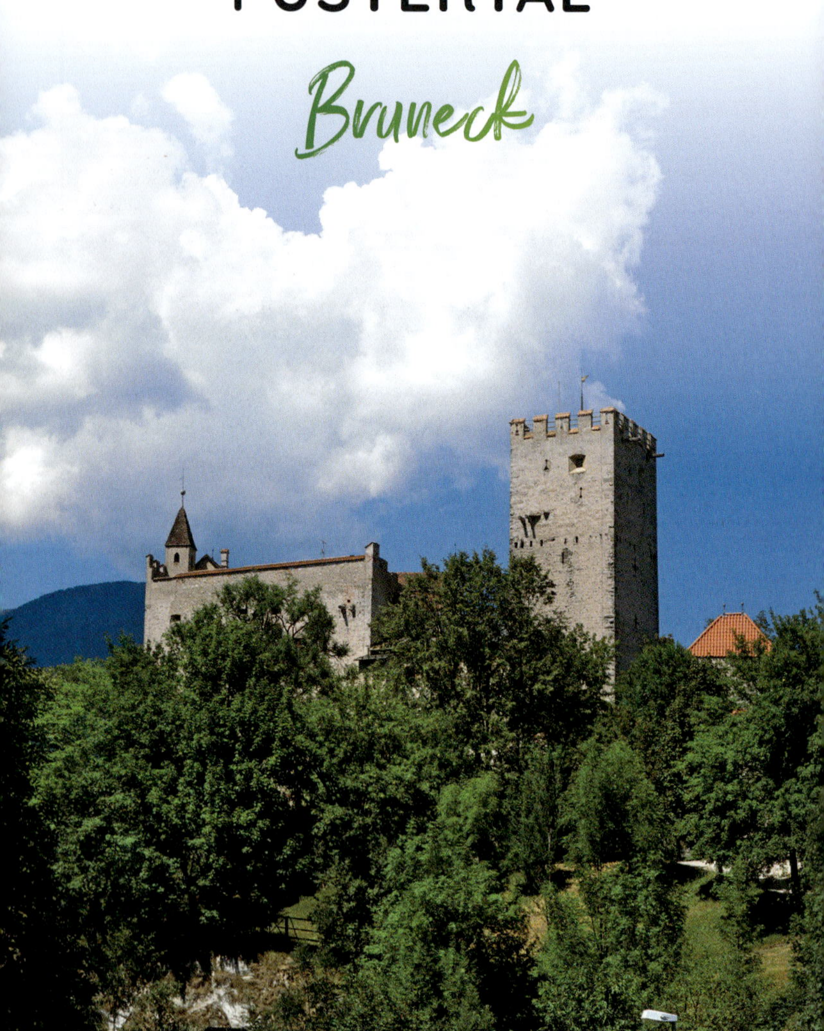

Die Burg von Bruneck thront über der Altstadt.

Bruneck ist ein hervorragendes Basislager für ein Wanderwochenende im Pustertal. Direkt vom Berg in die quirlige Stadt – das ist das Motto. Bruneck vereint beides. Einsame Bergziele, Naturschönheiten und gleichzeitig ein lebendiges Stadtleben, in dem Kunst, Kultur und auch gastronomische Vielfalt zum Zug kommen.

Mit seinen vielen angegliederten Gemeinden gilt Bruneck als die Hauptstadt des Pustertals. Die Stadt liegt am Fuß des **Kronplatzes** und am Eingang ins **Tauferertal**. Unweit zweigt auch das **Gadertal** Richtung Süden ab, das Wegenetz ist somit ideal, um die Seitentäler zu erkunden.
Die Geschichte Brunecks beginnt mit dem **Schloss**, das ab 1250 durch den Bischof Bruno von Kirchberg errichtet wurde. Diese Burg wacht heute noch über der Stadt und sollte natürlich auf dem Besichtigungsprogramm stehen. Unterhalb des Burgbergs schmiegen sich an der Stadtgasse die Stadthäuser eng aneinander, es ist die Flanier- und Einkaufsmeile von Bruneck. Zwischen den beiden **Stadttoren** laden kleine Läden mit typischen Südtiroler Produkten, alteingesessene und moderne Geschäfte internationaler Marken sowie gemütliche Cafés und Bars zum Verweilen ein. Nicht vergessen sollte man einen Spaziergang in den im Osten angrenzenden ältesten Teil der Stadt, **Oberragen**. Von dort ist es auch nur noch ein Katzensprung zur **Pfarrkirche** am Pfarrplatz. Bei so vielen Sehenswürdigkeiten haben wir bewusst die Wanderungen etwas kürzer gewählt, so bleibt noch genug Zeit für jede Menge weitere Attraktionen.

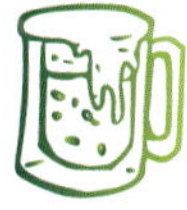

LÄSSIG, COOL UND ein Treffpunkt für alle Bergsportler ist die K1 Bar und Pizzeria in der Talstation des Kronplatzlifts. Vor allem abends scheint die Sonne lange auf die Wiesen vor der Gondelstation, an der Sitzsäcke und Ruheliegen bereitstehen, auf denen Besucher einen genießen können.

Auch wenn die Ausgangspunkte zu den einzelnen Wanderungen nicht direkt aus der Stadtmitte erreichbar sind, lassen sie sich alle bequem mit öffentlichen Verkehrsmitteln erreichen. Auskünfte über die Fahrpläne gibt es unter suedtirolmobil.info oder in der Touristinfo vor Ort.

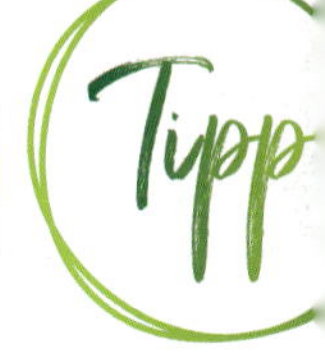

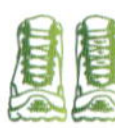

PANORAMAWEG KRONPLATZ

Der Kronplatz, der Hausberg von Bruneck, hat eine gigantische Aussicht. Auf seinem Gipfelplateau erleben wir einen unvergesslichen 360-Grad-Blick. Daneben punktet der Berg mit zwei interessanten Museen. So kann man die etwas kürzere Wanderung perfekt mit einem Kulturevent verbinden.

KRONPLATZLIFT

Um auf den Kronplatz zu gelangen, gönnen wir uns das Berg- und Talfahrt Liftticket. Das gibt es zudem als günstigeres Kombiticket mit dem Eintritt für die Museen. So schweben wir auf über 2300 Meter hinauf und stehen auf dem riesigen **Plateau des Kronplatzes**. Die große **Concordiaglocke** markiert dabei den eigentlichen Gipfel. Danach machen wir uns auf direktem Weg zum futuristischen Bau des **Messner-Museums**. Es liegt an der Westseite, dahinter fällt der Kronplatz steil in das Gadertal ab.

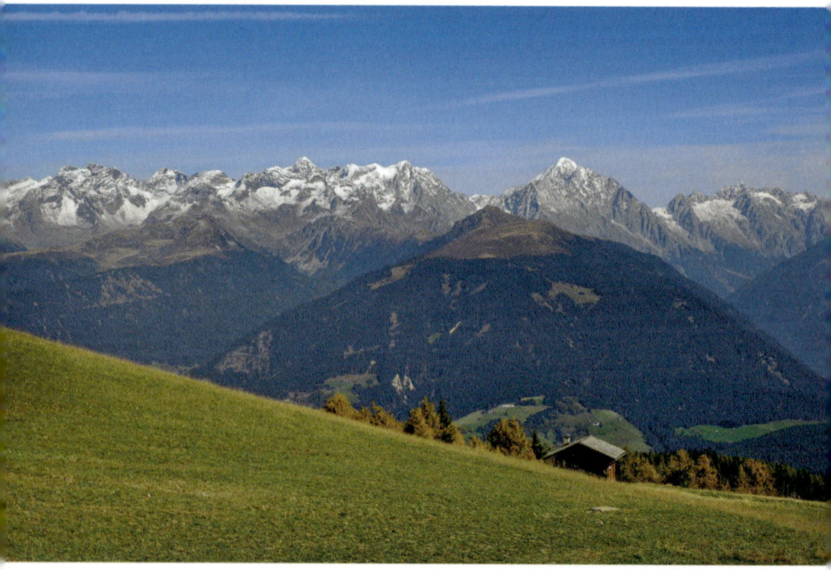

Sensationell reicht die Sicht vom Gipfel bis weit in die Zillertaler Alpen hinein.

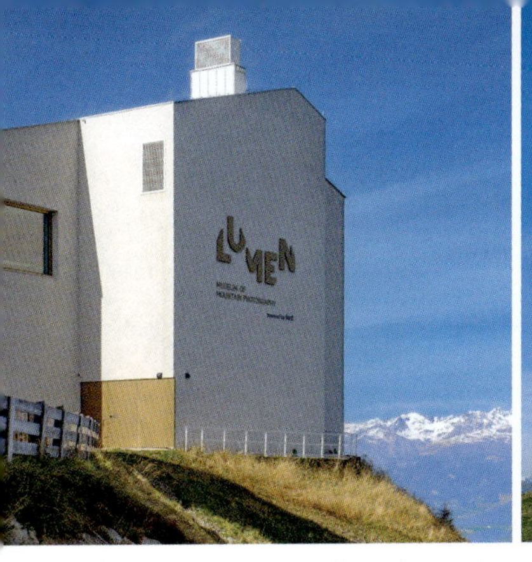

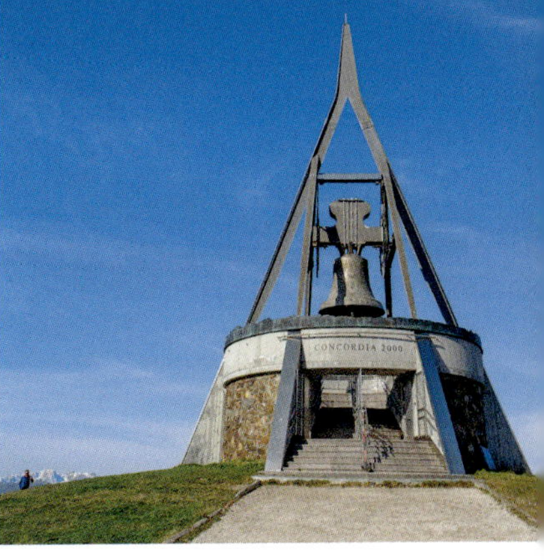

◀ Das Lumen Museum besticht mit einem schlichten weißen Bau. ▶ Die Concordiaglocke ist eine Friedensglocke.

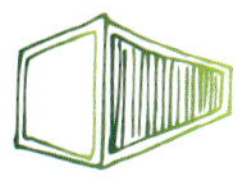

AUF DEM KRONPLATZ liegt eines der sechs Südtiroler Reinhold-Messner-Museen, die Abkürzung MMM steht für Messner Mountain Museum. Der Extrem-Bergsteiger hat sich dafür einen wirklich außergewöhnlichen Platz ausgesucht. Dazu hat die Stararchitektin Zaha Hadid die Pläne entworfen. In unmittelbarer Nachbarschaft steht auch das Lumen Museum. Es widmet sich der Geschichte der Bergfotografie und ist ebenfalls in seiner schlichten und doch sensationellen Architektur ein Hingucker. Infos: messner-mountain-museum.it, lumenmuseum.it.

ZUNÄCHST ABWÄRTS

Links vom Museum führt unser Wanderweg zu einem **Gipfelkreuz** hinunter. Dort wendet sich der Weg nach links und kreuzt die **Trails der Mountainbike-Downhill-Strecken**. Kurz darauf weist uns das **Schild »Nr. 1 Furkelpass«** nach rechts abwärts über die Almwiesen. Mit gigantischer Aussicht auf die Gipfelspitzen der Dolomiten steigen wir abwärts. Wir werden unter der Bahn der Mountainbiker hindurchgelotst und bald passieren wir die **Graziani Hütte**. Dann erreichen wir eine quer verlaufende Almstraße.

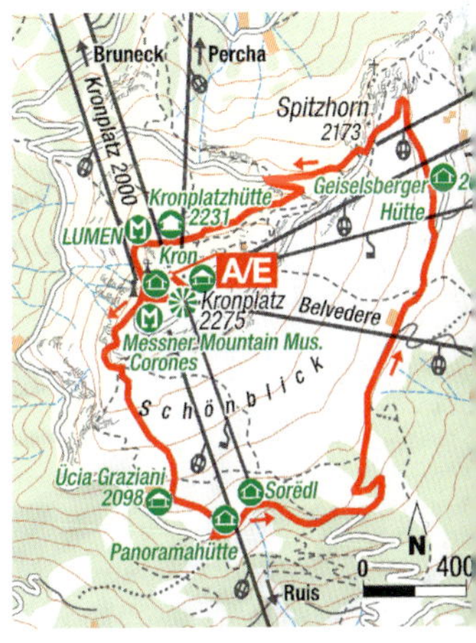

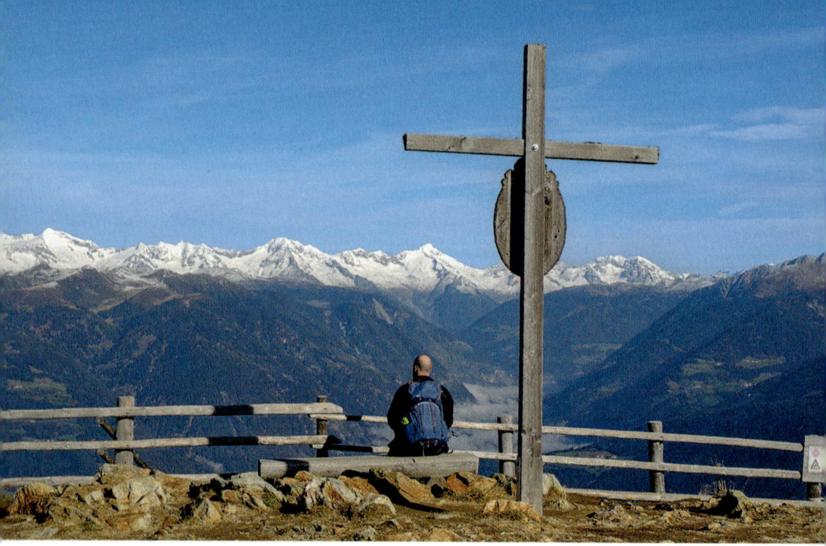

Nur in den Morgenstunden ist es so ruhig am Kronplatz.

PANORAMAWEG

Nun verlassen wir den **Wanderweg Nr. 1** und folgen dem breiten Weg nach links. Dieser führt unterhalb der Panoramahütte vorbei und teilt sich. Wir halten uns rechts, der Weg verläuft minimal abwärts durch den **Wald** und trifft dann auf eine Almzufahrtsstraße. Dieser folgen wir nach links und steigen über zwei Kurven wieder höher. Die Aussicht nach Osten auf die Sextner und die Lienzer Dolomiten ist einmalig. Spätestens an der **Geiselberger Hütte** haben wir dann auch noch freien Blick auf die Zillertaler Alpen.

ALMSTRÄSSCHEN ODER BERGPFADE?

Weiter folgen wir der Almstraße, aber nur noch bis zur **Schoflocke**, einem Rastplatz mit Weiher. Für den direkten Rückweg können wir der Straße weiter bergauf folgen. Viel schöner ist es jedoch, auf einem **Bergpfad** weiterzugehen. Deshalb wählen wir in der Serpentine einen der Pfade, die rechts davon aufwärts führen. Sie verlaufen mit etwas Abstand parallel zur Straße und bald ist der Weg als Panoramaweg ausgeschildert. Dann erreichen wir die **Kronplatzhütte**. Dahinter ist es einen Katzensprung hinauf zum **Museum Lumen**, von dem wir dann zurück zur **Bergstation des Kronplatzes** gehen. Genauso entspannt wie unsere Wanderung begonnen hat, schweben wir wieder hinunter ins Tal.

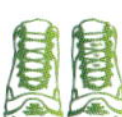

ERDPYRAMIDEN PERCHA

Erdpyramiden - ein Naturphänomen, auf das man in Südtirol mehrmals treffen kann. Aber keine sind so schön wie die in Percha bei Bruneck. Ganz nah kommt man den fragilen Wunderwerken und das Ganze noch dazu mit einer familientauglichen Wanderung für Groß und Klein.

MITMACH-PFAD

Am **Parkplatz der Erdpyramiden** brechen wir auf. Der Nachbau einer Erdpyramide und die Beschilderungen zeigen uns den Beginn des Wegs. Gleich am Anfang steigt der Weg kräftig an. Zum Glück ist es schattig im **Wald** und da die Wanderung insgesamt nicht sehr lang ist, dürfen wir uns Zeit lassen. Der **Pyramidi-Lehrpfad** ist vor allem für Familien mit Kindern geeignet, aber auch uns gefällt der Weg mit seinen Mitmach-Stationen.

GEOLOGIE AM WEGESRAND

Langsam wir der Weg flacher, der Wald lichtet sich und wir wandern am Rand einer **Almwiese** zu einer kleinen Bergstraße. Dieser Wegabschnitt ist gleichzeitig ein **Geologie-Lehrpfad**, der uns viel über die Südtiroler Gesteinswelt erzählt. In die Bergstraße biegen wir links ein und wandern mit schönster Aussicht auf das Pustertal und den Kronplatz ein letztes kurzes Stück bergauf. Schon in der Linkskurve verlassen wir die Straße und biegen rechts ab.

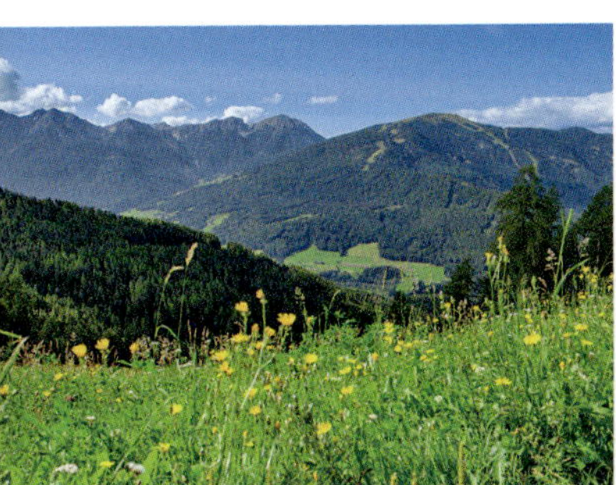

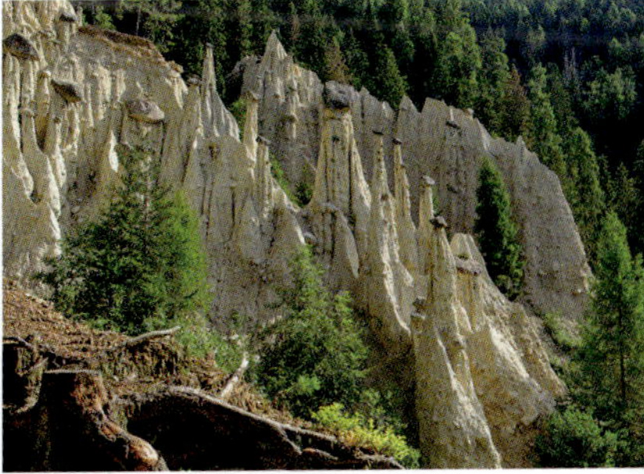

◀ Ausblick auf den Kronplatz ▶ Filigran und nicht für die Ewigkeit: Erdpyramiden

ERDPYRAMIDEN

Am Waldrand tauchen wir in das Reich der Erdpyramiden ein. Das Naturwunder ist in wenigen Schritten erreicht. Aussichtspunkte verteilen sich entlang der Abbruchkanten. Egal, von wo wir auf die Erdpyramiden schauen, sie sind ein einzigartiger Anblick. Große und kleine Säulen kämpfen wild und entschlossen, kühn und fragil zugleich gegen den Verfall. Es lohnt sich, bis zur untersten Aussichtsplattform hinabzusteigen und zum Glück gibt es auch einige Sitzplätze, um die Aura genießen zu können.

ZUM GASTHOF SCHÖNBLICK

Schließlich drehen wir um und wandern auf gleichem Weg zurück zur **Bergstraße**, der wir nun bergab bis zu den nächsten Häusern folgen. Hier verlassen wir die Straße, bleiben geradeaus und wandern über den **Wiesenweg 16A** in Richtung Platten, das Gasthaus Schönblick ist ebenfalls schon ausgeschildert. Bergab sind wir rasch im Weiler Platten mit seiner Kapelle und dem Gasthof samt seiner Südtiroler Küche.

EINSAME WALDWEGE

Für den Rückweg folgen wir zunächst der Zufahrtsstraße nach Platten. Es geht wieder in den Wald. Vorbei an einer großen Scheune dauert es noch etwas, dann beginnt vor einer Leitplanke auf der linken Straßenseite ein Wanderweg, der nach Oberwielenbach ausgeschildert ist. Herrlich einsam wandern wir auf dem Weg, der sich leicht senkt, durch den Wald. Auf einmal wird der Weg deutlich schlechter. Er wendet sich nach links, quert auf einem Steglein einen Bach und führt dann zu einem einsamen Bauernhof. Dort halten wir uns rechts und wandern auf der Zufahrtsstraße, dem Schießstandweg, durch einen Ortsteil von Oberwielenbach. Zum Finale geht es nun noch einmal leicht aufwärts, in einer Kurve erreichen wir das Pyramidencafé. Die Kuchen und Torten

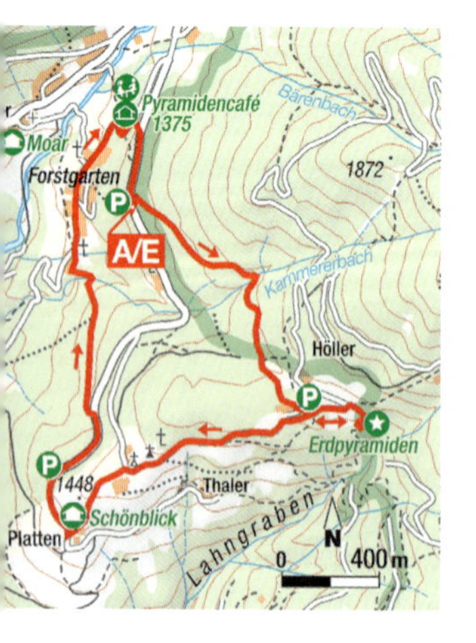

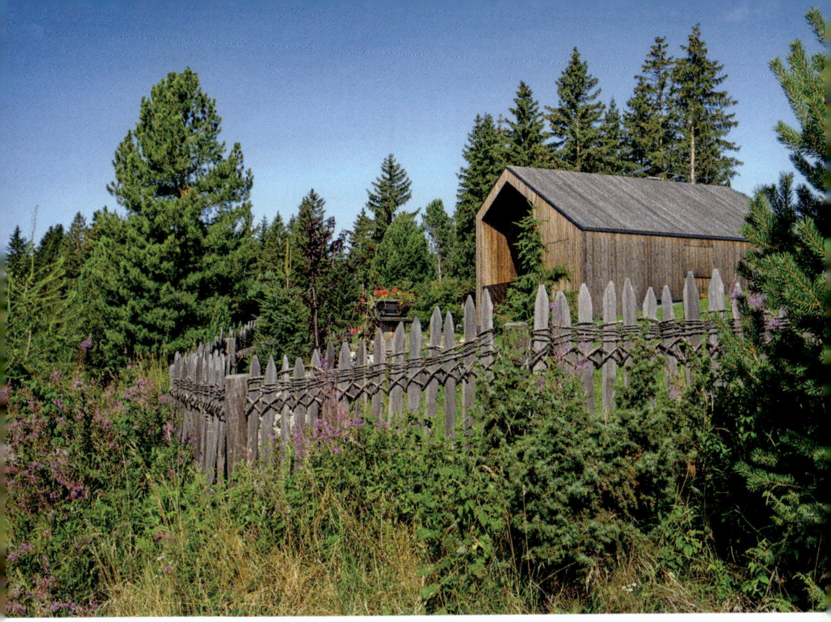

Südtiroler Almidylle modern interpretiert, am Geologiepfad.

sind allesamt hausgemacht und immer eine kleine Sünde wert. Links vom Pyramidencafé können wir dann über ein paar Stufen zur Straße hinaufsteigen. Das ist nun wieder die Zufahrtsstraße zu den **Wanderparkplätzen der Erdpyramiden.** Nach rechts kommen wir zum Parkplatz P1, links zum Ausweichparkplatz zurück.

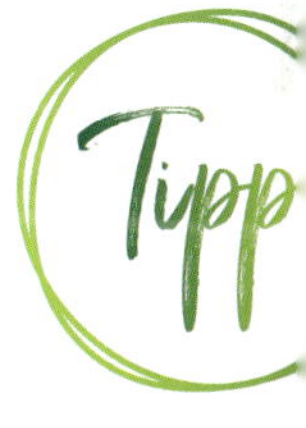

Voraussetzung für Erdpyramiden ist ein feinkörniges Erdmaterial. In Kombination mit Regen, Schneeschmelze und Erosion ergeben sich die kunstvollen Gebilde. Die Erdpyramiden von Percha sind noch nicht ganz so alt, sie entstanden nach mehreren Erdrutschen. Der erste zerstörte einen Karrenweg, der einst Aschbach mit dem Thalerhof verband. Er wurde nicht mehr befestigt und so konnte ein großes Unwetter 1882 den Graben noch viel mehr aufreißen. Seitdem nagt und sägt die Natur durch Auswaschungen immer wieder neue Säulen aus dem Erdreich. Die größeren Steine im Erdreich schützen wie ein Schirm die Säulengebilde, bis sie durch die Erosion zusammenbrechen. Faszinierende und vergängliche Kunstwerke, so schön, wie sie nur die Natur erschaffen kann.

AUF EINEN BLICK

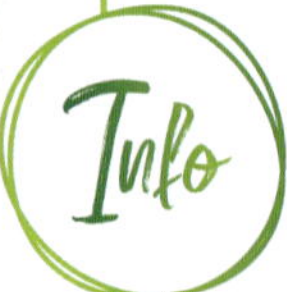

STADT/REGION: Bruneck im Pustertal
BESTE REISEZEIT: April bis November
TOURISTINFO:
Rathausplatz 7, 39031 Bruneck, Tel. +39 0474/55 57 22, bruneck.com

AKTIV UNTERWEGS

FREILICHTMUSEUM DIETENHEIM: Nördlich von Bruneck liegt das Südtiroler Landesmuseum für Volkskunde im Ortsteil Dietenheim. In dem weitläufigen Gelände kann man gut einen halben Tag verbringen, bis man alles genau gesehen hat: volkskundemuseum.it.
CRON4: Das Erlebnisschwimmbad Cron4 mit Sportbecken, Wasserrutsche und Fun-Bereichen hat ganzjährig geöffnet und bietet zudem eine riesige Saunalandschaft: cron4.it.
MMM RIPA: Eines der sechs Museum von Reinhold Messner befindet sich auf Schloss Bruneck. Das MMM Ripa lädt uns zu einer Reise zu den Bergvölkern aus aller Welt ein und lässt uns gleichzeitig das Schloss besichtigen: messner-mountain-museum.it.

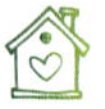

ÜBERNACHTUNG

HOTEL PETRUS: Reintalstraße 11, 39031 Reischach/Bruneck, Tel. +39 0474/54 82 63, hotelpetrus.com, **€€€**. Von Gault-Millau mit zwei Hauben gewürdigt ist das Essen in diesem Hotel fantastisch. Dazu Wellness vom Feinsten, ein Hauch von Luxus und bodenständig freundliche Gastgeber, da kommen wir gerne wieder.
HOTEL GOLDENE ROSE: Berg 15, 39040 Lüsen, Tel. +39 0474/53 77 80, hotelgoldenerose.com, **€€**. Direkt an der Rienz liegt das moderne Hotel in einem Gebäude aus dem 19. Jahrhundert mit einem steinernen Turm von 1478. In wenigen Schritten ist man in der Altstadt und auch der Bahnhof ist in Fußnähe, ideal für alle, die per ÖPNV anreisen.
WOHNMOBILSTELLPLATZ: Stegener Straße, 39031 Reischach/Bruneck, **€**. Einfacher Wohnmobilstellplatz am Stegener Marktplatz, nördlich des Bahnhofs. In 10 Minuten ist man in der Altstadt.

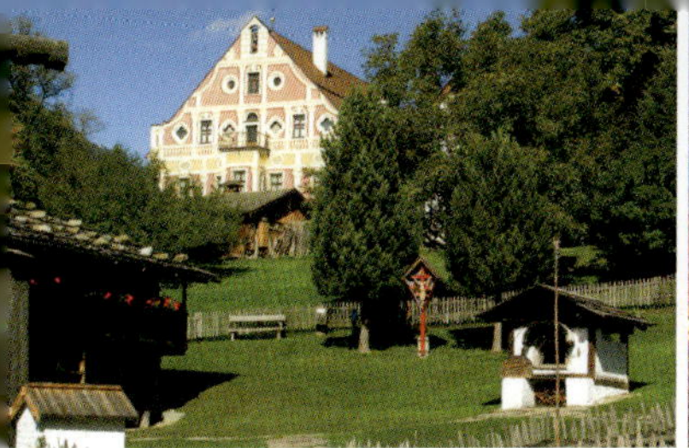

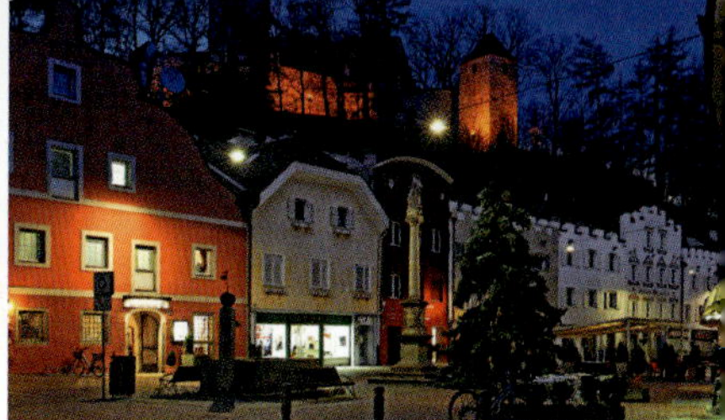

◀ Freilichtmuseum Dietenheim ▶ Brunecker Stadtplatz in der Dämmerung

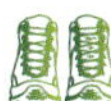

PANORAMAWEG KRONPLATZ

DAUER: 2 Std.

HÖHENMETER: 220 Hm

LÄNGE: 6 km

SCHWIERIGKEIT: Leicht

AUSGANGS-/ENDPUNKT: Reischach, Talstation Kronplatz Umlaufbahn

GPS: 46.772838, 11.941236

TOURENCHARAKTER: Ein sonniger Rundweg, der mit einem Abstieg beginnt. Mit Museumsbesuchen ein tagesfüllender Ausflug.

EINKEHR UNTERWEGS: ACI-Hütte unter der Bergstation, Geiselberger Hütte und Bergrestaurant AlpiNN im Museum Lumen.

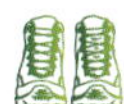

ERDPYRAMIDEN PERCHA

DAUER: 2 Std.

HÖHENMETER: 250 Hm

LÄNGE: 5,5 km

SCHWIERIGKEIT: Leicht

AUSGANGS-/ENDPUNKT: Oberwielenbach Wanderparkplatz

GPS: 46.812457, 12.005916

ANFAHRT: ÖPNV: Mit dem Bus nach Wielenbach, Haltestelle Erdpyramiden. Auto: Von Bruneck nach Wielenbach. Den Weiler durchqueren und zum zweiten Wanderparkplatz P1/Erdpyramiden fahren.

TOURENCHARAKTER: Schöne Rundtour mit etwas Steigung. Überwiegend Wald- und Wiesenwege, nur ein winziger Teil führt über eine wenig befahrene Straße.

EINKEHR UNTERWEGS: Unterwegs treffen wir auf den Gasthof Schönblick, ein sehr liebevoll geführter Familienbetrieb. Am Ende der Wanderung gibt es noch das Pyramidencafé mit einer fantastischen Auswahl an Kuchen.

ZWISCHEN SEEKOFEL UND FANES

St. Vigil

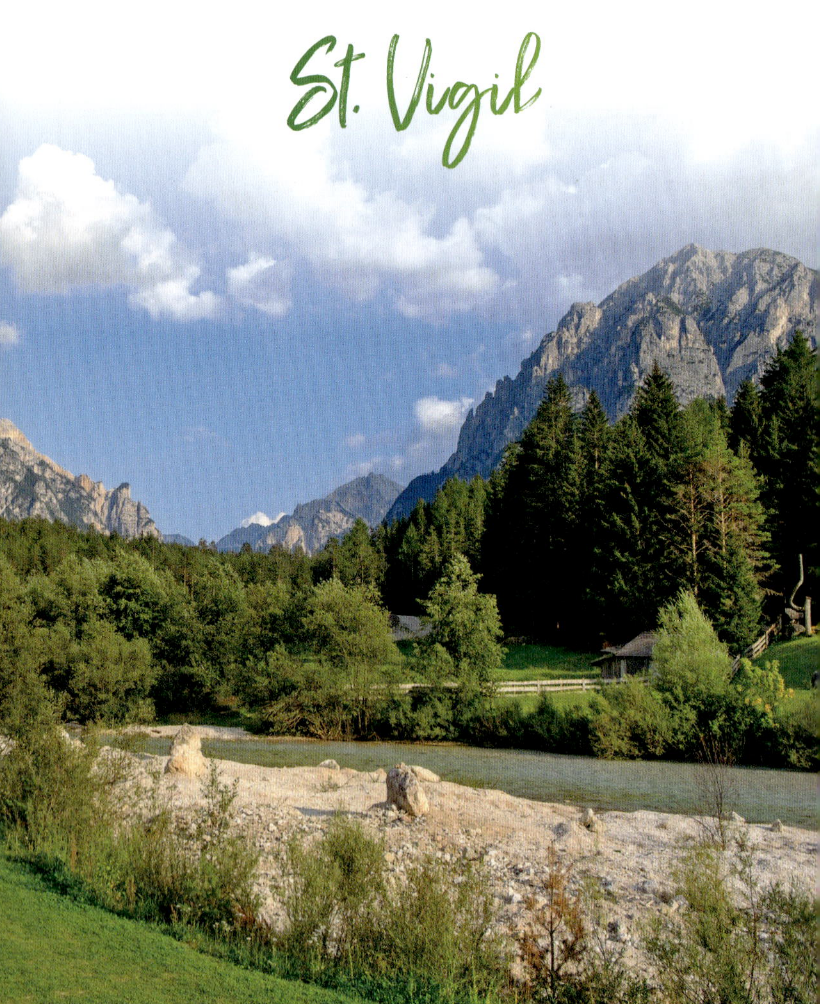

Badestelle bei St. Vigil

Der Ort St. Vigil in Enneberg bietet den Eingang in die zauberhafte Fanesgruppe. Von hier führt die Mautstraße bis zum Gasthof Pederü. Dieser ist Ausgangspunkt für die Wanderungen zur Faneshütte in der Fanesgruppe und zur Senneshütte in der Nähe des Seekofels.

St. Vigil in Enneberg ist vor allem im Winter ein beliebter Urlaubsort. Liegt doch das bekannte **Skigebiet Kronplatz** in unmittelbarer Nachbarschaft. Aber auch im Sommer hat der Ort viel zu bieten. Für Wanderungen locken vor allem die Touren in der **Fanes** und im Bereich **Seekofel-Sennesplateau**. Dabei können wir mit der Senneser Karspitze und der Pareispitze zwei tolle Aussichtsgipfel besteigen.

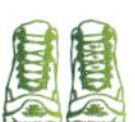

FANESHÜTTE UND COL BECHEI

Die Vöraner Alm mit ihren umliegenden Almwiesen ist ein wunderbares Wanderziel. Neben einer leckeren Einkehr genießen wir eine wunderbare Aussicht. Die Wanderung führt durch ein schönes Waldgebiet und wirkt dabei sehr entspannend.

ZUR FANESHÜTTE

Wir starten am großen **Parkplatz vom Berggasthof Pederü**. Von hier kürzen wir die breite Fahrstraße auf einem Wanderweg ein wenig ab. Nun gelangen wir zu einer deutlichen Verflachung. Der Weg verläuft durch eine **Mulde** und erreicht wieder die Fahrstraße. Wir kürzen sie noch einmal auf dem **Steig** ab, bevor wir endgültig auf dem Fahrweg weiterwandern und schließlich die Wegverzweigung unterhalb der Faneshütte erreichen. Nun gehen wir geradeaus zur schön gelegenen **Faneshütte**. Hier genießen wir die große, weite Landschaft der Fanes und lassen uns die leckere Südtiroler Küche schmecken.

GIPFELBESTEIGUNG

Wer durch den Anstieg zur Hütte noch nicht ausgelastet ist, der kann noch auf die Pareispitze (Col Bechei) steigen. Sie ist im Gegensatz zu vielen anderen Gipfeltouren in der Umgebung ein eher einfacher Gipfel um die Faneshütte.

Von der Hütte wandern wir nach Süden zum **Limojoch** und weiter zum nahen **Limosee**. Gleich nach dem See biegen wir nach links ab und folgen dem Steig bergauf zu einer Schulter am Westgrat des Gipfels. Wir wandern weiter nach Osten, bis der Gipfelanstieg nach links abzweigt. Zuerst über Gras, später über leichte Felsen und steiles Geröll erreichen wir den aussichtsreichen Gipfel der **Pareispitze**. Vor allem der Blick hinüber zum mächtigen Felsgipfel der Lavarella, dem höchsten Gipfel der Berge im Zauberreich Fanes, begeistert uns.

Der Abstieg erfolgt am Anstiegsweg zurück zur **Faneshütte**. Hier gönnen wir uns noch eine leckere Einkehr und steigen weiter nach **Pederü** ab. Neben der Faneshütte gibt es mit der Lavarellahütte übrigens noch eine zweite, lohnende Einkehrmöglichkeit. Idealerweise kommt man öfter und probiert beide Hütten aus.

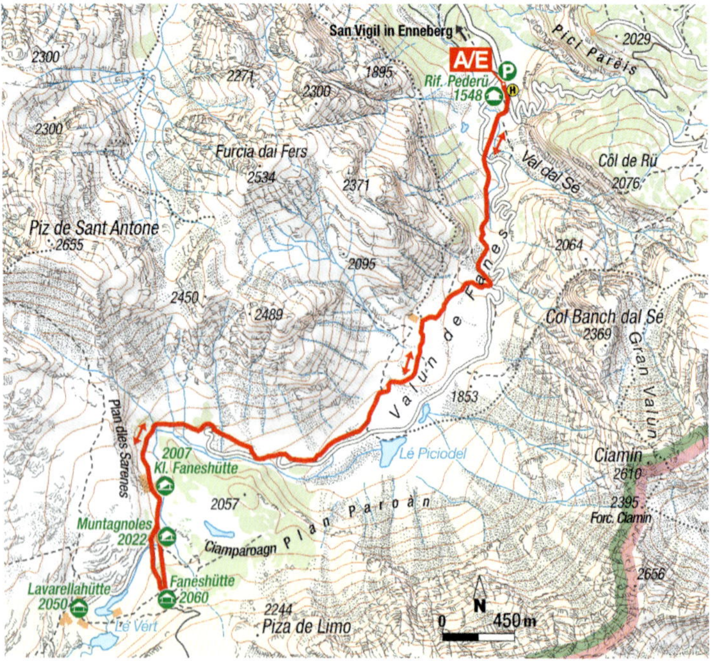

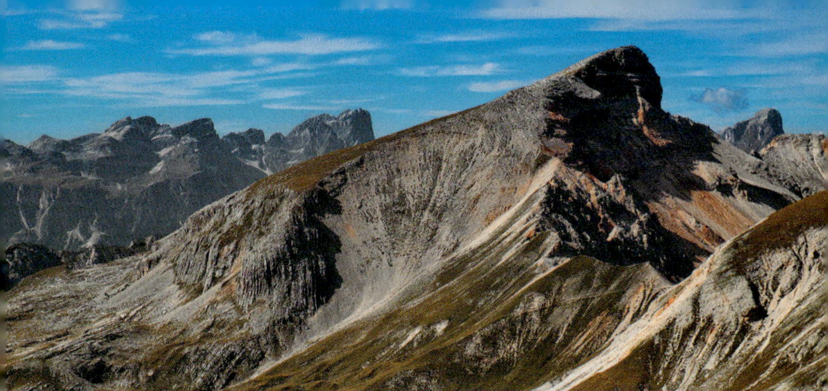

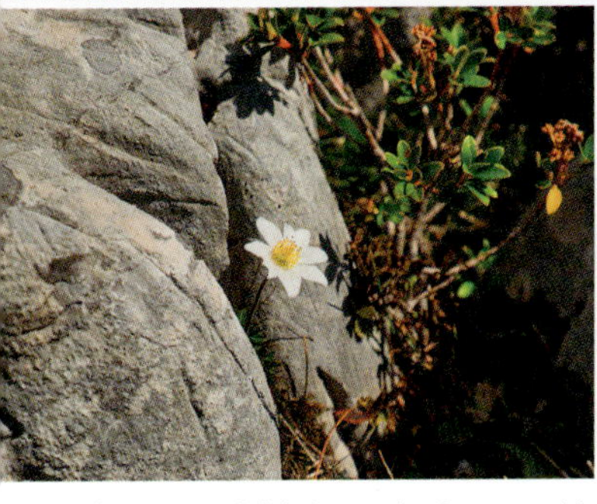

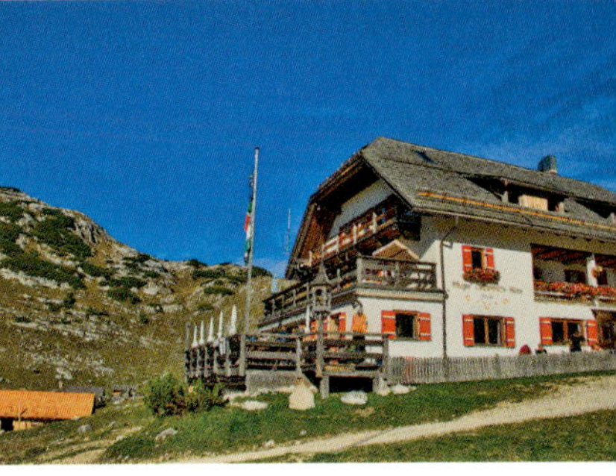

▲ Toller Gipfelblick von der Senneser Karspitz ◀ Schönheiten am Wegesrand
▶ Die Senneshütte

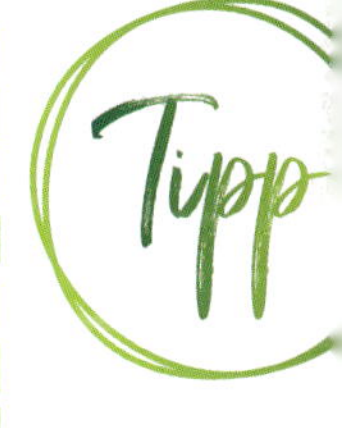

Ein schönes Ausflugsziel von der Hütte ist der Faneswasserfall. Auch hier wandern wir über das Limojoch und zum Limosee. Von hier folgen wir dem Wanderweg oder der Straße bis kurz vor Großfanes. Wir gehen weiter ins Fanestal bis zu einem ebenen Waldstück. Dort befindet sich nach einer Rechtskurve ein Hinweisschild zum Wasserfall. Wir wandern zum Wasser und gelangen auf einem kurzen drahtseilversicherten Steig wieder zur Straße. Dieser folgen wir zurück zur Faneshütte.

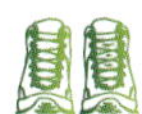

SENNESER KARSPITZE

Die Senneshütte liegt wunderschön auf der Sennes-Hochfläche im Naturpark Fanes-Sennes-Prags. Auf der gemütlichen Hütte genießen wir leckere Südtiroler Spezialitäten und die schöne Natur. Wer noch etwas Abenteuer möchte, der kann weglos die Senneser Karspitze besteigen.

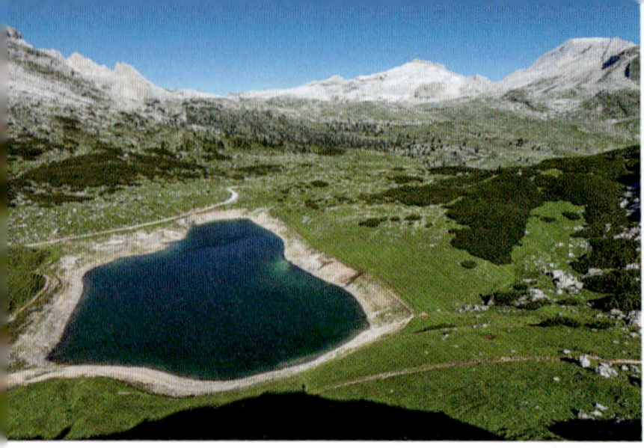

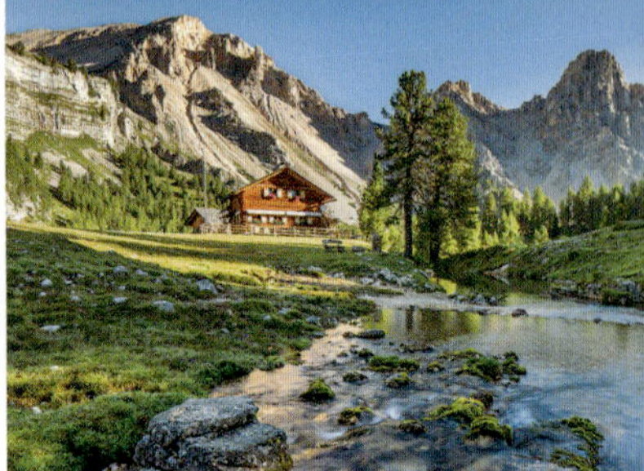

◀ Der Limosee ▶ Die Faneshütte kommt ins Blickfeld

ZUR SENNESHÜTTE

Ausgangspunkt dieser Wanderung ist der **Berggasthof Pederü** (1548 m), den wir auf einer Mautstraße erreichen. Von hier folgen wir der schmalen und steilen **Militärstraße**, die sich in vielen Kehren bergauf schlängelt. Wir kommen zu einer Weggabelung und entscheiden uns für den nach links abzweigenden Steig in Richtung **Senneshütte.** Wir treffen wieder auf die Fahrstraße, die vom Rifugio Fodara Vedla herüberkommt. Nun sind wir auf der **Hochfläche** und wandern nur mehr leicht ansteigend hinüber zur Hütte.

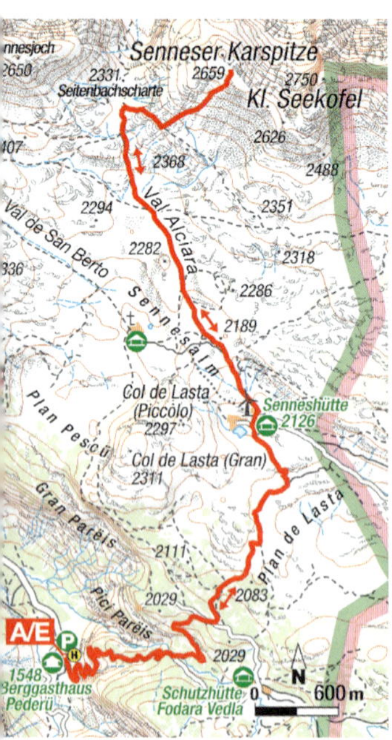

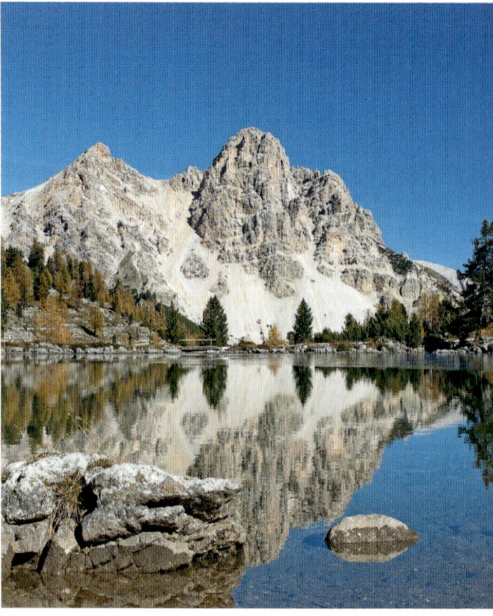

Traumhaft schön – der Limosee

Die gemütliche Hütte ist im Besitz der Familie Palfrader, die uns mit traditioneller Südtiroler Küche verwöhnt. Sehr beliebt sind die Sennesnudeln, Knödel mit Gulasch oder das Schnitzel vom Rost. Die Hütte selbst wurde zwischen 1937 und 1939 erbaut. Bereits 1962 hat man in der Hütte eine Heizung installiert, sodass sie auch im Winter geöffnet war. Das Militär baute 1968 eine Straße, auf der man die Hütte heute mit dem Geländewagen erreichen kann.

ZUR SENNESER KARSPITZE

Von der Hütte folgen wir dem **Weg Nr. 24** in nördlicher Richtung. An der ersten Wegteilung gehen wir geradeaus und folgen dem Weg über die weite Hochfläche. Wir gelangen etwas südlich der Seitenbachscharte zu einer weiteren Wegteilung. Hier nehmen wir kurz den Weg in Richtung Seekofelhütte. Nun stehen wir aber schon an der Südflanke der **Senneser Karspitze**. Über den steilen Südwestrücken steigen wir hinauf zum höchsten Punkt. Oben setzen wir uns gemütlich in die Sonne und genießen die Stille auf diesem Berg.
Vorsichtig steigen wir danach wieder hinunter zur **Senneshütte** und kehren dort noch einmal ein. Anschließend gehen wir am Anstiegsweg zurück nach **Pederü**.

ÜBERGANG ZUR SEEKOFELHÜTTE

Alternativ lockt von der Senneshütte der **Übergang zur Seekofelhütte** (2327 m). Hierfür folgen wir kurz dem Weg in nordwestlicher Richtung, bis uns ein Wegweiser nach rechts **(Markierung Nr. 6A)** in Richtung Seekofelhütte schickt. Wir erreichen das **Törl** (2388 m), an dem wir bereits vor uns die Hütte sehen. Nun wandern wir gemütlich auf dem breiten Fahrweg zur nahen Hütte. Auch hier erfolgt der Rückweg auf dem Anstiegsweg.

Sehr schön ist ein Abstecher zum Fosses See. Wir folgen der Straße in südöstlicher Richtung, biegen dann aber nach links ab und nehmen den Weg Nr. 6A. Dieser führt durch eine schöne Landschaft in östlicher Richtung bis zu einer Wegteilung. Hier geht es nach links zur Seekofelhütte, aber nicht für uns. Wir gehen geradeaus weiter bis zum schön gelegenen Fosses See.

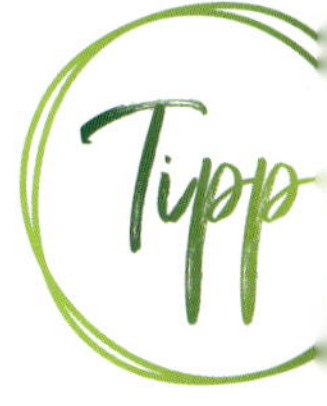

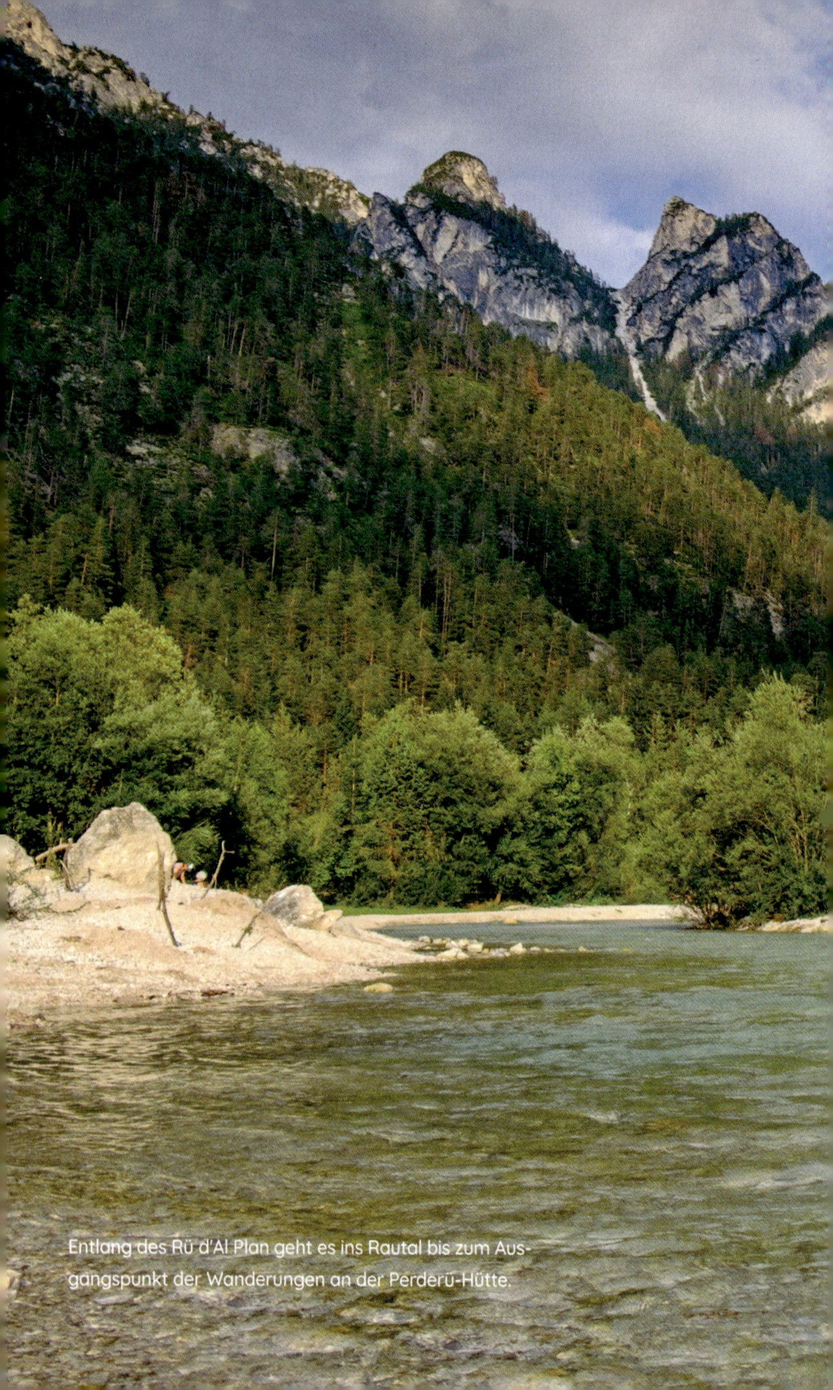

Entlang des Rü d'Al Plan geht es ins Rautal bis zum Ausgangspunkt der Wanderungen an der Perderü-Hütte.

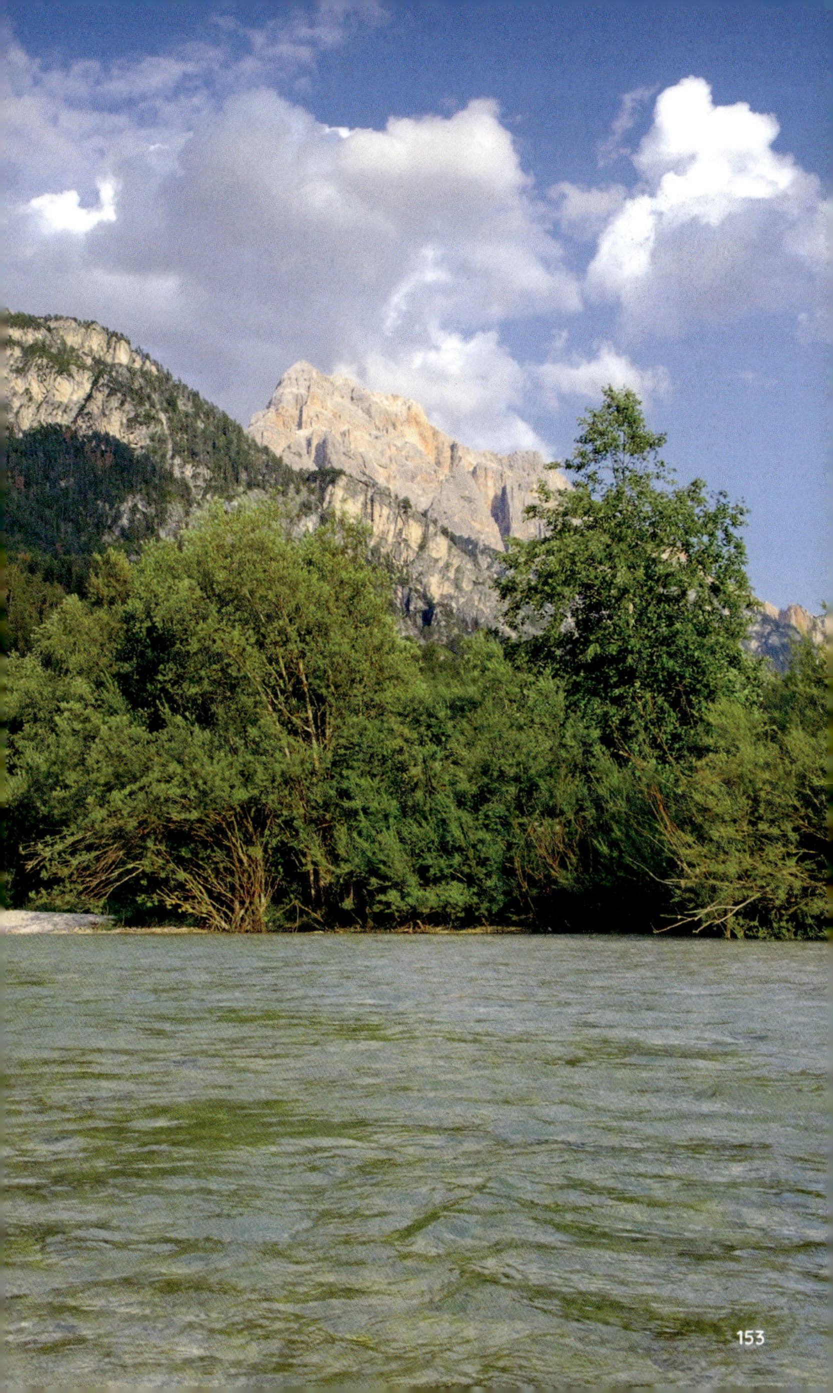

AUF EINEN BLICK

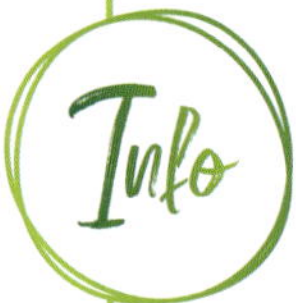

STADT/REGION: St. Vigil im Enneberg
BESTE REISEZEIT: Ganzjährig
TOURISTINFO:
Catarina Lanz 14, 39030 St. Vigil, Tel. +39 0474/50 10 37, sanvigilio.org

AKTIV UNTERWEGS

MOUNTAINBIKEN: Die Region von St. Vigil ist ideal für Mountainbiketouren jeder Schwierigkeit. Von einfachen Touren wie zum Kreidesee bis hin zu anspruchsvollen Touren zur Seekofelhütte oder zur Großfanesalm bietet die Region eine wunderbar bunte Auswahl.
ZIPLINE: Mit einer Länge von 3200 Metern ist die Zipline von St. Vigil die längste Zipline Europas. Man kann die Landschaft aus einer Höhe von 100 Metern bewundern und saust mit einer Geschwindigkeit von 80 Stundenkilometern von Berg zu Berg.
SKISPASS AM KRONPLATZ: Der Kronplatz, der auch von St. Vigil erschlossen ist, zählt zu den bedeutendsten Skigebieten Südtirols. Es bietet 116 Pistenkilometer mit 32 Aufstiegsanlagen. Weiterhin gibt es hier in der Region die Möglichkeit zum Langlaufen, Schneeschuh- und Skitourengehen.

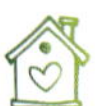

ÜBERNACHTUNG

HOTEL MONTE SELLA: Catarina Lanz 7, 39030 St. Vigil, Tel. +39 0474/50 10 34, monte-sella.com, **€€€**. Liebevoll renoviertes Jugendstilhaus mit vier Sternen.
GARNI IOSC: Al Plan Dessora 13, 39030 St. Vigil, Tel. +39 0474/50 11 36, iosc.it, **€**. Gemütlicher Bauernhof mit einfachen, aber schönen Zimmern sowie hausgemachten Köstlichkeiten.
RESIDENCE CORN: Les Corceles 13, 39030 St. Vigil, Tel. +39 347/130 53 88, **€€**. Moderne, sehr gut ausgestattete Ferienwohnungen in zentraler Lage.

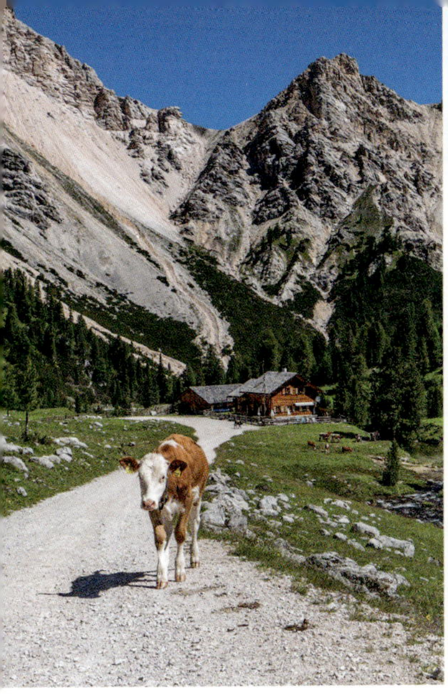

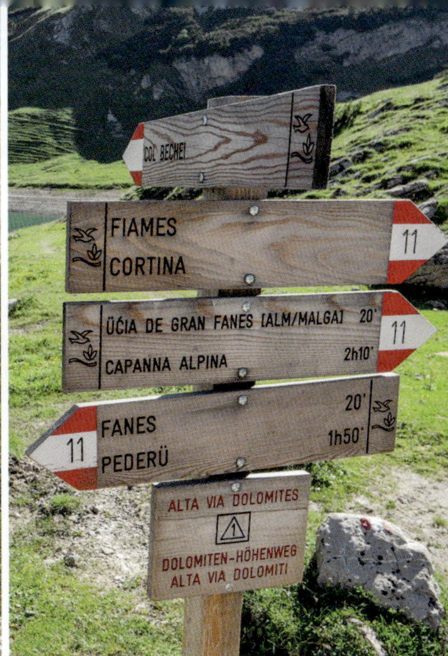

◀ Am Weg zur Faneshütte ▶ Wegweiser im Gebiet der Fanes

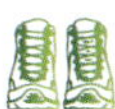

FANESHÜTTE UND COL BECHEI

DAUER: 4 Std.

HÖHENMETER: 650 Hm

LÄNGE: 11,4 km

SCHWIERIGKEIT: Leicht

AUSGANGS-/ENDPUNKT: Berggasthof Pederü

TOURENCHARAKTER: Einfache und gemütliche Wanderung.

EINKEHR UNTERWEGS: Faneshütte

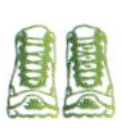

SENNESER KARSPITZE

DAUER: 6.30 Std.

HÖHENMETER: 1170 Hm

LÄNGE: 16,6 km

SCHWIERIGKEIT: Schwer, bis zur Senneshütte leicht

AUSGANGS-/ENDPUNKT: Berggasthof Pederü

TOURENCHARAKTER: Gute Wanderwege zur Hütte und bis unter den Gipfelaufbau, danach wegloses Gelände.

EINKEHR UNTERWEGS: Senneshütte

IM HINTERSTEN GADERTAL

Alta Badia

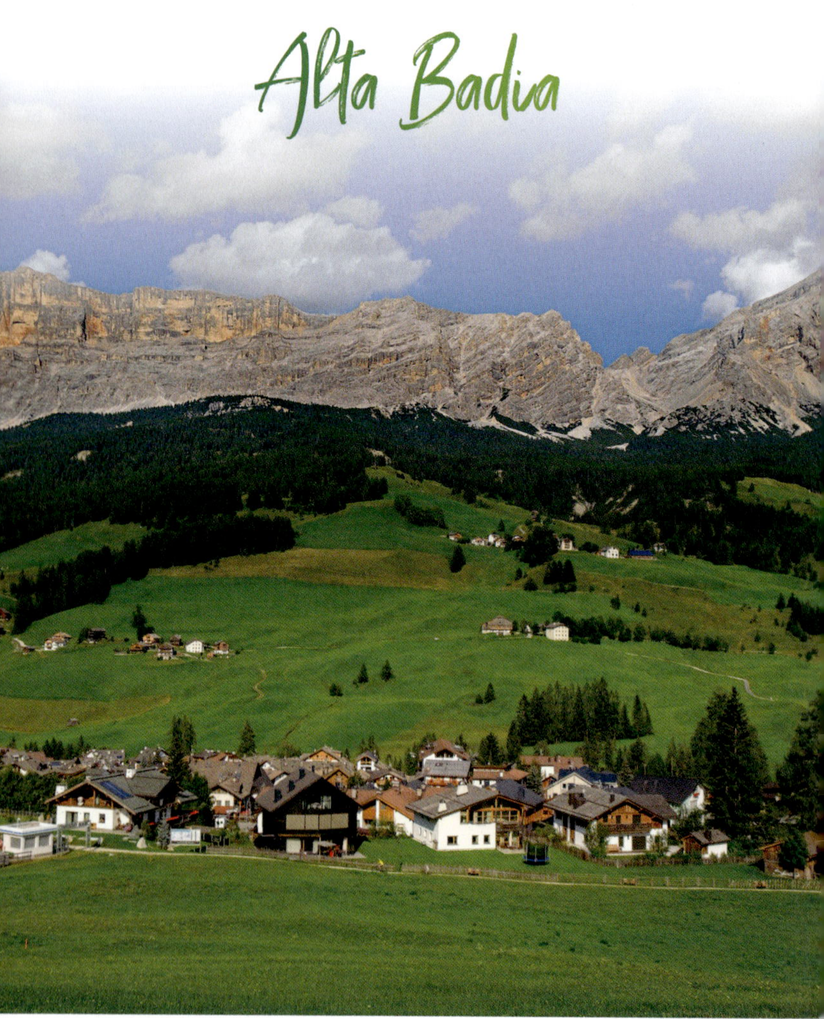

Heiligkreuzkofel und Lavarella bei Alta Badia

Die Orte im hintersten Gadertal versprechen einen tollen Dolomitenurlaub. Wir besuchen dabei zwei großartige Dolomitengipfel und wandeln auch ein Stück auf den Spuren des Dolomitenkriegs. Die beiden Ausgangsorte hier sind Kolfuschg und St. Kassian.

Eingebettet in einem sonnigen Becken liegt Alta Badia mit den Orten **Corvara, Kolfuschg, La Villa, St. Kassian, Badia** und **La Val**. Es ist umgeben von drei Dolomitenpässen und war damit bis Anfang des 19. Jahrhunderts nur schwer erreichbar. Von Osten, von Cortina d'Ampezzo, führt der Falzaregopass ins Gadertal, von Süden der Campolongopass und von Westen das Grödner Joch. Durch diese Abgeschiedenheit und die damit fehlenden Einflüsse von außen ist die eigene Kultur des Tals mit der **ladinischen Sprache** besonders tief verwurzelt. Von den unzähligen Wandermöglichkeiten stellen wir eine auf der westlichen und eine auf der östlichen Talseite vor.

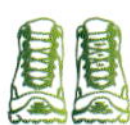

SASSONGHER

Der Sassongher ist ein beeindruckender Felsklotz direkt oberhalb von Kolfuschg. Überraschend leicht erreicht man den Gipfel, von dem man einen beeindruckenden Tiefblick auf den Ort erhält.

IN DIE SCHARTE

Wir fahren mit der kleinen **Seilbahn Col Pradat** zur Bergstation (2038 m). Nun queren wir auf dem markierten Wanderweg nach links bis zu einer Wegteilung. Hier kommt der Weg von Kolfuschg über die Edelweißhütte herauf. Wir wandern noch kurz in Richtung Puezhütte, biegen aber bald schon nach rechts in **Richtung Sassongher** ab. Der Weg quert nun steile Hänge unter eindrucksvollen Felswänden hindurch. Der **Steig** ist nicht besonders schwierig, erfordert aber doch etwas Achtsamkeit. Wir erreichen die **Forcella Sassongher** (2435 m), an der wir erst einmal durchschnaufen.

GIPFELABSTECHER

Nun statten wir dem **Sassongher** (2665 m) noch einen kleinen Besuch ab. Der gut angelegte Steig führt uns durch steilen Schutt bergauf bis

zu einer Felswand. An soliden Drahtseilen klettern wir über die folgende Schlüsselstelle hinweg. Über schuttbedeckte Felsbänder gelangen wir zum unschwierigen Gipfelgrat, über den wir hinüber zum nahen Gipfelkreuz gehen. Der Gipfel bietet durch seine gegen das Tal vorgeschobene Lage einen grandiosen Tiefblick auf Corvara und Kolfuschg.

ÜBERGANG ZUR GARDENACIAHÜTTE

Vorsichtig steigen wir wieder hinab in die Scharte und folgen dem Weg Nr. 7 bergab bis zu einer Wegteilung. Hier nehmen wir den linken Weg, auf dem wir steil in vielen Serpentinen zu einer kleinen Einschartung hinaufsteigen. Nun stehen wir direkt vor der Gardenacia-Hochfläche, eine weite und wirklich tolle Landschaft. Der etwas undeutliche Weg bringt uns in ein Tälchen und führt nach Norden zu einer Wegteilung. Den Abzweig zur Puezhütte ignorieren wir und wandern nach rechts hinauf zur Gardenacia-

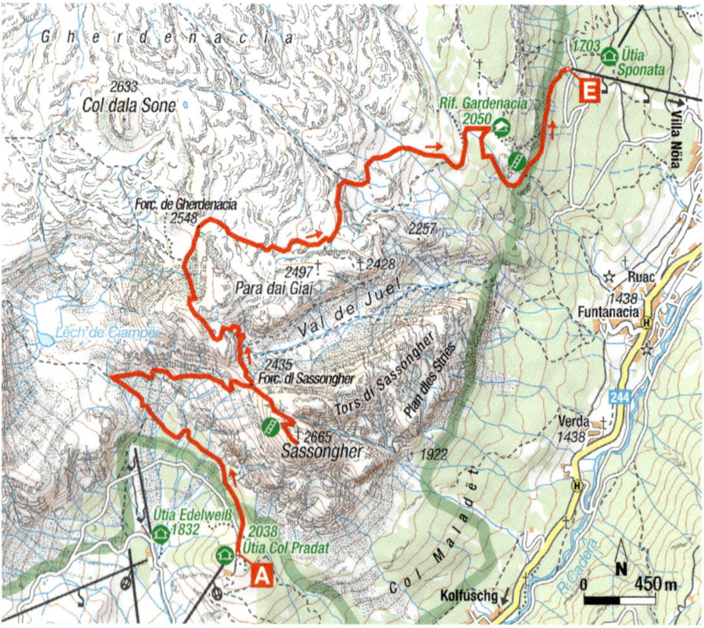

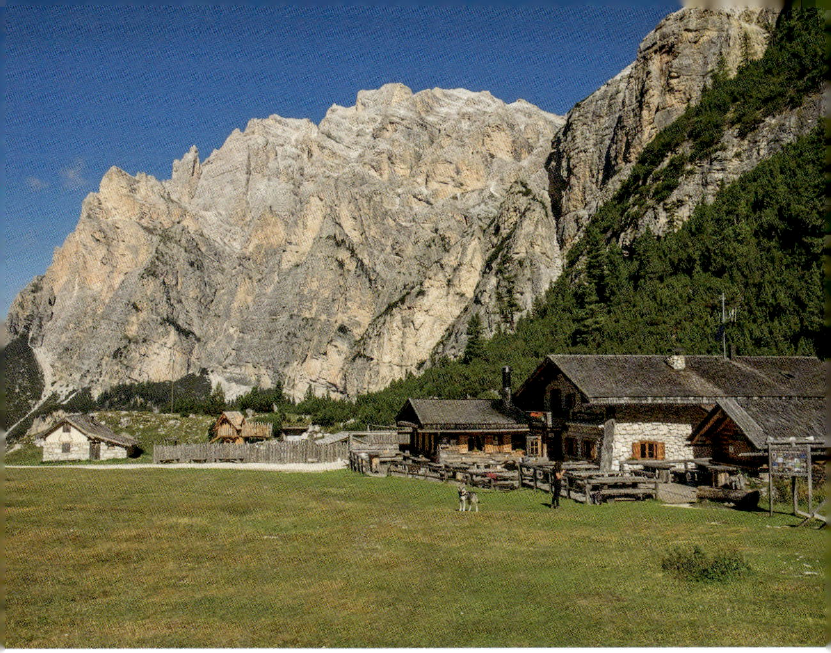

Die Scotonihütte am Weg zum Lagazuoi

Scharte (2548 m). Hier erblicken wir erstmals die mächtigen Felswände von Zehnerspitze und Heiligkreuzkofel. Wir wandern über einen guten Steig in östlicher Richtung bergab in Richtung **Gardenaciahütte**. Dabei ignorieren wir die Abzweigungen zum Para dai Giai und zum Ciampani. Auf der Hütte haben wir uns dann einen Einkehrschwung verdient.

Der Abstieg erfolgt am besten über den oben beschriebenen Weg zum **Sessellift**, mit dem wir nach **Stern** abfahren. Von hier nehmen wir den **Bus nach Kolfuschg**, müssen dann allerdings vom Ort noch zur Talstation der Col-Pradat-Seilbahn aufsteigen.

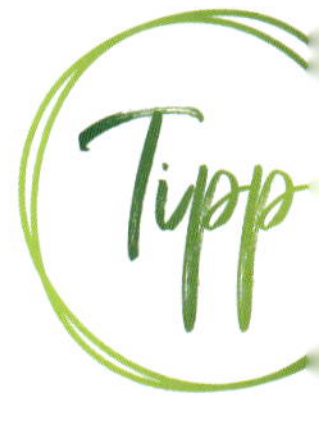

Ein schöner Höhenweg führt von der Seilbahnbergstation Col Pradat zum Grödner Joch. Wir wandern über dem Edelweißtal zu den Südhängen des Sas Ciampac. Der aussichtsreiche Höhenweg ermöglicht uns tolle Ausblicke auf die Sellagruppe auf der gegenüberliegenden Talseite. An der Jimmy Hütte gönnen wir uns eine Einkehr. Anschließend lassen wir die Wanderung gemütlich am Sellajoch ausklingen. Mit dem Bus fahren wir zurück nach Kolfuschg.

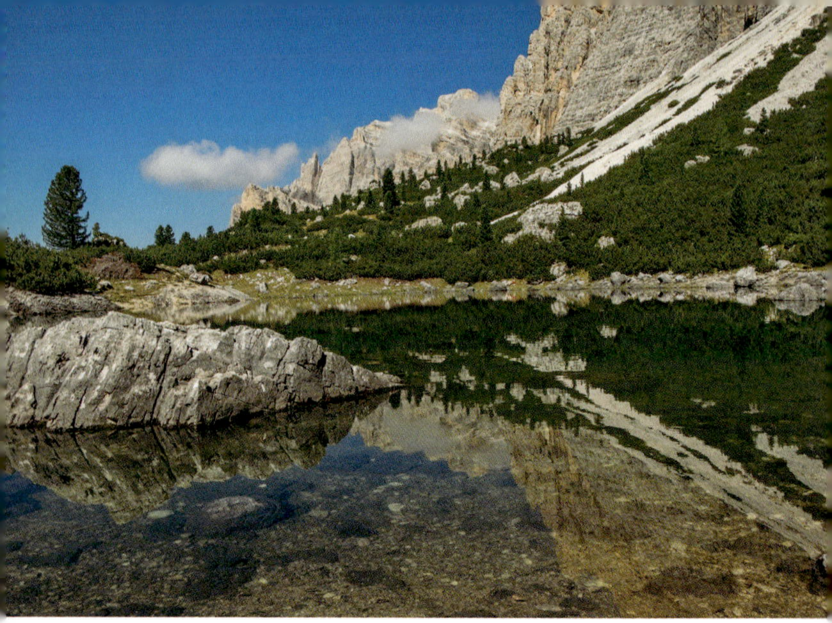

Am Lagazuoisee

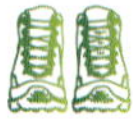 LAGAZUOI

Der Lagazuoi ist ein beliebtes Ausflugsziel über dem Falzaregopass. Ruhiger und schöner ist der Zustieg über das liebliche Rifugio Scotoni. Eine verhältnismäßig einsame, landschaftlich großartige Wanderung durch eine tolle Dolomitenlandschaft!

ZUM RIFUGIO SCOTONI

Das Rifugio Scotoni haben wir vor Jahren bei der Recherche zu einem Dolomitenbuch zufällig entdeckt. Wir kannten die Hütte bis zu unserem Aufenthalt in St. Kassian nicht und wurden erst vor Ort auf sie aufmerksam. Der Zustieg ist zwar nicht besonders aufregend, aber dafür recht kurz. Die kleine, gemütliche Hütte steht an einem wunderschönen Platz unter beeindruckenden Felswänden und belohnt uns mit leckeren lokalen Köstlichkeiten. Oberhalb der Hütte befindet sich der Lago de Lagazuoi, der traumhaft unterhalb der Felsen der Cima del Lago und Cima Scotoni liegt. Der Abstecher dorthin ist schon fast ein Muss. Der Dolomiten-Höhenweg Nr. 1 führt anschließend hinauf zum Lagazuoi, einem großartigen Aussichtsberg über dem Falzaregopass.

Wir starten an der Capanna Alpina (1720 m), die etwas oberhalb von St. Kassian liegt. Kurz nach dem Parkplatz teilt sich der Weg und wir nehmen den breiten Fahrweg, der nach rechts abzweigt. Wir durchqueren den flachen Talboden und folgen weiter dem Fahrweg, der nun steiler wird. Der Weg zieht kontinuierlich in die Höhe und wird erst am Rand eines großen Talbodens wieder flacher. Nun sind es nur noch wenige Meter und wir stehen vor dem Rifugio Scotoni (1985 m). Auf der sonnigen Terrasse haben wir uns nach dem schweißtreibenden Anstieg eine erste Erfrischung verdient.

ZUM LAGAZUOISEE

Von der Hütte wandern wir durch den flachen Talboden an der Scotoni-Kapelle vorbei. Wir laufen auf einen felsigen Einschnitt zu. Am Ende des Talbodens schlängelt sich der Weg am linken Rand des Einschnitts in vielen Serpentinen bergauf bis zu einem Wegweiser. Hier wenden wir uns nach links und stehen in wenigen Minuten vor dem Lago de Lagazuoi, in dessen blauem Wasser sich die Felsspitze der Cima del Lago spiegelt.

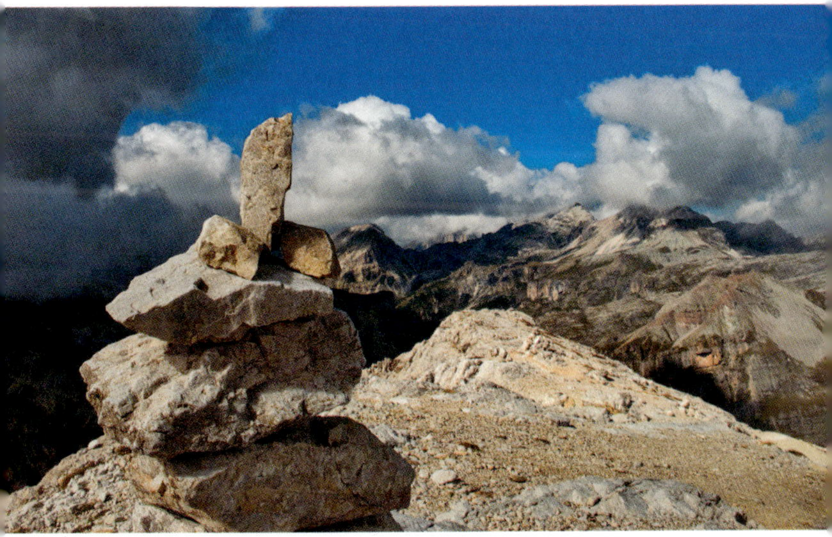

Steinmann am Sass Songher

WEITERWEG ZUM LAGAZUOI

Der Weg von der Scotonihütte zum Lagazuoi ist eher unbekannt. Bestenfalls trifft man hier Wanderer mit großen Rucksäcken, die den **Dolomitenweg Nr. 1** begehen. Vom See wandern wir wieder zurück zum Hauptweg und folgen diesem auf einem kleinen Rücken bergauf. Auf der linken Seite wird das Gelände von den Fanesspitzen begrenzt. Wir erreichen die Schuttfelder unter dem **Kleinen Lagazuoi**. Der Weg trifft auf den Normalweg vom Falzaregopass und bringt uns gemeinsam mit diesem bergauf zur **Bergstation der Lagazuoi-Seilbahn**. Unterwegs kommen wir an Tunneln aus dem Ersten Weltkrieg vorbei. Hier oben tobte ein erbitterter Kampf zwischen den Österreichern und den Italienern um die Front.

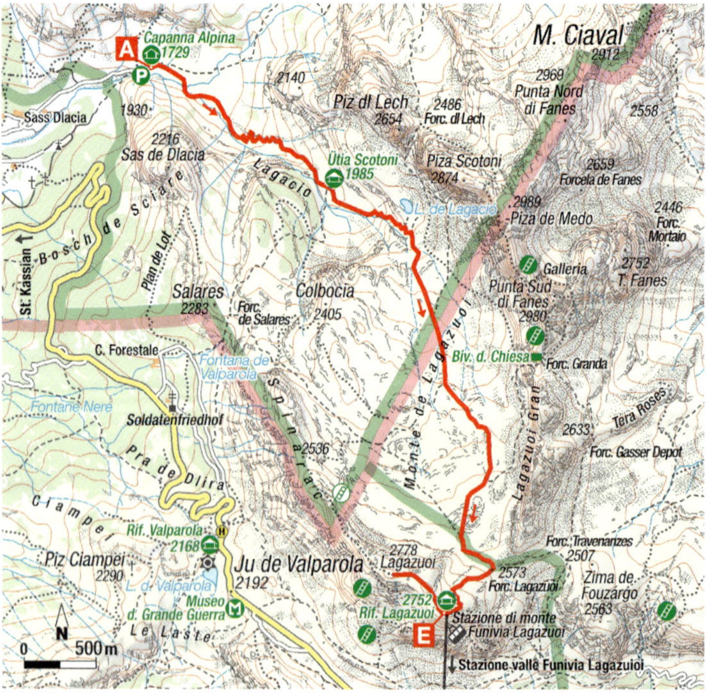

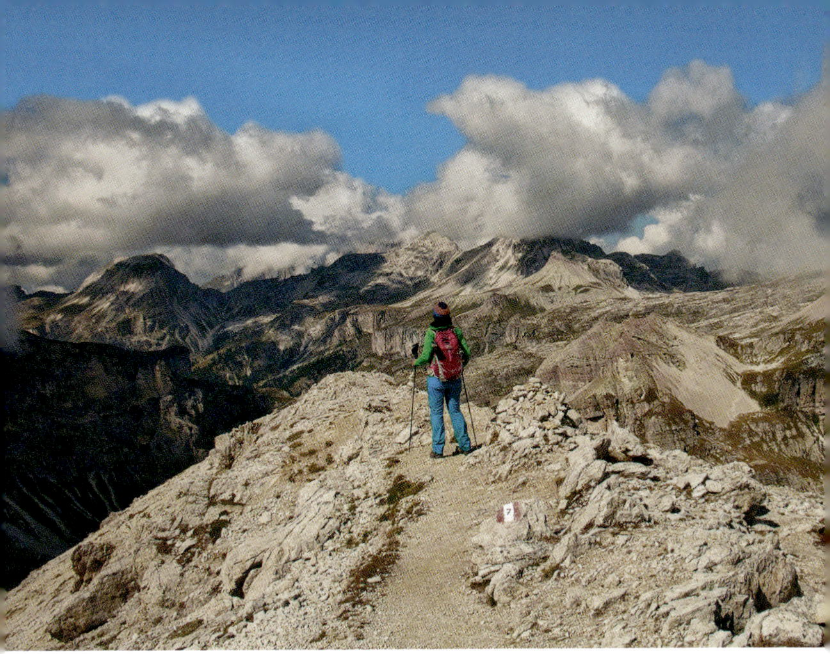

Am Gipfelgrat des Sassongher

Wenig oberhalb der Bergstation befindet sich das **Rifugio Lagazuoi**, das zu einer Einkehr einlädt. Noch ein paar Meter mehr sind es auf den **Gipfel des Lagazuoi** mit seiner großartigen Aussicht. Hier dominiert das große Panorama. Die ganzen Dolomiten-Berühmtheiten von den Tofanen über den Antelao bis zur Marmolada stehen Spalier. Der Abstieg erfolgt am Anstiegsweg oder gemütlicher über die Seilbahn zum Falzaregopass und mit dem Bus nach **St. Kassian** oder zur **Capanna Alpina**. Dann müssen wir noch den kurzen Rückweg hinauf zum Parkplatz in Kauf nehmen.

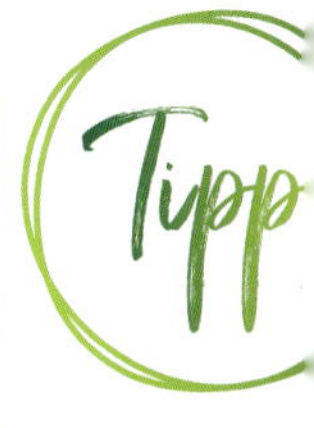

Viele Stollen, Artilleriestellungen und Schützengräben entstanden am Lagazuoi. Heute kann man diese Denkmäler des Gebirgskriegs besichtigen. Man kann entweder zu Fuß aufsteigen oder mit der Seilbahn hinauffahren. Kaum vorstellbar, welche Bedingungen für die Kämpfer geherrscht haben müssen. Im Gebirgskrieg starben mehr Menschen durch äußere Umstände wie Lawinen als im Kampf. Die Besichtigung der Tunnel ist kostenlos. In den Stellungen gibt es Tonkommentare, die das Kriegsgeschehen erläutern.

AUF EINEN BLICK

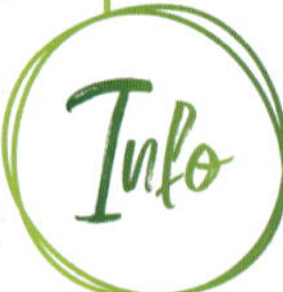

STADT/REGION: Alta Badia
BESTE REISEZEIT: Ganzjährig
TOURISTINFO:
Col Alt 36, 39033 Corvara, Tel. +39 0471/83 61 76, altabadia.org

AKTIV UNTERWEGS

MUSEEN: Im Tal gibt es zwei interessante Museen. Das Museum Ladin Ciastel de Tor erzählt von Kultur, Geschichte und Sprache des Tals. Dagegen führt das Museum Ladin Ursus Ladinicus in die Welt der Höhlenbären aus den Dolomiten.

KLETTERSTEIGE: Neben den zahlreichen Wandermöglichkeiten finden wir im Tal auch spannende Klettersteige. Der bekannteste Klettersteig führt zur Pisciaduhütte. Aber auch zu den Cir-Spitzen, zum Heiligkreuzkofel oder zum Lagazuoi finden wir fordernde Eisenwege.

PISTEN OHNE ENDE: Die Skiregion Alta Badia liegt zentral im Herzen der Dolomiten und ist eingebettet in das Skikarussell Dolomiti Superski. Auch die berühmte Sellaronda, die um den mächtigen Sellastock herumführt, kommt nach Alta Badia. Der Ort verspricht einen abwechslungsreichen Skiurlaub der Superlative.

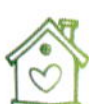

ÜBERNACHTUNG

KOLFUSCHGERHOF MOUNTAIN RESORT: Via Rönn 7, 39033 Kolfuschg, Tel. +39 0471/83 61 88, kolfuschgerhof.com, **€€€**. Tolles 4-Sterne-Haus mit warmer Atmosphäre und schönem Wellnessbereich.

APARTMENTS CIASA DE LENZ: Strada de Costadedoi 115, 39036 St. Kassian, Tel. +39 0335/787 54 62, delenz.it, **€€**. Moderne, sehr gut ausgestattete Ferienwohnungen.

SPESCIA: Spescia 1, 39030 La Val, Tel. +39 0471/83 61 25, spescia.it, **€**. Einfache, gemütliche Zimmer auf einem Bauernhof, etwas nördlich der Zentren.

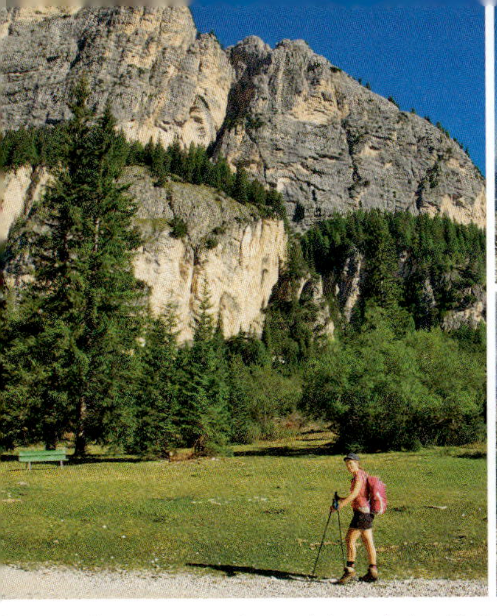

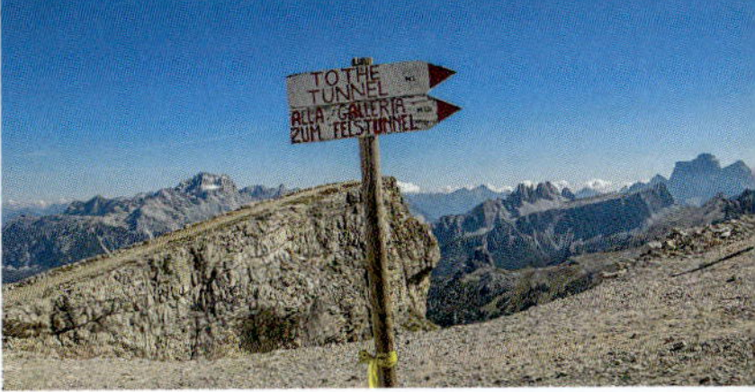

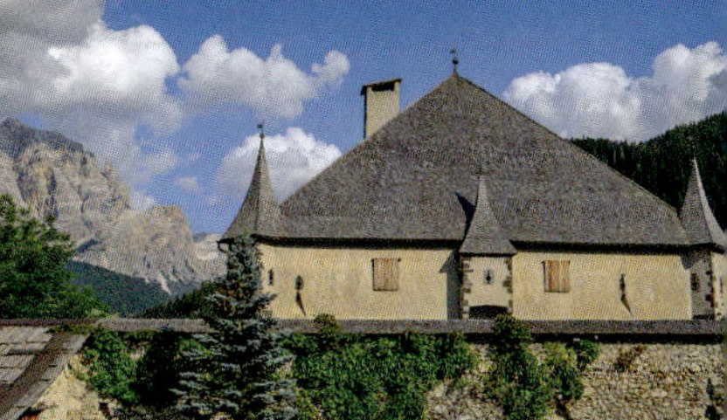

◀ Am Weg zur Scotonihütte ▲ Am Gipfel des Lagazuoi ▼ Schloss Colz

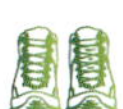

SASSONGHER

DAUER: 4.30 Std.

HÖHENMETER: 930 Hm Aufstieg, 1170 Hm Abstieg

LÄNGE: 9,6 km

SCHWIERIGKEIT: Schwer

AUSGANGSPUNKT: Bergstation Seilbahn Col Pradat

ENDPUNKT: Bergstation Sessellift Gardenacia

TOURENCHARAKTER: Landschaftlich großartige Wanderung, beim Aufstieg zum Sassongher anspruchsvoll.

EINKEHR UNTERWEGS: Gardenaciahütte

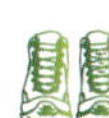

LAGAZUOI

DAUER: 3.30 Std.

HÖHENMETER: 1020 Hm Aufstieg, 90 Hm Abstieg

LÄNGE: 7 km

SCHWIERIGKEIT: Mittel

AUSGANGSPUNKT: Parkplatz an der Capanna Alpina

ENDPUNKT: Bergstation Seilbahn am Lagazuoi

TOURENCHARAKTER: Gute Wanderwege, die gerade zum Ende hin steiler und steiniger werden.

EINKEHR UNTERWEGS: Rifugio Scotoni, Lagazuoihütte

ORTS- UND SACHREGISTER

IMPRESSUM

Verantwortlich: Stefanie Krüger
Redaktion und Lektorat: Daniela Hansjakob
Layout: Silke Schüler
Umschlaggestaltung: Silke Schüler
Repro: LUDWIG:media
Kartografie: Bruckmann Verlag GmbH, Heidi Schmalfuß
Herstellung: Alexander Knoll
Printed in Slovenia by Florjancic

Unser komplettes Programm finden Sie unter

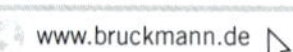

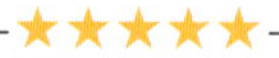

Sind Sie mit diesem Titel zufrieden? Dann würden wir uns über Ihre Weiterempfehlung freuen. Erzählen Sie es im Freundeskreis, berichten Sie Ihrem Buchhändler, oder bewerten Sie bei Onlinekauf. Und wenn Sie Kritik, Korrekturen, Aktualisierungen haben, freuen wir uns über Ihre Nachricht an Bruckmann Verlag, Postfach 40 02 09, D-80702 München oder per E-Mail an lektorat@verlagshaus.de.

In diesem Buch wird aus Gründen der besseren Lesbarkeit das generische Maskulinum verwendet. Weibliche und anderweitige Geschlechteridentitäten werden dabei ausdrücklich mitgemeint, soweit es für die Aussage erforderlich ist.

Empfehlung der Redaktion
Sie sind auf der Suche nach weiterführender Literatur? Dann empfehlen wir Ihnen den Titel »Einfach glücklich wandern – Vinschgau und Meraner Land« von Lisa und Wilfried Bahnmüller und Markus und Janina Meier. Oder Sie werfen einen Blick in die Zeitschrift BERGSTEIGER. Hier werden Sie bestimmt fündig.

Bildnachweis: Alle Bilder im Innenteil stammen von den Autoren, mit Ausnahme von S. 151, 154, 155: Manni Kostner.

Umschlagvorderseite: Perfektes Wanderwochenende in den Dolomiten bei Kolfuschg (15)
Umschlagrückseite: Wanderparadies in Hafling (Kapitel 4)

Tourennachweis:
Lisa und Wilfried Bahnmüller: 2, 5, 6, 8, 9, 11–13
Markus Meier: Touren 1, 3, 4, 7, 10, 14, 15

Die Deutsche Nationalbibliothek verzeichnet diese Publikation in der Deutschen Nationalbibliografie; detaillierte bibliografische Daten sind im Internet über http://dnb.d-nb.de abrufbar.

Infanteriestraße 11a
80797 München

ISBN: 978-3-7343-2414-7